Detlef Gürtler

Wirtschaftsatlas Deutschland

Rowohlt · Berlin

1. Auflage März 2010
Copyright © 2010 by Rowohlt·Berlin
Verlag GmbH, Berlin
Alle Rechte vorbehalten
Karten Peter Palm, Berlin
Satz Peter Palm, Berlin
Druck und Bindung Offizin Andersen Nexö
Leipzig GmbH, Zwenkau
Printed in Germany
ISBN 978-387134-632-3

Inhalt

Vorwort   9

1. Teil: Demografie   11

Das Land der vielen Zentren: Deutschland bei Nacht   12

Rein in den Speck: Bevölkerungsentwicklung seit 2000   14

Ausländer drin: Anteil der ausländischen Bevölkerung   16

Vergreistes Hinterland: Altenanteil   18

Der Reiz des Südens: Wanderungen zwischen den Regionen   20

Europäische Völkerwanderung: Bevölkerungsentwicklung bis 2030   22

Die kommen sicher – die Rentner: Altenquotient   24

Demografische Pendelschläge: Kinderzahl pro Frau   26

Überlebenstipps vom Greisenweltmeister: Lebenserwartung   28

Einmal nach Deutschland oder zurück: Zu- und Abwanderung von Ausländern   30

2. Teil: Ressourcen und Infrastruktur   33

Startkapital aus der Erdgeschichte: Rohstoffe   34

The energy is blowin' in the wind: Wind und Windkraftwerke   36

Strom aus heiterem Himmel: Sonne und Solarkraftwerke   38

Benchmark Haberhauffe: Bodengüte   40

Feuer aus allen Rohren: Öl- und Gaspipelines   42

So kommt der Strom in die Leitung: Kraftwerke und Verbundnetze   44

Ein einig Volk von Rasern? Autobahnnetz   46

Die große Flatter: Flughäfen   48

Bahnsinn: Eisenbahnnetz   50

Hier fließt der Verkehr: Häfen und Wasserstraßen   52

3. Teil: Bildung und Innovation — 55

Dichten und Denken mangelhaft: Pisa-Test 2008 — 56
Sächsisches Bildungswunder: Bundesländer im Pisa-Test 2008 — 58
Man lernt deutsch: Deutschsprachige Schulen in aller Welt — 60
Online – Offline 2 : 1: Internetnutzung — 62
Heimat der Homepages: Domaindichte — 64
Plappern gehört zum Netzwerk: Soziale Netzwerke — 66
Forscher Westen, morscher Osten: Investitionen in Forschung und Entwicklung — 68
Das Tüftelgefälle: Patentanmeldungen — 70
Europas patenter Mittelstreifen: Hightech-Patentanmeldungen — 72

4. Teil: Unternehmen und Produktion — 75

Je teurer, desto produktiver: BIP je Erwerbstätigen — 76
Groß und groß gesellt sich gern: Die größten deutschen Konzerne — 78
Von Zentren und Antizentren: Wertschöpfungskonzentrationen — 80
Exportüberschussweltmeister: Auto-Außenhandel — 82
It's kuhl, man! Schweine- und Rinderregionen — 84
Das Maß aller produzierten Dinge: BIP pro Kopf — 86
Global Players: Die größten Konzerne der Welt — 88
Das Europa der zwei Produktivitäten: Industrieproduktivität — 90
Absturz ins Börsenlose: Börsengänge in Europa — 92
Schmieren und schmieren lassen: Korruption — 94

5. Teil: Arbeit und Soziales — 97

Der Osten holt auf, der Süden zieht davon: Arbeitslosenquote — 98
Junges Unglück: Jugendarbeitslosigkeit — 100
Die Mehrarbeiter: Beschäftigtenquote — 102
Eine Hartzreise: Hartz-IV-Empfänger — 104
Die Stütze der Gesellschaft: Hilfebedürftige — 106

Millionenfache Geringfügigkeit: Minijobs — 108

Reformiertes Jobangebot: Offene Stellen — 110

Lehre für fast alle: Lehrstellen — 112

Der lange Weg zum Arbeitsplatz: Ein- und Auspendler — 114

Kindergartenwarten: Kinderbetreuung für 3- bis 6-Jährige — 116

Die beste aller Arbeitswelten: Die Rückkehr der Arbeitslosigkeit — 118

6. Teil: Geld und Konsum — 121

Die Grenze verschwindet: Kaufkraft — 122

Das Nord-Süd-Schuldengefälle: Private Verschuldung — 124

Wo das Geld zu Hause ist: Die reichsten Deutschen einst und jetzt — 126

Die Am-besten-Verdiener: Besserverdiener-Dichte — 128

Kaufkraftlosigkeit: Geringverdiener-Dichte — 130

Bretter, die viel Geld bedeuten: Hochkultur — 132

Gerädertes Land: Pkw-Dichte — 134

Enger wohnen: Wohnfläche — 136

Wenn 489 Millionen eine Reise tun … Tourismus in der EU — 138

Der Osten bleibt rot: Kaufkraft in Europa — 140

7. Teil: 20 Jahre deutsche Einheit — 143

Fabriken auf Westkurs: Industriebeschäftigte in Ostdeutschland — 144

Kein Schalck mehr im Nacken: Exporte aus Ostdeutschland — 146

Der Rattenfänger-Effekt: Abwanderung – das Beispiel Sachsen-Anhalt — 148

Viel Renovierung, kaum Innovation: Ostdeutschlands Städte — 150

Schöner sparen: Geldvermögen in Ostdeutschland — 152

Ein Bauboom und seine Folgen: Wohnraum in Ostdeutschland — 154

Mehr Haus, weniger Krankenhaus: Krankenhausversorgung in Ostdeutschland — 156

8. Teil: Deutschland und die Welt 159

Ans Meer oder in die Berge? Sowohl als auch! Touristen in
Deutschland 160

Ob HSV oder Hertha – Hauptsache Brasilien: Ausländer
im Profi-Fußball 162

Eurotopia: Ein Europa der Regionen 164

Gesundes Mittelmaß: Ärzteversorgung in Europa 166

Rund-um-die-Welt-Handel: Außenhandel mit China
und den USA 168

Milliarden für die Weltmarktführerschaft: Deutsche Direktinvestitionen im Ausland 2005 – 2008 170

Investitionen aus nicht ganz aller Welt: Ausländische
Direktinvestitionen in Deutschland 2005 – 2008 172

Bildung macht glücklich – meistens: Subjektive Zufriedenheit 174

Viele Tellerwäscher, wenige Millionäre: Einkommensverteilung 176

Der viel zu große kleine Unterschied: Geschlechterdifferenz
bei Löhnen 178

Politische Katastrophengebiete: Regierungsqualität 180

Ein Fußabdruck für die Umwelt: Ökologischer Fußabdruck 182

Mehr als die Erde hergibt: Ökologischer Fußabdruck und
Biokapazität 184

Asiatische Energiefresser: Globale Energieeffizienz 186

Verzeichnis der Abkürzungen 189

Vorwort

Die Landkarte ist wieder da. Und das nach Jahrzehnten, in denen dieses so anschauliche wie informationsdichte Medium immer mehr ins Reservat des Erdkundeunterrichts zurückgedrängt wurde. Fernsehen und Computer haben zum Siegeszug des bewegten Bildes beigetragen; und zuletzt wurden auch noch Autoatlas und Straßenkarte von Internet-Routenplanern und Navis überflüssig gemacht. Bis Google Earth das Licht der Monitore erblickte: Diese Software macht es möglich, sich vom Astronautenblick auf die Erde in Sekundenschnelle zur Schwalbenperspektive auf das eigene Haus herunterzuzoomen – und auf diesem Weg eine ganze Reihe von Landkarten zu konsumieren.

Der hier erstmals vorliegende «Wirtschaftsatlas Deutschland» will diesem mächtigen Medium keine Konkurrenz machen – mit Büchern zoomt man nicht. Dieser Atlas will ganz im Gegenteil das in Landkarten zeigen, was weder Schwalben noch Astronauten beim Blick auf die Erde erkennen. Die über acht Kapitel verteilten 81 großen Karten dieses Buches – ergänzt von zahlreichen Grafiken – zeichnen ebenso viele unterschiedliche Bilder von Deutschland: vom Schienennetz bis zur Jugendarbeitslosigkeit, von Pisa-Ergebnissen bis zum Altenquotienten, von der Entwicklung der Sparguthaben in Ostdeutschland seit dem Mauerfall bis zu den Herkunftsländern der ausländischen Fußballer in den drei deutschen Profiligen. Bis ganz zum eigenen Haus wurde dabei nicht heruntergezoomt, aber sehr oft bis hinab auf die Ebene der Stadt- und Landkreise.

Doch auch der Blick von ganz oben ist häufig in diesem Atlas vertreten: Mehr als zwei Dutzend Welt- und Europakarten wurden aufgenommen. Das liegt vor allem an der intensiven Verflechtung der deutschen Wirtschaft mit der Weltwirtschaft – und den noch engeren Beziehungen zu den übrigen EU-Staaten. Ohne ein Kapitel «Deutschland und die Welt» hätte ein Wirtschaftsatlas Deutschland seinen Namen nicht verdient.

Detlef Gürtler
Berlin, im Dezember 2009

1. Teil
Demografie

Manchmal scheint es, als sei nichts exakter als die Demografie: Jedes Neugeborene wird registriert, jeder Umzug, jede (zumindest offizielle) Ein- oder Auswanderung, und der Tod natürlich auch – kann es besseres Datenmaterial geben?

Die Genauigkeit der Daten verführt die Demografen allerdings dazu, auch ihre Prognosen für exakt zu halten: So sind alle, die im Jahr 2030 in Deutschland ihren 25. Geburtstag feiern werden, heute bereits auf der Welt; und auch die Geburtenhäufigkeit oder die Lebenserwartung einzelner Jahrgänge lassen sich recht präzise vorhersagen. Dennoch liegen Demografen oft kräftig daneben. Anfang der 90er Jahre schätzten Experten zum Beispiel, dass innerhalb von zwei Jahrzehnten die Bevölkerung in Deutschland um 3,8 Millionen schrumpfen würde. Heute zeigt sich: die Einwohnerzahl hat nicht ab-, sondern zugenommen: um etwa drei Millionen!

Der Grund für solche Differenzen heißt Wanderung. Denn jemand, der im Jahr 2030 in Deutschland seinen 25. Geburtstag feiern wird, muss deshalb keineswegs schon heute hier wohnen, er kann genauso gut aus Kasachstan oder Sierra Leone kommen. Die Zahl der Zu- oder Abwanderer, und damit die Einwohnerzahl eines Landes oder einer Region, hängt wiederum in erster Linie von der ökonomischen Leistungsfähigkeit dieses Gebietes ab. Deshalb eignen sich Landkarten, die einen demografischen Trend zeigen, besonders gut dazu, die mittel- und langfristige wirtschaftliche Entwicklung einer Region darzustellen.

Das Land der vielen Zentren

Wie heißt die größte Stadt Deutschlands? Wenn man den Lexika Glauben schenken will, liegt sie ganz im Osten: Berlin, mit mehr als drei Millionen Einwohnern. Doch wenn man auf das nächtliche Deutschland sieht, drängt sich eine andere Antwort förmlich auf. Denn ganz im Westen leuchtet weit heller eine viel größere Metropole: die Rhein-Ruhr-Stadt, ein dreieckiges Gebilde mit den Eckpunkten Bonn, Duisburg und Dortmund – und mit mehr als zehn Millionen Einwohnern.

Auf Satellitenbildern kann man diese Stadt schon lange erkennen. In der Raumplanung existiert sie seit nunmehr fünfzehn Jahren: 1995 wurde von der deutschen Ministerkonferenz für Raumordnung die «Metropolregion Rhein-Ruhr» definiert. Doch in dieser «Stadt» selbst – gibt es sie nicht. Dort gibt es Köln und Düsseldorf, die nicht einmal ihren heiß geliebten Karneval gemeinsam feiern würden (allein schon, weil sie sich nicht auf ein Bier einigen können), es gibt Duisburg, Bochum, Essen, Gelsenkirchen und Dortmund, die nicht nur auf dem Fußballplatz eine herzliche Abneigung vereint (vor allem die letzten beiden). Allein fünf aktuelle Bundesligavereine haben ihren Sitz in der Rhein-Ruhr-Stadt, die zu vier Regierungsbezirken und zwei Landschaftsverbänden gehört. Sie könnte ein Paris sein und bleibt doch lieber ein paar Dutzend Holzwickedes.

Multizentraler Sonderfall

Dichte ohne Kern, Breite ohne Spitze – die Struktur dieser einen Metropolregion ist symptomatisch für die Struktur des gesamten Landes. Denn es gibt nicht das eine Zentrum, um das sich alles konzentriert; es existiert eine Vielzahl von Ballungszentren, und manche davon haben nicht einen, sondern mehrere Kerne: so Rhein-Neckar mit Mannheim, Heidelberg und Ludwigshafen, Mittelfranken mit Nürnberg, Fürth und Erlangen, oder Rhein-Main mit Frankfurt, Mainz und Wiesbaden.

Die meisten Länder sind anders organisiert: zentraler. Ob Paris oder London, Madrid, Wien, Athen oder Stockholm, Mexiko-Stadt, Kairo, Havanna oder Buenos Aires: Aus dem All betrachtet überstrahlen sie alle anderen Städte ihres Landes bei weitem. Sie sind die unangefochtenen Zentren, dort sitzen die Regierung und die Börse, dort sind die Finanz- und Konzernzentralen, und die wichtigsten Theater, Universitäten, Galerien – wer auch immer im Land etwas werden will, muss in die Hauptstadt.

Wer hingegen in Deutschland etwas werden will, sollte um Berlin eher einen weiten Bogen machen, wenn er nicht gerade eine Karriere in der Politik anstrebt. Die Börse sitzt in Frankfurt, der größte Medienkonzern in Gütersloh, die wichtigste Kulturstätte in Bayreuth, die wichtigsten Autokonzerne finden sich in Wolfsburg, Stuttgart und München. Kein Einziger der 30 Konzerne des DAX hat seine Zentrale in Berlin, dafür sind im wichtigsten deutschen Aktienindex Provinzstädtchen wie Walldorf oder Herzogenaurach vertreten.

Selbstbewusste Provinz

Das Fehlen der großen Metropole, oder positiv ausgedrückt, die Vielzahl etwas kleinerer Metropolen ist ein Resultat des deutschen Sonderwegs zur Nation. Einige Dutzend selbstbewusster Fürstentümer und Königreiche tummelten sich auf jener Fläche, die zwar Heiliges Römisches Reich Deutscher Nation genannt wurde, die sich aber über Jahrhunderte hinweg nicht zu einem deutschen Nationalstaat entwickelte; der entstand erst 1871. In Europa beschritt lediglich Italien einen ähnlichen Entwicklungsweg – dort hatten die mächtigen Stadtrepubliken des Nordens kein Interesse an einem geeinten Staat unter der Führung Roms.

Sicherlich: Einige der Institutionen, die sich Deutschland aufgrund dieser Multizentralität geschaffen hat, stoßen in zentraler organisierten Staaten auf tiefes Unverständnis – der Länderfinanzausgleich etwa oder die Kultusministerkonferenz. Und natürlich mutet von den großen Metropolen aus betrachtet eine solche Struktur reichlich provinziell an. Aber dafür ist die Provinz in Deutschland bei weitem weniger provinziell als vergleichbare Regionen in Frankreich oder Großbritannien.

Deutschland bei Nacht

Quelle: Deutsches Zentrum für Luft- und Raumfahrt, Leibniz-Institut für Länderkunde

Rein in den Speck

Klassischer als hier rund um Hamburg kann ein Speckgürtel gar nicht aussehen. Die Metropole in der Mitte legt in der Einwohnerzahl eher sachte zu: 2,3 Prozent im Zeitraum von 2000 bis 2006 – alle Landkreise um sie herum wachsen deutlich stärker. Insbesondere junge Familien zieht es seit Jahrzehnten hinaus aufs Land, wo ein Haus mit Garten erschwinglich ist, die Kinder fernab der lauten und gefährlichen Stadt aufwachsen können und die Väter jeden Arbeitstag eine Stunde im Stau oder in der S-Bahn verbringen.

Ähnliche Entwicklungen wie in und um Hamburg zeigen sich auch im Umfeld der meisten anderen deutschen Großstädte. Im Stuttgarter Umland steigt die Einwohnerzahl stärker als in der Stadt Stuttgart selbst, und der Ballungsraum rund um Frankfurt wächst schneller als die Stadt im Kern. Das besonders starke Bevölkerungswachstum in Mainz (plus 7,4 Prozent) ist wohl eher der Anziehungskraft der Frankfurter Bankentürme zu verdanken als der des ZDF.

Grenzübergreifende Einzugsgebiete

Sogar scheinbar fernab aller Metropolen werden Speckgürtel-Effekte sichtbar. So beispielsweise im Landkreis Kleve im tiefsten Nordwesten der Republik, der seit einigen Jahren eine regelrechte Sonderkonjunktur erlebt, weil er im Einzugsgebiet der niederländischen Städte Arnheim und Nimwegen liegt. Auch andere Regionen an der deutsch-holländischen Grenze profitieren davon, dass die Grundstücks- und Immobilienpreise bei ihnen wesentlich attraktiver sind als bei den westlichen Nachbarn.

In Ostdeutschland ist der Trend zum Speckgürtel allerdings weit weniger ausgeprägt. Rund um Berlin verzeichnen zwar die meisten Kreise Bevölkerungszuwächse, aber eben nicht alle: Die Einwohnerzahl von Potsdam-Mittelmark ist zwischen 2000 und 2006 um 2,9 Prozent gefallen, die des Landkreises Oder-Spree sogar um 3,7 Prozent. Und bei einigen der übrigen ostdeutschen Großstädte ist sogar eine gegenläufige Entwicklung festzustellen: Städte wie Dresden, Leipzig, Weimar und Jena legen an Bevölkerung zu, das Umland nimmt dagegen ab.

Doch zumindest im Fall Potsdam täuscht dieses Bild. Auch um die Landeshauptstadt Brandenburgs herum hat sich nämlich ein Speckgürtel ausgebreitet – aber die Stadt hat sich in diesen Speckgürtel hineingefressen. Der Landkreis Potsdam-Mittelmark musste bei einer Gebietsreform im Jahr 2003 Orte mit insgesamt etwa 14 000 Einwohnern abgeben, die zum kleineren Teil in die Stadt Brandenburg und zum größeren Teil nach Potsdam eingemeindet wurden. Rechnet man diesen Eingemeindungseffekt heraus, hätte die Bevölkerung des Landkreises im hier betrachteten Zeitraum um etwa drei Prozent zugenommen, und die Stadt Potsdam läge nicht beim gesamtdeutschen Spitzenwert von 15,1 Prozent Bevölkerungszunahme in sechs Jahren, sondern ebenfalls bei etwa drei Prozent.

Gegentrend Reurbanisierung

In den übrigen ostdeutschen Stadtkreisen mit Bevölkerungszuwachs wurde die Steigerung hingegen ohne Eingemeindungen erreicht. Dort zeigt sich eine Entwicklung, die die Raumplaner Reurbanisierung nennen: Nach der Flucht aufs Land mit Haus und Garten zieht es die Menschen verstärkt zurück in die Stadt mit Kultur und Trubel. Die Reurbanisierung sei ein Trend, der die Entwicklung in den meisten Industriestaaten in den kommenden Jahrzehnten prägen werde, prognostizieren die Experten.

Trend und Gegentrend zugleich sind in Deutschlands Bevölkerungszuwachsgebiet Nummer eins sichtbar: der Region München. Dort wuchsen die Einwohnerzahlen der Kreise rund um die Metropole im Zeitraum von 2000 bis 2006 zwischen 3,8 und 6,7 Prozent. Aber die Metropole selbst wuchs in noch rasanterer Geschwindigkeit: sieben Prozent mehr Münchner innerhalb von sechs Jahren, das ist so viel, als wäre ganz Schwerin an die Isar umgezogen.

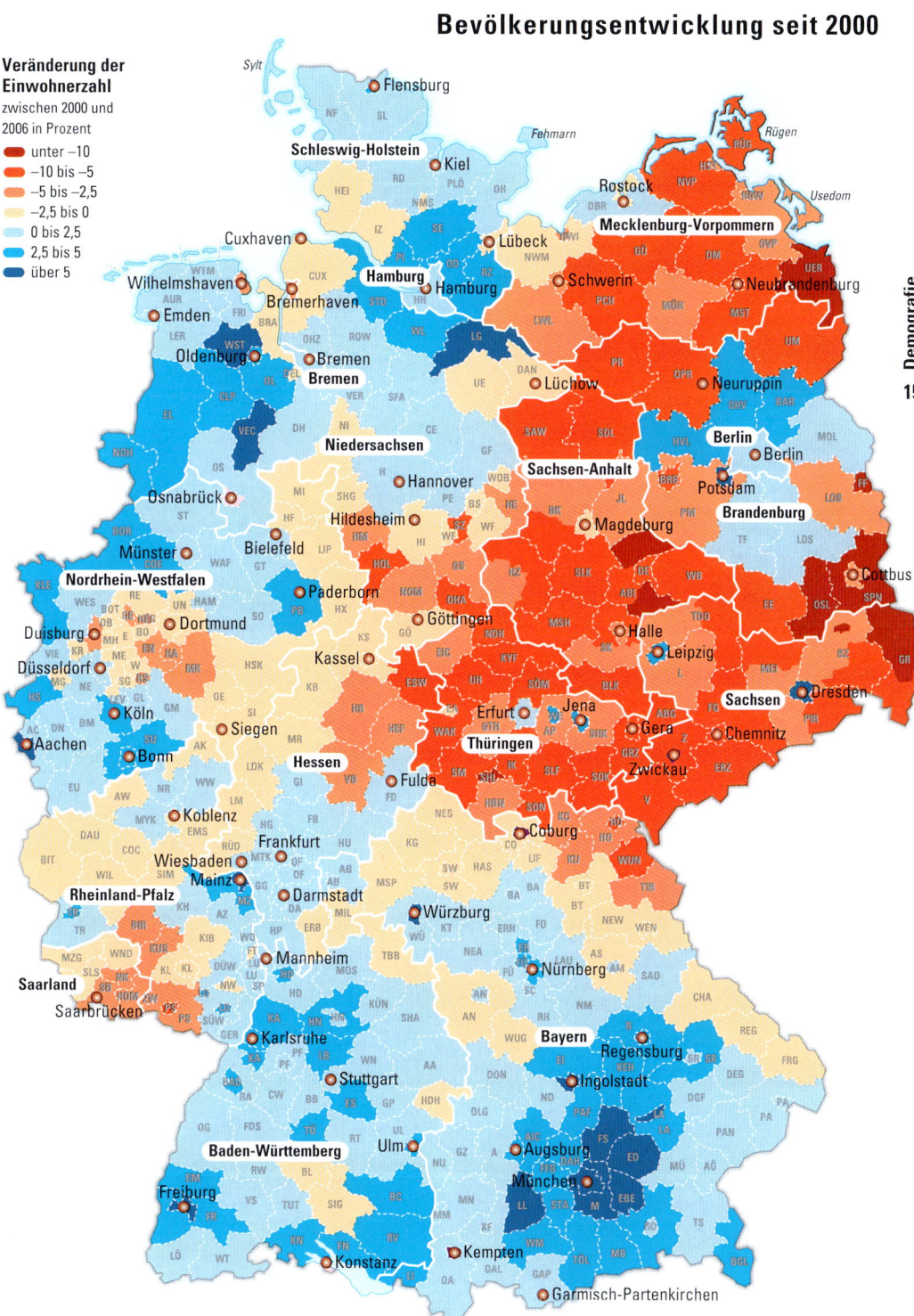

Ausländer drin

Deutschland ist seit mehr als hundert Jahren ein Einwanderungsland. Genauer gesagt: ein Arbeiter-Einwanderungsland. Fast alle Ausländer, die in dieser Zeit nach Deutschland kamen, wollten oder mussten hier arbeiten. Polnische Bergleute fürs aufstrebende Ruhrgebiet. Polen und Russen für den Bau von «Vergeltungswaffen». Italiener für den Wiederaufbau. Türken für Made in Germany und Vietnamesen für die DDR. Sie alle übernahmen Jobs, die Deutsche nicht oder nicht mehr machen wollten: schmutzige Arbeit, harte Arbeit, schlechtbezahlte Arbeit.

Die Arbeitsimmigranten seit dem Zweiten Weltkrieg stellen denn auch die größten Kontingente unter den im Ausländerzentralregister geführten Einwohnern Deutschlands. In den westdeutschen Bundesländern liegen jeweils die Türken weit vorne – außer im Saarland: Dort wurde aufgrund der Krise der Steinkohlenbranche die letzte Gastarbeiterwelle in den frühen 70er Jahren ausgelassen.

Wissensarbeiter statt Handarbeiter

In die DDR kamen, in weit geringerem Umfang, Arbeitskräfte aus Vietnam. Sie stellen in Sachsen, Sachsen-Anhalt und Thüringen noch immer die größte Ausländergruppe. Doch hier haben in den vergangenen Jahren Zuwanderer aus Osteuropa, aus Polen, Russland und der Ukraine aufgeholt und werden bald, wie bereits in Brandenburg und Mecklenburg-Vorpommern, die Vietnamesen überholen.

Im Gegensatz zu seinen europäischen Nachbarländern scheint Deutschland sich nur schwer an den Gedanken zu gewöhnen, dass die Zeiten der Billigarbeiter-Einwanderung vorbei sind: Wissensarbeiter statt Handarbeiter sind gefragt. Symptomatisch hierfür sind die Berichte des amerikanischen Politologen Richard Florida, der weltweit Politiker und Wirtschaftsbosse berät, wie sie im internationalen Kampf um die besten Köpfe die Oberhand behalten können. Nur Japan halte sich zurück – und eben Deutschland. «Kinder statt Inder» hieß denn auch ein Wahlkampfspruch des CDU-Politikers Jürgen Rüttgers, als es um die Einführung einer Green Card für ausländische Wissensarbeiter ging.

Für die US-Wirtschaftsgeografin Lisa Benton-Shorts gibt es in Deutschland nur eine Großstadt mit kosmopolitisch-kreativer Mischung: Frankfurt am Main. Der Rest der Republik hat Nachholbedarf, was den Umgang mit der Vielfalt an Kulturen und Werten angeht. Dass Studenten aus Nicht-EU-Ländern, die hier jahrelang studiert haben, nicht ohne weiteres bleiben können, um ihr Wissen einzubringen, ist kaum verständlich. Laut Einbürgerungsgesetz kann nur bleiben, wer nach seinem Abschluss einen Arbeitsplatz mit einem Jahresgehalt von mindestens 80 000 Euro nachweisen kann. Das bekommen Uni-Absolventen nicht mal als Investmentbanker.

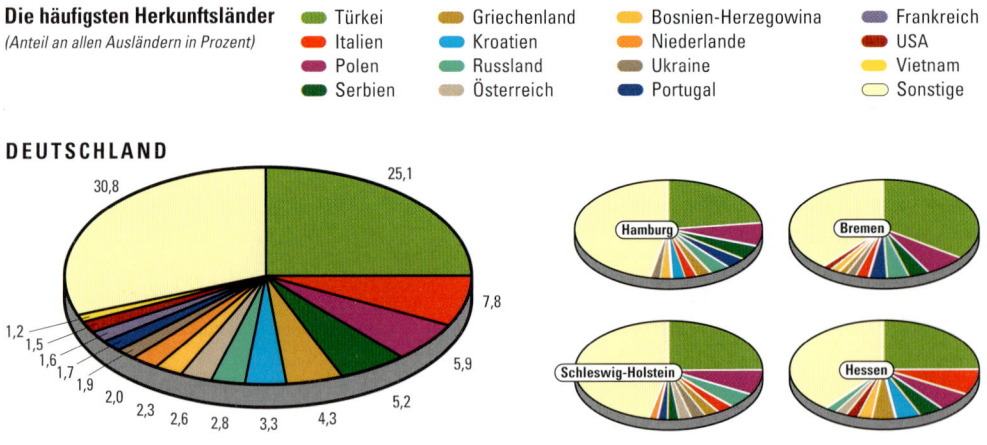

Quelle: Ausländerzentralregister

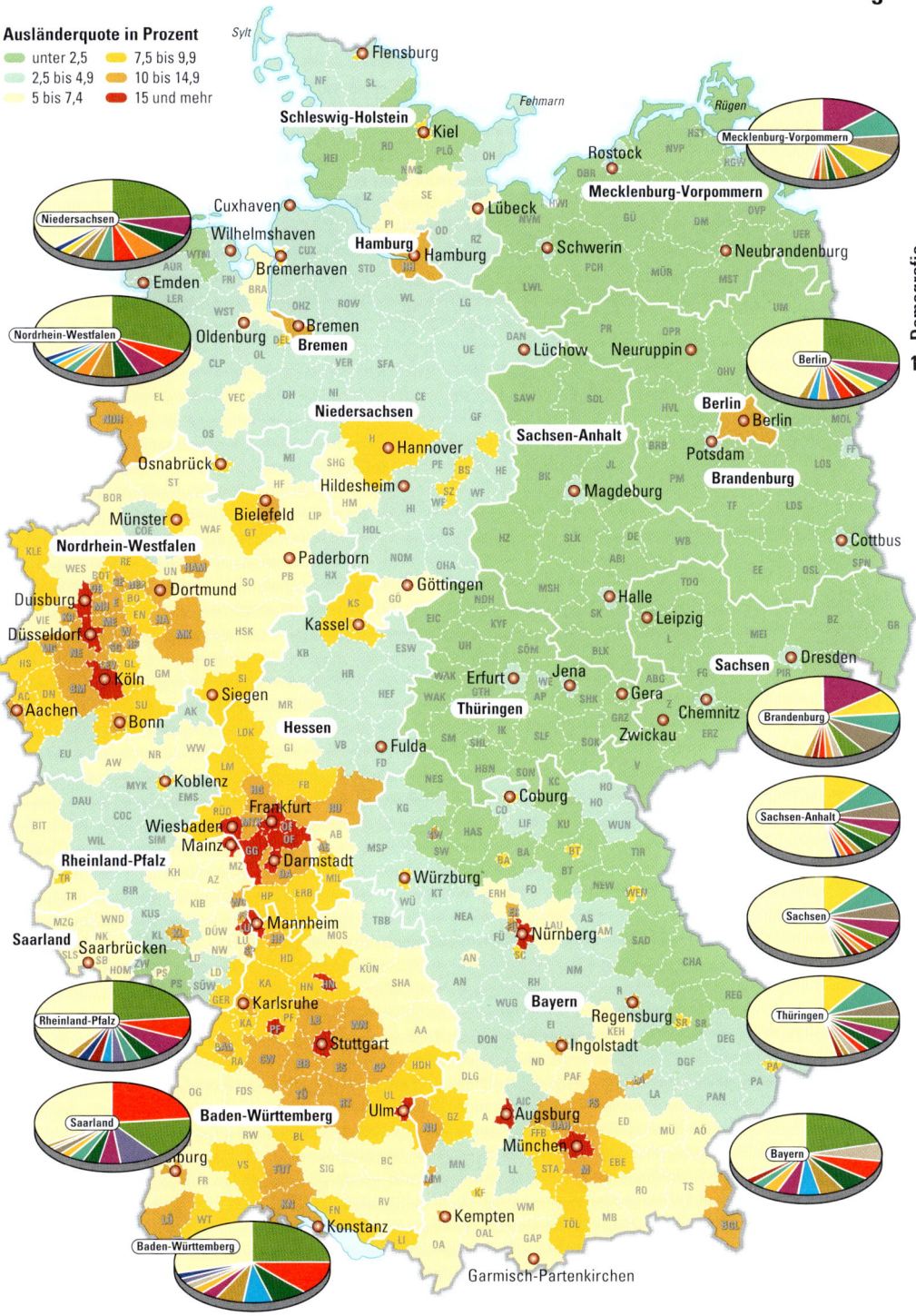

Vergreistes Hinterland

Wer im Urlaub nicht nur die Sonne des Südens sucht, sondern auch die dortige Lebensart, muss nur einen Mietwagen nehmen und eine Stunde von den Touristenzentren weg ins Landesinnere fahren. Dort stößt man auf pittoreske Dörfer, vielleicht sogar noch auf einen Bauern mit Esel und auf kleine Marktplätze, wo alte Männer im Schatten den Tag verdösen. Junge Menschen, gar Familien mit Kindern, sucht man hingegen vergebens. Die Jungen sind weg – sie leben an der Küste, in der Stadt, eben dort, wo es Arbeit gibt.

Ob Frankreich oder Spanien, ob Italien oder Griechenland, überall im Süden Europas gibt es dieses Hinterland der alten Menschen, fernab aller wirtschaftlichen und gesellschaftlichen Dynamik. Dem Besucher erscheint es wie ein Blick in die Vergangenheit – als wäre die Zeit stehen geblieben. Viele Bevölkerungsforscher sehen darin allerdings eher einen Blick in die Zukunft – die alternde Gesellschaft.

Die Arbeit geht, die Alten bleiben

In Deutschland gab es bis vor zwanzig Jahren nur ganz wenige solcher Regionen. Fast überall war ein Ballungsraum in Pendel-Entfernung, und fast in jedem westdeutschen Ort, der groß genug ist für eine eigene Schule, gab es irgendein mittelständisches Unternehmen, das in irgendeinem Teilsegment irgendeiner Branche Weltmarktführer war und ein paar hundert Menschen Lohn und Brot gab. Das Hinterland im mediterranen Sinn beschränkte sich auf ein paar abgelegene Gebiete in den Mittelgebirgen, vor allem in Eifel, Hunsrück und Harz, sowie auf das Wendland, einen bäuerlich geprägten Landstrich an der Elbe, der allerdings immer wieder von größeren Gruppen jüngerer Menschen besucht wird – wenn es Demonstrationen gegen das dort geplante atomare Endlager in Gorleben gibt.

Erst nach dem Mauerfall setzte auch in Deutschland eine großflächige Hinterlandbildung ein. Nicht als bewusste Politik, sondern als Folge des wirtschaftlichen Strukturwandels in Ostdeutschland. Der Wegfall einer großen Zahl von Arbeitsplätzen innerhalb von kurzer Zeit begünstigte und begünstigt weiterhin die Abwanderung aus den betroffenen Gebieten – und den Aufbruch zu neuen Ufern und neuen Arbeitsplätzen wagen vor allem die jüngeren Jahrgänge. Insbesondere im Süden der neuen Bundesländer ist dadurch in den vergangenen zwei Jahrzehnten der Anteil der über 64-Jährigen an der Bevölkerung besonders stark gestiegen, und diese Entwicklung dürfte noch mindestens ein weiteres Jahrzehnt anhalten.

Eine andere Region, in der der wirtschaftliche Strukturwandel zu einem steigenden Altenanteil geführt hat, liegt ganz im Westen der Republik: das Ruhrgebiet. Dort fallen insbesondere im Bergbau und in der Schwerindustrie seit langem mehr Arbeitsplätze weg, als in Zukunftsbranchen neu entstehen. Die Jüngeren zieht es in die Dienstleistungszentren – und so manche Bergmanns- oder Stahlarbeitersiedlung wirkt heute eher wie ein Altenheim.

Refugium reicher Rentner

Doch es gibt inzwischen auch einige Regionen in Deutschland, in denen der Altenanteil dadurch ansteigt, dass viele Rentner ihren Wohnsitz bewusst dorthin verlegen. Das gilt beispielsweise für die wenigen dunkelroten Flecken südlich von München: Die dort gelegenen Seen wie Starnberger oder Tegernsee üben eine starke Anziehungskraft auf wohlhabende Ältere aus, die die ländliche Idylle genießen wollen, aber auch die Nähe zur pulsierenden Metropole schätzen. Ganz im Norden der Republik gilt Ähnliches für die Nordfriesischen Inseln, allen voran natürlich Sylt. Die nächste Metropole, Hamburg, ist da zwar ein gutes Stück weiter entfernt als München von Starnberg, aber dafür pulsieren Kampen und Westerland auch ganz von alleine.

Die längste Tradition als Refugium reicher Rentner hat aber der älteste und berühmteste deutsche Kurort: Baden-Baden. Schon vor mehr als 500 Jahren wurde dort erstmals eine Kurtaxe erhoben, im 18. Jahrhundert galt der Ort als die Sommerhauptstadt Europas, in der sich Adel und Geldadel ein Stelldichein gaben, und bis heute hat sich daran nicht viel geändert. Als Kurstadt seit jeher auf alte Menschen ausgerichtet, ist Baden-Baden bestens auf die fortschreitende Alterung der Bevölkerung eingestellt. Auch ohne knorrige Bauern mit Eselskarren.

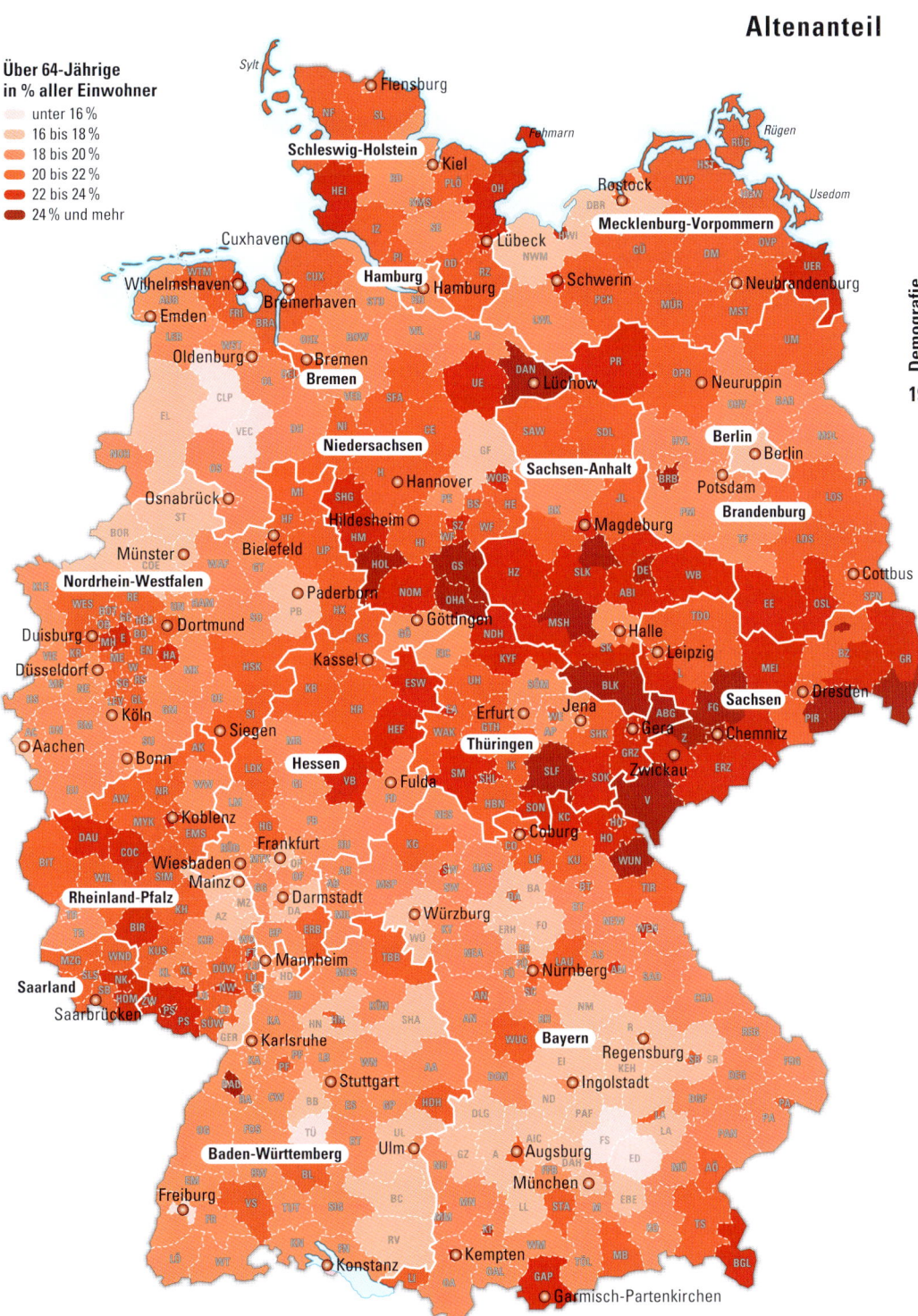

Der Reiz des Südens

Grün – Rot – Grün: So stellt sich die Wanderungsbilanz der deutschen Bundesländer dar, wenn man sich von Nord nach Süd bewegt. Im hohen Norden ziehen Schleswig-Holstein und Hamburg mehr Zuwanderer aus den anderen Bundesländern an, als sich gleichzeitig in Gegenrichtung aufmachen. Dann folgt ein breiter Abwanderungsgürtel quer durch das ganze Bundesgebiet, bevor von Hessen abwärts die Wanderungsbilanz wieder positiv wird. Einzig Berlin und das Saarland bilden kleine Einsprengsel im sonst kohärenten Bild. Es sind eben nicht die neuen Bundesländer alleine, die mit Abwanderung zu kämpfen haben.

Bayern vorn

Ein relevanter Prozentsatz dieser statistisch erfassten Wanderungsbewegung über Ländergrenzen hinweg betrifft allerdings eher kleine Hüpfer als große Umzüge. Wer von Wiesbaden nach Mainz, von Ulm nach Neu-Ulm, von Berlin nach Potsdam oder von Hamburg nach Pinneberg zieht, hat sich zwar allenfalls ein paar Kilometer von seinem bisherigen Standort entfernt, zählt aber in der Statistik genauso wie ein Umzug aus Mecklenburg nach Schwaben. Für die Karte auf der rechten Seite wurden deshalb nur Wanderungsbewegungen berücksichtigt, die über die Grenzen größer gefasster Regionen hinausgehen.

Dabei zeigt sich wiederum die enorme Anziehungskraft, die von den beiden Südstaaten Bayern und Baden-Württemberg ausgeht. Sie verzeichnen mit allen anderen Regionen einen positiven Wanderungssaldo, wobei etwa 60 Prozent des gesamten Wanderungssaldos von knapp 40 000 Menschen auf die ostdeutschen Bundesländer entfallen.

Der Osten wiederum hat deutliche Abflüsse in alle anderen Regionen zu verzeichnen: Minus 50 565 betrug allein im Jahr 2006 der Wanderungssaldo. Neben dem Süden profitieren die nördlichen Bundesländer am meisten von Zuwanderung aus dem Osten. Insgesamt hat der Norden gut 10 000 Zuwanderer mehr, als er selbst an Abwanderern an andere Regionen abgeben muss.

Die Region Mitte, also Hessen, Rheinland-Pfalz und das Saarland, erreicht ebenfalls einen positiven, allerdings deutlich kleineren Wanderungssaldo von gut 5000 Personen. Etwa in der gleichen Höhe liegt auch der Wanderungssaldo des Westens, also Nordrhein-Westfalens – allerdings mit umgekehrtem Vorzeichen. Einem Plus von gut 5000 Personen aus den neuen Bundesländern steht eine Abwanderung von mehr als 10 000 Menschen in die anderen Regionen gegenüber.

In der Einzelbetrachtung der Bundesländer steht Dauer-Sorgenkind Sachsen-Anhalt am schlechtesten da: der Gesamt-Wanderungssaldo von minus 16 675 ist deutscher Spitzenwert.

Bayern hingegen ist eindeutiger Zuwanderungs-Spitzenreiter. Um mehr als 34 000 Menschen nahm die Bevölkerung des Freistaats allein durch Zuzüge aus anderen Bundesländern zu. Doch mit einem Land war sogar Bayerns Saldo negativ: mit Hamburg. 2008 zogen 222 Menschen mehr aus Bayern dorthin als in der umgekehrten Richtung.

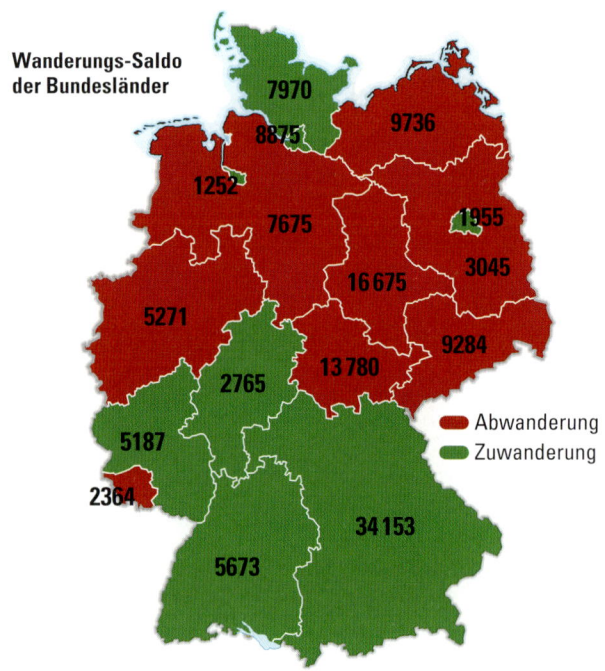

Wanderungs-Saldo der Bundesländer

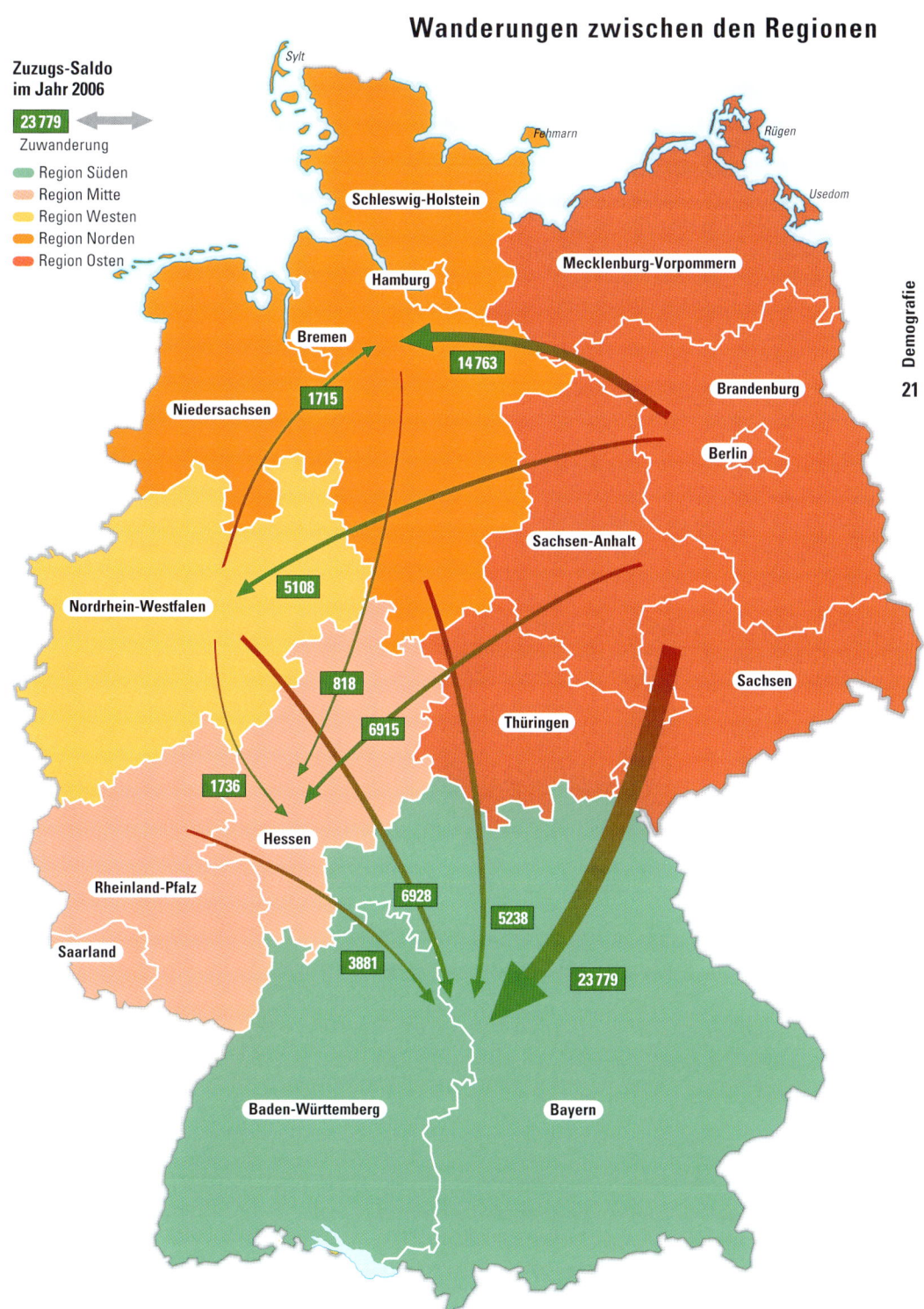

Europäische Völkerwanderung

Vor mehr als 1500 Jahren zerbrach das langlebigste Reich der gesamten europäischen Geschichte an einer Wanderungsbewegung. Familien, Stämme, ganze Völker verließen ihre traditionellen Siedlungsgebiete im Norden und Osten des Kontinents und machten sich auf den Weg gen Süden und Westen. Die Flucht vor Hunger und Krieg und die Hoffnung auf ein besseres Leben (und auf reiche Beute) waren ihre Antriebe. Die Goten und die Langobarden zog es nach Italien, die Vandalen über Spanien bis nach Nordafrika – wobei sie erst die Grenzen des Römischen Reiches pulverisierten und dann das Reich selbst.

Die beiden wichtigsten Wanderungsbewegungen, mit denen wir es heute und in den kommenden Jahrzehnten in Europa zu tun haben, folgen den gleichen Richtungen: von Ost nach West und von Nord nach Süd. Beide werden von der Suche nach einem besseren Leben gespeist – allerdings handelt es sich dabei um zwei völlig unterschiedliche Suchen:
- Die Wanderungsbewegung von Ost- nach Westeuropa ist ein Armutsphänomen. Zwischen den ehemals kommunistischen Staaten im Osten und den Industriestaaten des Westens besteht ein starkes ökonomisches Gefälle: Lebensstandard, Löhne und Zukunftsperspektiven sind in Westeuropa deutlich attraktiver und üben deshalb eine starke Anziehungskraft aus.
- Die Wanderungsbewegung von Nord- nach Südeuropa ist ein Wohlstandsphänomen. Auf viele Bewohner Nord- und Mitteleuropas üben das warme Klima und die gelassene Lebensart im Süden des Kontinents einen starken Reiz aus. Vor allem Deutsche, Briten und Skandinavier träumen von einem Häuschen am Meer, und insbesondere Rentner machen diesen Traum auch zu Hunderttausenden wahr.

Tiefe Lücken in Osteuropa

Die Folgen dieser beiden Bewegungen zeigt diese Karte, die auf einer Prognose des «Berlin-Instituts für Bevölkerung und Entwicklung» beruht. Rumänien, Bulgarien und die (noch) nicht zur EU gehörenden osteuropäischen Staaten wie die Ukraine werden drastisch schrumpfen: Niedrige Geburtenraten und die Abwanderung nach Westen hinterlassen große Lücken, die auch nicht durch Zuwanderung aus noch weiter östlich gelegenen Staaten gefüllt werden können: Wenn Russen Richtung Westen auswandern, zieht es sie meist nicht in die Ukraine, sondern gleich nach Deutschland.

Relativ stabil entwickeln dürfte sich eine ökonomisch starke Zone Zentraleuropas, die sich von Südschweden über Dänemark und Westdeutschland bis nach Norditalien erstreckt. Hier können die natürlichen Bevölkerungsrückgänge aufgrund niedriger Geburtenraten durch Zuwanderung in etwa ausgeglichen werden. Für Ostdeutschland gilt dies allerdings nicht, dort rechnet das Berlin-Institut bis 2030 mit einem weiteren Rückgang der Einwohnerzahl um zehn bis zwanzig Prozent.

Gewinner-Regionen am Mittelmeer

Zu den Regionen mit hohem Bevölkerungszuwachs durch Zuwanderung werden nach dieser Prognose kleine Staaten wie Zypern oder Luxemburg mit guten wirtschaftlichen Rahmenbedingungen sowie die Mittelmeerregionen Spaniens und Frankreichs gehören. Letztere profitieren zusätzlich von den vergleichsweise hohen französischen Geburtenraten. Auch in Norwegen, Irland und Island liegt die Zahl der Geburten deutlich über dem europäischen Durchschnitt, sodass auch dort die Einwohnerzahlen eher zunehmen dürften.

So groß diese Unterschiede in der Bevölkerungsentwicklung der einzelnen Regionen auch sind: sie sind politisch und ökonomisch beherrschbar. Selbst eine zwanzigprozentige Zu- oder Abnahme in der Zeit bis 2030 entspricht lediglich einer Veränderung von einem Prozent pro Jahr. Daraus entstehen sicherlich Konflikte, aber die Europäische Union läuft nicht Gefahr, aufgrund solcher Völkerwanderungen das gleiche Schicksal zu erleiden wie einst das Römische Reich. Anders wäre die Situation allenfalls, wenn aufgrund von Kriegen und Naturkatastrophen Millionen von Menschen auf einmal von außen nach Europa strömten – also die afrikanischen Boat People von heute mal tausend. Doch ob eine solche Situation eintritt und wie Europa dann darauf reagiert, das entzieht sich jeder Prognose.

Die kommen sicher – die Rentner

Der junge Mann wird den Satz des Fremden im ICE nie vergessen: «1,4 Millionen. Ihr habt keine Chance, wir sind einfach mehr.» Er grinste, stieg aus und ließ den Jüngeren zurück mit dessen Angst vor dem Älterwerden. Nicht dem eigenen. Sondern dem des Fremden und seiner Altersgenossen: Dieser wurde nämlich 1964 geboren, auf dem Höhepunkt des Babybooms. Im selben Jahr kamen in Deutschland 1 357 304 Menschen zur Welt. 1981, im Geburtsjahr des jungen Mannes, waren es nur noch 862 100. Ihm bleibt nichts anderes übrig: In zwanzig Jahren muss seine Generation ein ganzes Heer durchfüttern, das Millionenheer von Rentnern, das die Republik überrollt, wenn die Babyboomer in Rente gehen. Deshalb hat der junge Mann den Alten von morgen schon heute den Kampf angesagt. Auf Veranstaltungen und in Zeitungsartikeln rief Manuel Hartung 2009 analytisch präzise und wortgewaltig zum Aufstand gegen die Babyboomer auf. Es scheint, als habe ein Generationenkrieg begonnen.

Ungleicher Alterungsschwung

Die alternde Gesellschaft ist längst Realität. In allen Ländern der entwickelten Welt verändert sich die Altersstruktur deutlich. Die Zahl der älteren Menschen steigt, der Anteil jüngerer sinkt. Weil nach Einschätzung des Statistischen Amtes der Europäischen Union (Eurostat) ab 2015 jedes Jahr mehr Menschen in Europa sterben als zur Welt kommen, werden voraussichtlich 2060 dreißig Prozent der Bürger des alten Kontinents älter als 65 sein. Der Altenquotient, also die Zahl der über 65-Jährigen im Verhältnis zur Zahl der 15- bis 64-Jährigen in der Bevölkerung, schraubt sich in die Höhe. Halten die gegenwärtigen Trends an, dann wird er sich in den kommenden fünfzig Jahren verdoppeln. Düstere Aussichten für kommende Generationen, die mehr Rentner denn je schultern müssen. Und die nicht umhin kommen werden, Arbeitsgesellschaft und Ökonomie umzubauen sowie Gesundheits- und Sozialsysteme zu reformieren, wenn sie im globalen Wettbewerb mit den jungen, innovativen Gesellschaften Asiens oder Lateinamerikas bestehen möchten.

Allerdings trifft der Alterungsschwung nicht alle Regionen in Europa gleich heftig, wie die Karte zeigt. So hatten im Jahr 2006 gerade mal sechs Prozent der Gebiete in der Gemeinschaft einen Altenquotienten von über 33; in Mittelschweden oder Portugal etwa kamen auf einen Menschen über 65 weniger als drei im erwerbsfähigen Alter. Südfrankreich, Nordgriechenland oder der Osten Deutschlands schneiden nicht wesentlich besser ab, diese Regionen haben schon jetzt einen Altenquotienten von über 29. Hingegen sind Länder wie Island, Irland, Teile Polens, Rumäniens oder Mazedonien mit einem Altenquotienten von unter 20 recht gut ausbalanciert.

Alte neue Bundesländer

Doch im Jahr 2026, wenn die meisten Babyboomer auf dem Altenteil angelangt sind, wird es nirgends mehr einen solch niedrigen Altenquotienten geben. Hingegen werden mehr als drei Viertel aller europäischen Regionen einen Wert von 33 und mehr erreichen – die Ausnahme von heute wird die Regel von morgen.

Und damit nicht genug. Eurostat prognostiziert für das Jahr 2026 in dreizehn statistischen Regionen des Kontinents einen Altenquotienten von mindestens 50. Allein neun dieser Regionen liegen in den dann ziemlich alten neuen Bundesländern, aus denen weiterhin junge Menschen abwandern und die Alten zurücklassen – Nachwuchs wird Mangelware.

Grund zur Sorge? Das hängt vom Blickwinkel ab. Zuversichtlich war da beispielsweise der 2007 verstorbene Frankfurter Starsoziologe Karl Otto Hondrich, dem, selbst achtzigjährig, alternde Gesellschaften mit schwindendem Nachwuchs wenig Angst machen konnten: «Demografische Stabilität als Normalität gibt es nicht. Bevölkerungen wachsen und schrumpfen seit jeher, welches Maß gut oder schlecht ist, bleibt pure Setzung», schrieb er trotzig und entwarf das Bild einer Gesellschaft als eines intelligenten, sich selbst regulierenden Systems, das genug Mechanismen entwickelt hat, um auch solche Veränderungen erfolgreich zu bewältigen. Gruselkabinett alterndes Europa? «Schlimmstenfalls werden wir weniger Kinder haben, als wir gewöhnt sind. Es sind die Gewohnheiten, die uns die Verhältnisse als normal und richtig erscheinen lassen – und es sind Veränderungen, die uns Angst vor künftiger Anormalität einflößen.»

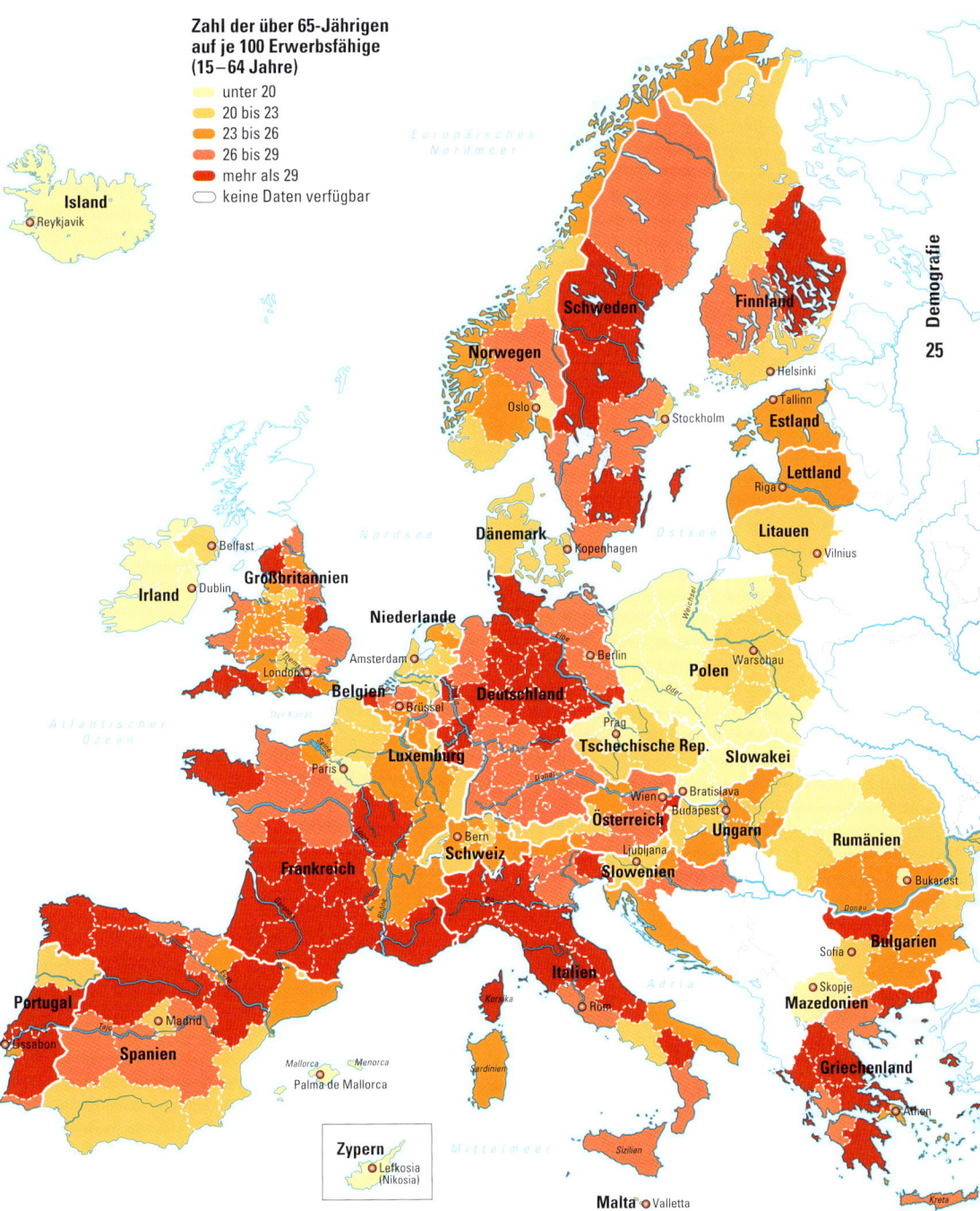

Demografische Pendelschläge

Zwei Farben, zwei Probleme. In allen Staaten, die auf dieser Karte grün markiert sind, liegt die Geburtenrate so hoch, dass die jeweilige Kindergeneration größer ist als die der Eltern. Ab einer Geburtenrate von 2,2 Kindern pro Frau wächst also die Bevölkerung; je dunkler das Grün, desto schneller.

In allen bräunlich gefärbten Staaten hingegen reichen die Geburtenziffern nicht aus, damit die nächste Generation wieder so groß wird wie die jetzige. Zumindest was die natürliche Bevölkerungsentwicklung angeht, ist deshalb mit einem Rückgang zu rechnen. Je heller der Braunton, desto gravierender ist die Differenz und desto akuter die Schrumpfungsgefahr.

Geburtenvorbild Amerika

Mathematisch betrachtet liegt die Lösung für beide Probleme in der Mitte. Bei einer Kinderzahl pro Frau zwischen etwa 1,8 und 2,4 bleibt die natürliche Bevölkerungsentwicklung ungefähr in der Waage. Und geografisch gesehen gibt es tatsächlich einen Kontinent, der diesen Mittelweg vorbildlich beschreibt: Amerika. In Lateinamerika liegen die Geburtenziffern leicht über 2,1, in den USA und Kanada etwas darunter. In Asien sorgt der Bevölkerungsgigant Indien mit einer relativ hohen Geburtenrate für Wachstum, der andere Gigant China hingegen mit geringer Geburtenrate für Rückgang – auf Kontinentebene also ebenfalls ein recht ausgeglichenes Verhältnis.

Nur zwei Kontinente entfernen sich weit von diesem Gleichgewichtszustand: Afrika mit extrem hohen Geburtenziffern und Europa mit extrem niedrigen. Der Grund dafür liegt in der jeweils entgegengesetzten Position im demografischen Pendelschlag. Afrika befindet sich in einem relativ frühen Stadium des sogenannten ersten demografischen Übergangs: Die Lebenserwartung steigt, die Kindersterblichkeit sinkt, man muss nicht mehr acht Kinder bekommen, damit zwei davon ihre Eltern überleben.

In dieser Epoche des Übergangs lernt jede Generation von den eigenen Eltern und entscheidet sich,

Kinderzahl pro Frau

Demografie

weniger Kinder zu bekommen. Asien und Südamerika sind in dieser Entwicklung bereits weiter fortgeschritten, mit entsprechend niedrigeren Geburtenraten – und Europa ist noch ein paar Jahrzehnte weiter: Weil eigene Kinder nicht mehr notwendig sind, um den Lebensabend zu sichern, entscheiden sich viele Erwachsene für mehr Konsum und weniger Nachwuchs.

Noch wissen wir nicht, ob das Pendel in die andere Richtung zurückschlagen wird – ob die Geburtenraten in den europäischen Staaten sich wieder nach oben bewegen werden. Es gibt seit einigen Jahren Indikatoren, die darauf hindeuten; aber wie bei allen demografischen Entwicklungen wird es Jahrzehnte dauern, bevor eine Trendwende in der Statistik zweifelsfrei nachgewiesen werden kann.

Quelle: CIA World Factbook, Schätzung für das Jahr 2009

Überlebenstipps vom Greisenweltmeister

Hätten Sie in Swasiland das Licht der Welt erblickt, hätten Sie vermutlich bereits das Zeitliche gesegnet. Im zweitkleinsten Land Afrikas ist die Lebenserwartung mittlerweile auf durchschnittlich 31 Jahre gesunken. Im Nachbarland Mosambik sind es immerhin zehn Jahre mehr (41,2), in Südafrika 18 Jahre (49,0). Die Gründe: Dem Königreich fehlt es an Geld, das Gesundheitssystem ist rudimentär, die Kinder- und Müttersterblichkeit liegt bei 16 beziehungsweise 39 Prozent. Und 26,1 Prozent aller Swasis sind mit dem tödlichen HI-Virus infiziert. Das ist trauriger Weltrekord.

Ganz anders sieht die Lebensperspektive in Andorra aus. Das kleine Land zwischen Frankreich und Spanien führt mit durchschnittlich 82,5 Jahren die Weltrangliste an. Dicht gefolgt von Japan, wo prozentual gesehen mehr Hundertjährige als irgendwo sonst leben. 18 von 100 000 Einwohnern erreichen im Land der aufgehenden Sonne das biblische Alter, auf der Inselgruppe Okinawa sind es sogar 45. Ein Dorado für Altersforscher, die hier ihre wichtigsten Kronzeugen ausgemacht haben, eine Art Methusalem-Komplott zum erhofften Wohl der gesamten Menschheit. Herz-Kreislauf-Erkrankungen sind hier unbekannt. Auch von Diabetes oder Demenz haben die Alten von Okinawa noch nie etwas gehört.

Der Lebensstil entscheidet

An den Genen liegt es nicht, so viel steht fest. Bei Auswanderern aus Okinawa, etwa in Brasilien, die ihre traditionelle Lebensführung aufgegeben haben, ist die Lebenserwartung auf das dortige Niveau von durchschnittlich 54,3 Jahren gesunken. Und selbst im amerikanisierten Süden der Insel hat der neumodische Ernährungsstil mit Hamburgern und Pommes die jüngere Generation zur dicksten in ganz Japan werden lassen – mit allen Risiken für ein leidvolles Altern.

Fragt man die Bewohner Okinawas nach ihrem Erfolgsgeheimnis, so lautet die Antwort: «Pass auf, was du jeden Tag in deinen Körper eindringen lässt!» (Mit Blick auf die reichen Länder dieser Welt könnte man hinzufügen:

Lebenserwartung

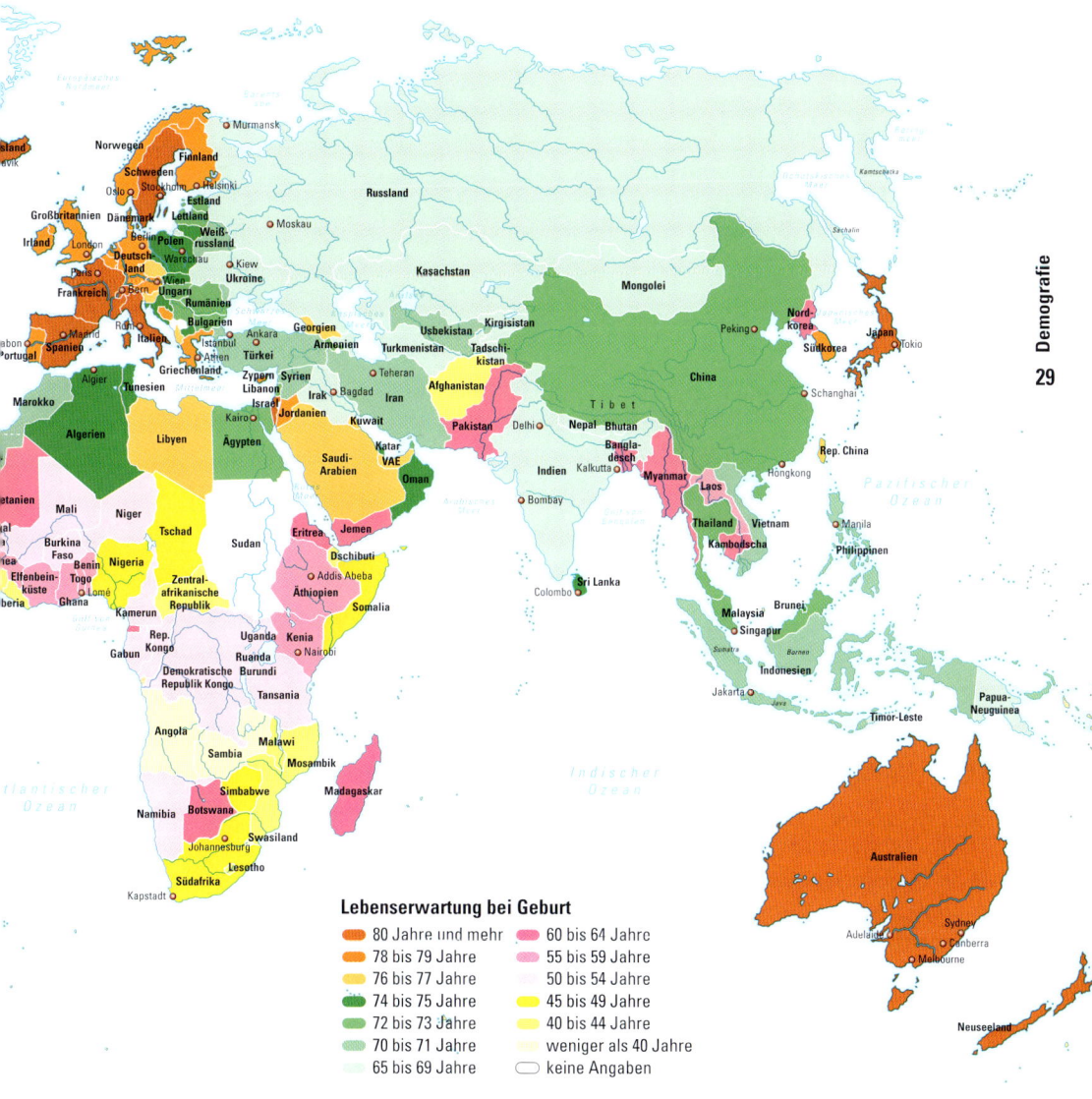

wenn du schon den Luxus hast, in einem sicheren Land zu leben, mit guter ärztlicher Versorgung, sauberem Trinkwasser und einem oft überbordenden Lebensmittelangebot.)

Deutschland liegt im Ländervergleich mit 79,3 Jahren im oberen Viertel. Das sind nach Berechnungen des Rostocker Lehrstuhls für empirische Sozialforschung und Demografie 44 Jahre mehr als vor 120 Jahren. Das ist einerseits erfreulich – wir dürfen länger leben. Aber andererseits problematisch. In der medizinischen Fachzeitschrift «Lancet» wurde vor kurzem eine Studie veröffentlicht, die die europäischen Länder nicht nach ihrer Lebenserwartung, sondern nach ihrer Gesundheitserwartung listet. Demnach haben 50-jährige Dänen 24 krankheitsfreie Jahre vor sich, Deutsche nur 14. Danach fangen die Zipperlein an.

Quelle: CIA World Factbook

Einmal nach Deutschland oder zurück

Hätten Sie's gewusst? Das Land, aus dem die meisten Staatsbürger nach Deutschland einwanderten (in Relation zur Gesamtzahl seiner Einwohner), war im Jahr 2007 – Luxemburg. 2064 Luxemburger zogen nach Deutschland, 832 Deutsche nach Luxemburg, das ergibt eine Nettozuwanderung von 1232 Luxemburgern, was einer Quote von 2567 Einwanderern je Million Einwohner entspricht.

Auch Platz zwei ist überraschend: Bulgarien mit 1601 Nettozuwanderern je Million Staatsbürger. Ebenso Platz drei. Den belegt der Vatikan. Wobei die Quote von 1073 irreführend ist: Faktisch zog im Jahr 2007 netto genau ein einziger Vatikanbewohner nach Deutschland – aber bei einer Gesamteinwohnerzahl von 932 bringt schon ein einzelner Auswanderer einen solch hohen Wert.

Mediterrane Abwanderer

Vatikan und Luxemburg, diese beiden Länder fallen einem nicht als Erste ein, wenn es um das Einwanderungsland Deutschland geht. Aber auch andere Fakten sind überraschend: Die einst klassischen Zuwandererstaaten der Gastarbeiterära in den 50er und 60er Jahren, also Italien, Griechenland, Spanien, Portugal und die Türkei, sind derzeit sämtlich Abwandererstaaten – es kehren mehr Bürger dieser Staaten in ihre Heimat zurück, als von dort zu uns kommen.

Dagegen hat ein großer Teil der afrikanischen Staaten eine positive Wanderungsbilanz mit Deutschland. Per saldo kamen vom Schwarzen Kontinent insgesamt 5300 Zuwanderer nach Deutschland, der größte Teil davon aus Marokko, Tunesien und Ägypten.

Besonders große Zuwandererkontingente stellen derzeit die neuen EU-Mitgliedsstaaten Osteuropas. Insgesamt kamen von dort im Jahr 2007 mehr als 55 000 Einwanderer zu uns; ohne diesen Zustrom wäre die gesamte Wanderungsbilanz Deutschlands mit ausländischen Staatsbürgern negativ ausgefallen.

Und damit sind wir bei der nächsten Hätten-Sie's-gewusst-Frage angelangt: Welches Land

Zu- und Abwanderung von Ausländern

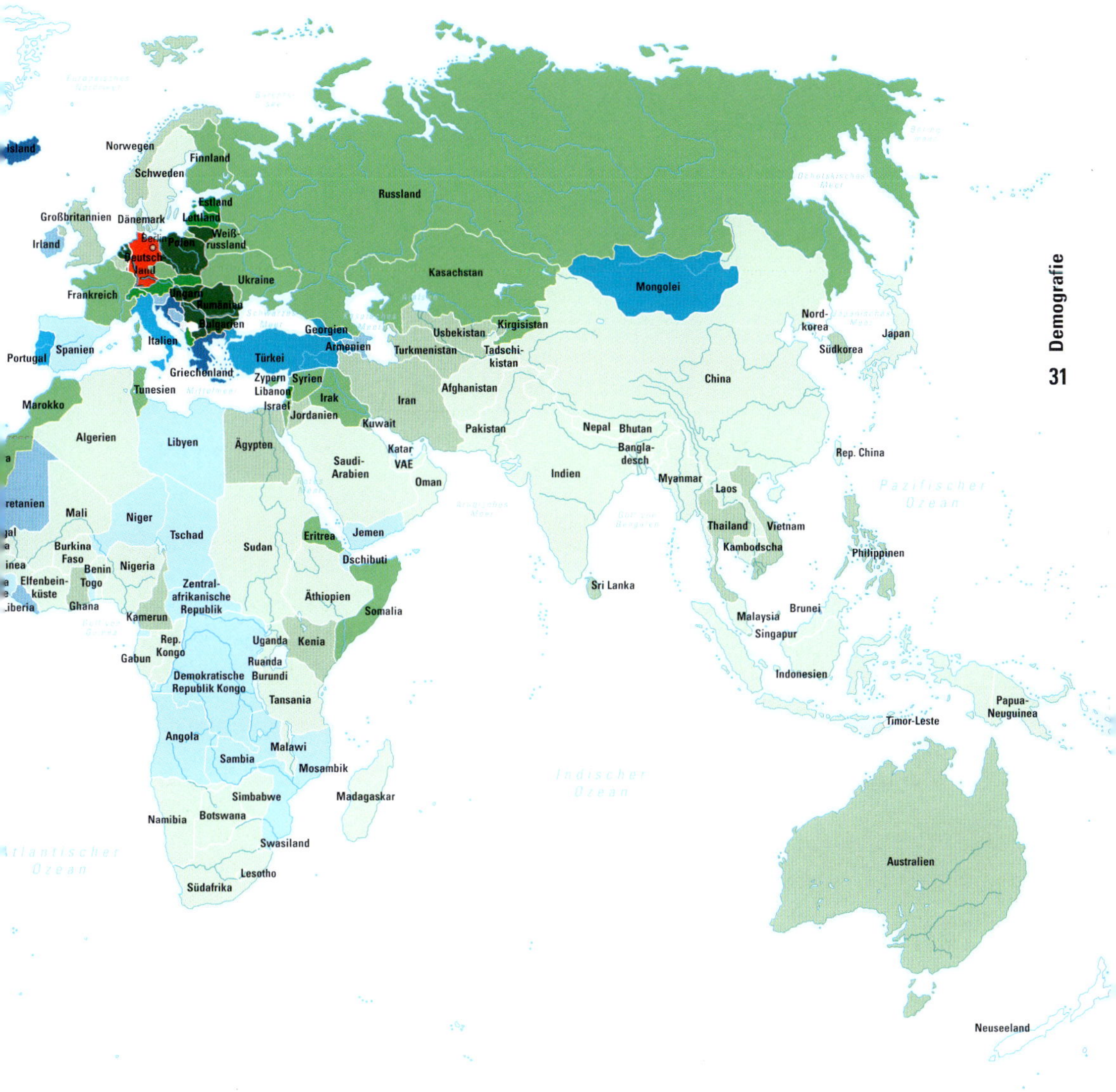

verzeichnete 2007 die höchste Abwanderungsquote, gemessen an seiner Einwohnerzahl? Es war: der Pazifik-Inselstaat Kiribati. 66 Abwanderer aus Deutschland bei 98 000 Staatsbürgern ergeben die Rekordqoute von 673 je (rechnerischer) Million Einwohner.

Zuwanderung je Million Einwohner
- unter 10
- 10 bis unter 25
- 25 bis unter 100
- 100 bis unter 250
- 250 und mehr

Abwanderung je Million Einwohner
- unter 10
- 10 bis unter 25
- 25 bis unter 100
- 100 und mehr
- null oder keine Angabe

Quelle: Destatis, IWF, Daten für 2007

2. Teil
Ressourcen und Infrastruktur

Unter der Erde sieht es nicht gut aus für Deutschland. Ob Öl oder Gas, Gold oder Erze: fast alles, was gemeinhin Bodenschätze genannt wird, ist bei uns kaum oder gar nicht vorhanden, sodass wir dauerhaft auf Importe angewiesen sind. Heute sind die Braunkohle (in Nordrhein-Westfalen, Sachsen und Brandenburg) und Kalisalze (in Hessen und Niedersachsen) unsere einzigen in beträchtlichem Ausmaß abgebauten Rohstoffe.

Zu ebener Erde ist die Lage besser. Deutschland verfügt über große Flächen sehr fruchtbarer Böden und vor allem über eine äußerst leistungsfähige Infrastruktur. Ob mit dem Auto oder mit der Bahn, per Schiff oder Flugzeug – für alle Verkehrsmittel existieren dichte und gut ausgebaute Netze. Die polyzentrale Struktur Deutschlands führt überdies dazu, dass es kaum Regionen gibt, die wirklich weitab vom Schuss liegen.

Und über der Erde? Da hat die deutsche Energiepolitik zuletzt tapfer versucht, die bescheidenen Potenziale der regenerativen Energieträger Wind und Sonne optimal zu nutzen. Wo der Wind oft und kräftig bläst, vor allem also an den Küsten und auf den Bergen, sind Windkraftwerke gleich dutzendfach zu finden, und in den Regionen mit relativ starker Sonneneinstrahlung konzentrieren sich die Solarkraftwerke. Aber diese Stärke ist nun mal sehr relativ: Die künftigen Weltmarktführer für Solarstrom werden wohl doch um einiges weiter südlich zu finden sein.

Startkapital aus der Erdgeschichte

Salz ist Salz und Öl ist Öl. Wenn sie zusammenkommen, dann in der Küche – aber doch nicht im Erdboden! Oder hätte man jemals davon gehört, dass Saudi-Arabien oder Venezuela zu den größten Salzproduzenten der Erde zählen? Nur in Deutschland scheint mal wieder alles anders zu sein: Dort sieht es ganz so aus, als würden sich in Niedersachsen die Lagerstätten von Erdöl und Erdgas direkt an die Vorkommen von Stein- und Kalisalz anschließen, die sich im Raum Halle beginnend in nordwestlicher Richtung durch Mitteldeutschland ziehen – an einigen Stellen überschneiden sich die Lagerstätten sogar. Reiner Zufall, oder haben Salz und Öl nicht nur gastronomisch, sondern auch geologisch etwas miteinander zu tun?

Durchaus. Auf eines nämlich sind Erdöl- wie Salzvorkommen angewiesen, um überhaupt entstehen zu können: auf ein Meer. Allerdings handelt es sich um höchst unterschiedliche Meere, die jeweils benötigt werden. Öl und Gas entstehen aus lebendigen und nährstoffreichen Meeren; aus den Überresten der Meereslebewesen bilden sich Ablagerungen am Meeresgrund, die in späteren Epochen von darüberliegenden Gesteinsschichten zusammengepresst werden. Salzschichten hingegen können sich nur aus sterbenden Meeren formen – nur wo ein großes Gewässer austrocknet, bilden sich dicke Salzschichten.

Zeugnisse des Zechsteinmeers

Ein solches Meer bedeckte vor mehr als 250 Millionen Jahren große Teile Nord- und Mitteleuropas: das Zechsteinmeer. Es stieß im Verlauf der Jahrmillionen mehrfach bis an den Nordrand unserer heutigen Mittelgebirge vor, zog sich aber bei sinkendem Meeresspiegel immer wieder zurück und hinterließ dabei in dicken Schichten, was im Mittelalter der wichtigste Rohstoff Deutschlands war und heute noch die Geschäftsgrundlage des Kasseler Rohstoffkonzerns K+S bildet: Kali und Salz.

Die Kalksteinvorkommen in jener Region, etwa der sogenannte Harzer Dolomit, sind übrigens auch Überreste solcher Vorstöße des Zechsteinmeeres: Die chemischen Prozesse bei der Austrocknung salzhaltiger Gewässer führen dazu, dass sich die im Wasser enthaltenen Salze in einer festen Reihenfolge am Untergrund ablagern. Als Erste fallen Calcium- und Magnesiumcarbonate aus, es folgen Gips, Steinsalz, Kalisalze und zum Schluss Magnesiumsalze.

Die Ölvorkommen im Nordwesten Deutschlands verdanken wir hingegen einem anderen, 50 Millionen Jahre jüngeren Meer: der Jurasee. Es erstreckte sich in ähnlichen Regionen wie einst das Zechsteinmeer, wimmelte aber von Leben – das nach seinem Tod, mit Sand vermischt, am Meeresboden zusammengequetscht wurde. Bakterien ernähren sich von den organischen Resten, zurück bleiben nur Kohlenwasserstoffe; und diese verwandeln sich unter bestimmten Bedingungen und im Verlauf von Jahrmillionen in Öl und Gas.

Während das Salz dort liegen bleibt, wo es sich einmal abgelagert hat, bewegen sich Erdöl und Erdgas im Gestein, und zwar nach oben – so lange, bis sich ihm ein undurchlässiges Gestein in den Weg stellt: die sogenannte Erdölfalle. Dort wartete es mehrere Erdzeitalter darauf, entdeckt zu werden. In Deutschland war es 1859 so weit: In Wietze in der Nähe von Celle wurde erstmals nach Öl gebohrt.

Kohle aus dem Karbon-Sumpf

Die großen Steinkohlevorkommen in Deutschland hingegen entstanden nicht aus Meeren, sondern aus gigantischen Wäldern. Diese standen im Karbon-Zeitalter, also vor mehr als 300 Millionen Jahren, in Sümpfen, die immer wieder überschwemmt und von Schlamm bedeckt wurden, sodass sich im Laufe der Zeit eine Schicht von Baumleichen in einer Dicke von mehreren hundert bis mehreren tausend Metern bildete. Dieser Sumpfgürtel des Karbon erstreckte sich in einem Streifen, der von Südengland über das heutige Ruhrgebiet bis nach Polen reichte – und damit die Energie für die ersten großen Zentren der industriellen Revolution in Europa lieferte.

Die Braunkohlelagerstätten ganz im Westen und ganz im Osten Deutschlands sind zwar auf ähnliche Weise entstanden wie die Steinkohlevorkommen – aber in einer ganz anderen Zeit. Die Braunkohle ist sozusagen das Nesthäkchen unserer Rohstoffe. Sie bildete sich vorwiegend im Erdzeitalter des Tertiär, das erst nach dem Aussterben der Dinosaurier begann, also vor 65 Millionen Jahren. Der Verkohlungsprozess des Holzes ist deshalb noch nicht beendet, der Energiegehalt geringer als bei Steinkohle.

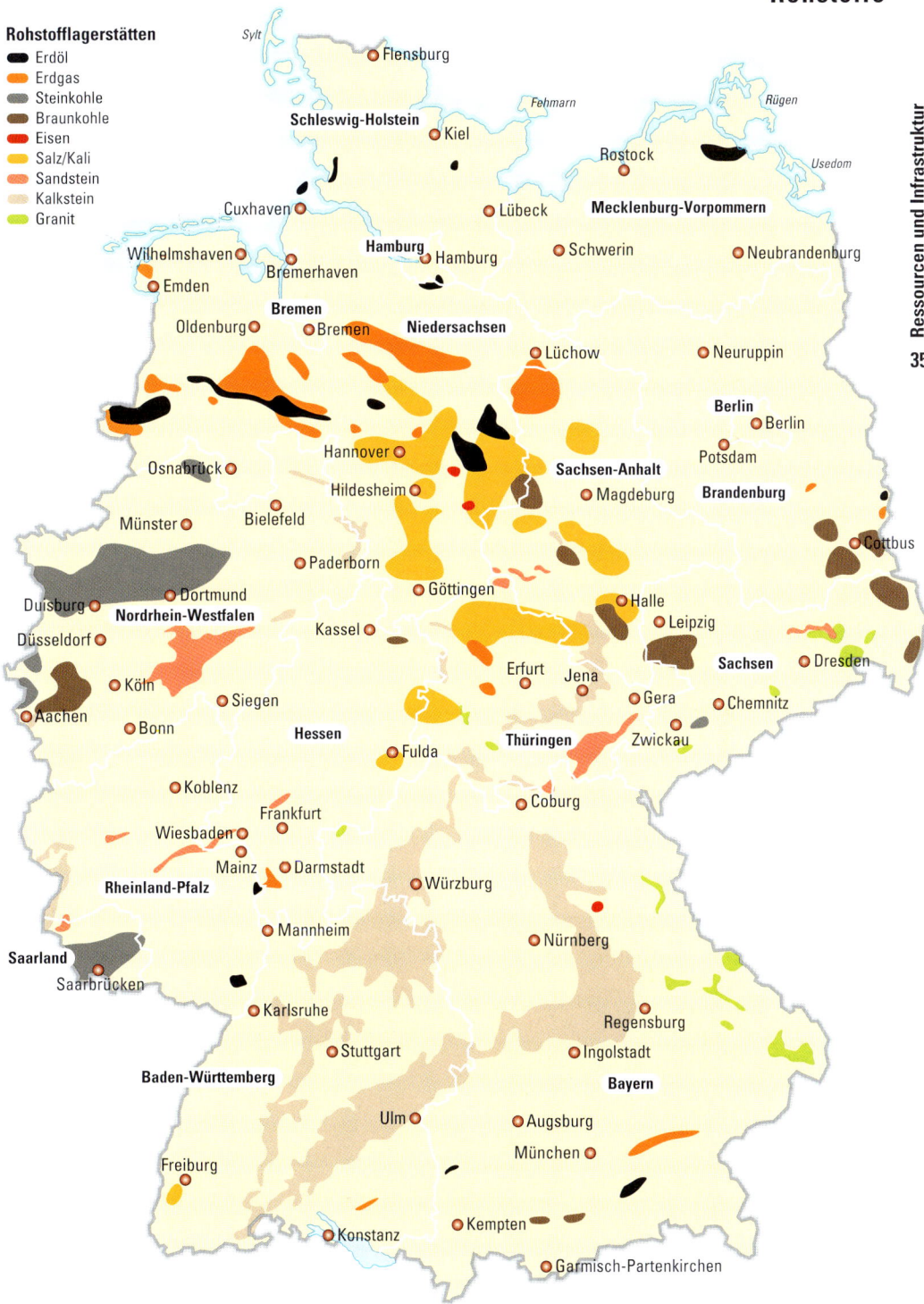

The energy is blowin' in the wind

Das Nord-Süd-Gefälle wird Hermann Albers schmerzlich daran erinnern, dass sein Ziel ziemlich sportlich ist: Bis 2020, so der Präsident des Bundesverbandes Windenergie (BWE), soll die Windkraft die Hälfte der gesamten Energie im deutschen Stromnetz ausmachen. Erreichen kann er das nur, wenn alle Bundesländer an einem Strang ziehen und mindestens ein Prozent ihrer Fläche für Windparks freigeben. In Nord- und Ostdeutschland ist das der Fall. Aber die Süddeutschen kneifen, allen voran Bayern. Das Land kommt auf lediglich 0,03 Prozent. Als Grund gibt das Wirtschaftsministerium gerne an, dass Bayern «wegen der topografischen Gegebenheiten keine prädestinierte Region» für solche Anlagen sei. Albers hält das Argument für vorgeschoben. Denn der bayerische Wind hat es in sich: Gerade die Oberpfalz und Franken könnten es mit norddeutschen Durchschnittsplätzen aufnehmen. Die Möglichkeiten von Bayern entsprächen etwa denen von Sachsen-Anhalt. Und dort brummen die Rotoren: Nach Angaben der Landesregierung waren Mitte 2008 rund 2500 Windenergieanlagen am Netz.

Auch über den Deichen von Emden treibt der Wind etliche Rotorenblätter an, jeweils so lang wie ein halbes Fußballfeld. Von Krise keine Spur. Im Gegenteil: Die Bauarbeiten zu Bard Offshore I haben gerade begonnen. Der Grundstein für das erste deutsche kommerzielle Windkraftanlagenfeld auf dem Meer wurde bereits 2002 gelegt, als die Bundesregierung Offshore-Felder in ihre nationale Nachhaltigkeitsstrategie aufnahm: Auf dem Meer weht der Wind regelmäßiger und stärker als auf dem Land, zudem können die Anlagen in ganz anderen Dimensionen geplant werden. Doch der Start wurde wegen der damaligen Konjunkturkrise verschoben.

Mehr Geld für Offshore-Windstrom

Dass Unternehmer und Investoren der Emdener Bard Group diesmal an den Plänen festhalten, liegt unter anderem an der Reform des Erneuerbare-Energien-Gesetzes (EEG): Seit dem 1. Januar 2009 wird eine Kilowattstunde Offshore-Strom mit 15 Cent vergütet, eine Kilowattstunde Onshore-Strom mit 9,1 Cent. Damit wird die Windkraft wirtschaftlich attraktiv, so die Branchenvertreter. Sie gehen davon aus, dass mit Rückenwind der EEG-Novelle nicht nur in die Windenergienutzung auf dem Meer, sondern auch in die Modernisierung älterer Anlagen («Repowering») kräftig investiert werden wird. Technologisch hat sich nämlich viel getan. Den Strom, den eine 1995 gebaute Windkraftanlage pro Jahr erzeugt, speist eine moderne Anlage in weniger als einem Monat ins Netz. Erreichten die Windräder damals 600 Kilowatt und einen Rotordurchmesser von 46 Metern, bringt es die heutige Spitzentechnik auf eine Nennleistung von 6 Megawatt bei einem Durchmesser von 126 Metern. Das ist genug, um den Jahresstrombedarf von mehr als 5000 Haushalten zu decken. An Hochschulen und Einrichtungen wie den Fraunhofer-Instituten denkt man bereits über Generatoren mit bis zu 10 Megawatt Leistung nach.

Die Akzeptanz der Rotoren steigt

Aktuell stehen in Deutschland 20 674 Windenergieanlagen mit einer Leistung von insgesamt 24 700 Megawatt. Sie produzieren im Jahr 40 Milliarden Kilowattstunden und damit etwa 7 Prozent des deutschen Stromverbrauchs. Im Jahr 2030 sollen es nach Vorstellung der Bundesregierung 25 Prozent sein – angesichts des Wahlergebnisses von 2009 eine wohl realistischere Prognose als die von Albers.

Brandenburg hat dieses Ziel schon längst erreicht. Im Gegensatz zu den Bayern profitiert das Land von der Windenergie nicht nur durch zusätzliche Arbeitsplätze – 3000 Menschen arbeiten hier für die Windindustrie, deutschlandweit sind es 100 000 –, sondern auch in Sachen umweltfreundliche Stromversorgung. Die insgesamt 2750 Windenergieanlagen mit einer installierten Nennleistung von 4000 Megawatt produzieren schon heute 36 Prozent des brandenburgischen Nettostromverbrauchs. Bis 2020 sollen es 7000 Megawatt beziehungsweise 90 Prozent sein. Akzeptanzprobleme gibt es im Übrigen kaum noch. Hässlich, laut, teuer – das war einmal. Laut einer Forsa-Umfrage sind 80 Prozent der Deutschen für den Ausbau erneuerbarer Energien, 55 Prozent hätten nichts dagegen, in der Nähe einer Windkraftanlage zu leben.

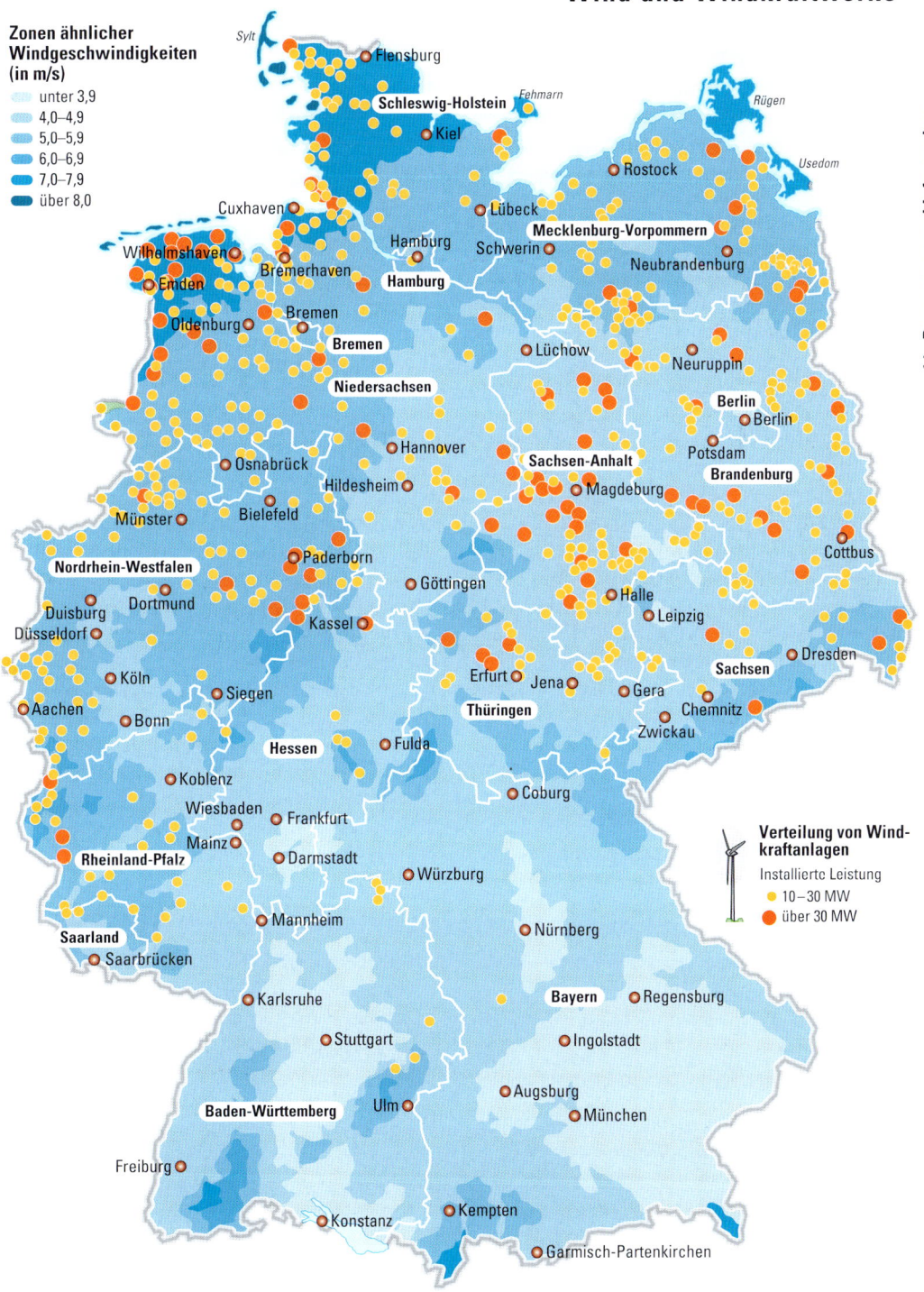

Strom aus heiterem Himmel

Wenn es nach Franz Alt ginge, könnte es gar nicht genug Solarenergie in Deutschland geben. Gerne schwärmt der Ex-TV-Journalist von der gewaltigen Kraft der Sonne, die zum größten Teil ungenutzt verpufft. «Die Sonne hat 15 000-mal mehr Energie als wir am Tag brauchen. Warum nutzen wir sie nicht?», fragt er und erzählt von Solardächern in Deutschland, die dreimal so viel Energie produzieren wie die Hausbewohner verbrauchen (natürlich wohnt Alt selbst in so einem Haus); von Energietürmen in Dubai, die Energie für 10 000 Menschen produzieren; von Stahlfabriken im Ruhrgebiet, getäfelt mit Solarplatten, von Kamelen, die als wandernde Energiespeicher Solarpakete auf dem Rücken durch die Wüste tragen. «Wir haben kein technisches Problem», sagt Alt, «es fehlt nur an politischem Willen.»

Viele Bundesbürger teilen Franz Alts Begeisterung für die Kraft der Sonne. Laut einer Studie des Bielefelder SOKO-Instituts ist Solarenenergie die beliebteste Wärmequelle der Deutschen: Bei 27 Prozent der Hausbesitzer steht Sonnenenergie ganz oben auf der Wunschliste für ihr Eigenheim. Mehr als zwei Millionen Haushalte nutzen nach Angaben des TÜV Rheinland heute die Sonne als Stromquelle. Steigende Heizkosten und ein wachsendes Bewusstsein für den Klimawandel kurbeln die Nachfrage nach dem grünen Energielieferanten weiter kräftig an.

Sonniges Bayern – und Sachsen

Auch wenn es den leidenschaftlichen Fürsprechern der Solartechnik nicht schnell genug geht, ist der Boom von Photovoltaik und Solarthermie nicht zu übersehen. In den vergangenen fünf Jahren konnte die Branche mit zweistelligen Wachstumsraten trumpfen. Deutschland hat, was die Zahl von Produktionsstätten und Forschungseinrichtungen angeht, weltweit die Nase vorn. Allein 2007 und 2008 wurden fünfzehn neue Solarfabriken gebaut.

Die meisten Kraftwerke stehen in Sachsen und Bayern, wo die Sonneneinstrahlung besonders intensiv ist – zumindest für deutsche Verhältnisse. Denn während im Süden Deutschlands die Maximalwerte der Sonneneinstrahlung bei etwa 1200 Kilowattstunden je Quadratmeter und Jahr liegen, werden im Süden Spaniens mehr als 1700 Kilowattstunden erreicht und in der Sahara bis zu 2500.

Die größten Photovoltaikanlagen in Deutschland, der Solarpark Pocking und das Solarfeld Erlasee, haben eine Leistung von mehr als 10 Megawatt, Spitzenreiter ist der Solarpark Waldpolenz auf dem ehemaligen Militärflugplatz Brandis-Waldpolenz bei Leipzig, eine 12,5-Megawatt-Anlage.

Hoch subventionierter Solarstrom

Verantwortlich für die steile Aufwärtskurve der Solarwirtschaft war unter anderem das Erneuerbare-Energien-Gesetz aus dem Jahr 2000: Seitdem dürfen die Betreiber von Solaranlagen den viel teureren Solarstrom in das bundesweite Netz einspeisen, ohne auf ihren höheren Produktionskosten sitzen zu bleiben. Ein gewaltiger Motor für die Branche, in der nach Angaben des Bundesverbandes Solarwirtschaft (BSW) im Jahr 2008 bereits 48 000 Beschäftigte arbeiteten. Hält der Aufwärtskurs an, rechnet der BSW mit 150 000 neuen Jobs bis zum Jahr 2020.

Das Wärmegesetz von 2008 gibt den erneuerbaren Energien einen weiteren Kick. 2020 sollen sie 14 Prozent der Heizkraft aus ihren sauberen Anlagen zaubern. Bislang nutzt erst ein Drittel der 2008 installierten Heizungen die Kraft der Sonne. Der Bund ist optimistisch. Nach einer Studie der Bundesregierung könnten in Deutschland bis 2050 65 Prozent des Stromverbrauchs und 50 Prozent des Wärmebedarfs aus erneuerbaren Energien gedeckt werden. 75 Prozent der Treibhausgasemissionen ließen sich so einsparen, ein Drittel davon durch Solarenergie.

Bis dahin ist es noch ein weiter Weg. Trotz des Booms stellte die Photovoltaik 2009 gerade mal ein Prozent am deutschen Strommix bereit. Auch die Kritiker verstummen nicht. Sie bemängeln die hohen Kosten der Solarenergie, die bislang nur mit Subventionen gestemmt werden können, und die unzureichenden Speichertechnologien, die notwendig sind, um Verbraucher konstant zu versorgen – denn in Deutschland kann man sich nicht darauf verlassen, dass die Sonne scheint. Das wusste schon Napoleon, der hierzulande bestimmt kein Solarkraftwerk gebaut hätte: «In Deutschland gibt es neun Monate Winter und drei Monate keinen Sommer», seufzte er.

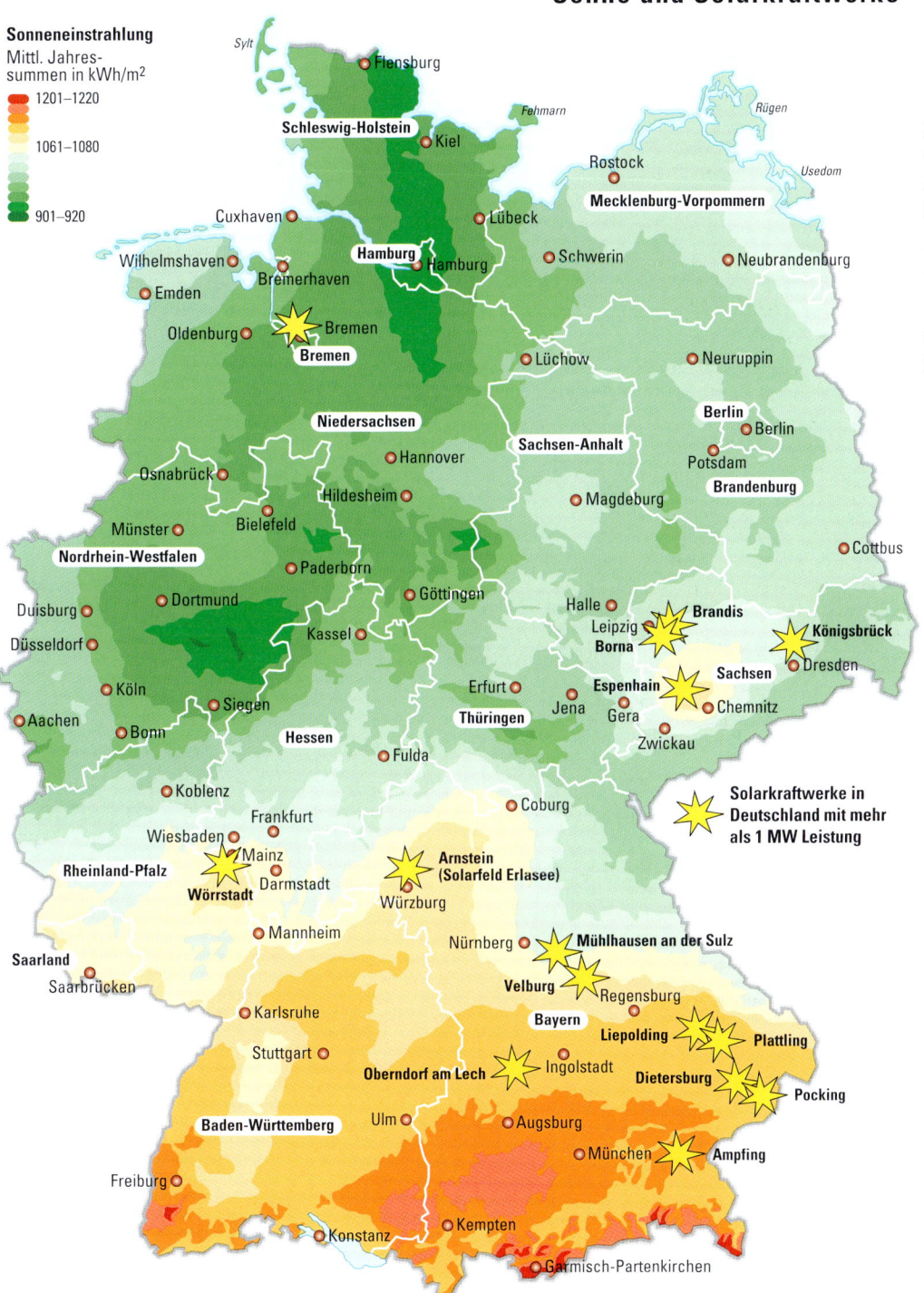

Benchmark Haberhauffe

«Deutschland sucht den Superboden» oder auch «Germany's next Top Soil» würde man diese Veranstaltung wahrscheinlich nennen, wenn sie heute durchgeführt würde. Aber sie fand zwischen 1925 und 1936 statt, und deshalb hieß sie «Reichsbodenschätzung». And the Winner was: Elisabeth Else Mathilde Haberhauffe aus Fickendorf in Sachsen-Anhalt! Denn der Bauernhof der Witwe Haberhauffe hatte den besten Ackerboden in ganz Deutschland. Er bekam den Bodenwert 100 und wurde Maßstab, neudeutsch Benchmark, für die Bewertung der Bodenqualität im ganzen Land.

In keinem anderen europäischen Land gibt es so detaillierte Informationen über jedes Fleckchen Ackerfläche wie in deutschen Liegenschaftskatasterämtern. Zu jedem Flurstück existieren Schätzungsergebnisse zur Bodengüte, akribisch genau ins Verhältnis gesetzt zu den anderen Faktoren, die die Fruchtbarkeit und den Ertrag des Bodens beeinflussen, insbesondere das Klima. Initiator dieser ganzen Prozedur war natürlich das Finanzministerium: um eine Grundlage zur Steuerberechnung zu haben.

Von wegen Waldsterben

Die fruchtbarsten Böden Deutschlands gibt es in den Börderegionen in Niedersachsen und Sachsen-Anhalt. Aber auch in der Oberrheinischen Tiefebene zwischen Freiburg und Mainz, im Kraichgau zwischen Karlsruhe und Stuttgart sowie in der Kölner Bucht werden hohe Bodenwerte erreicht. Ursache dafür ist jeweils eiszeitlicher Staub, der vom Wind angeweht wurde und sich zu Lössböden verfestigte – dem Inbegriff eines fruchtbaren Bodens.

Je niedriger der Bodenwert, desto größer die Chance, dort nicht auf Felder, sondern auf Wälder zu treffen. Gut elf Millionen Hektar oder 31 Prozent der Fläche Deutschlands sind von Wald bedeckt. Dieser hohe Waldanteil ist den Aufforstungsbemühungen vor allem des 19. Jahrhunderts zu verdanken.

Der Wald wächst weiter, in den letzten 15 Jahren um durchschnittlich 3500 Hektar pro Jahr. Die Zunahme der Waldfläche ergibt sich durch Aufforstung (hauptsächlich von ehemals landwirtschaftlich genutzten Flächen) und die sukzessive Bewaldung degenerierter Moorstandorte. Ausgerechnet jenes Land, in dem vor bald 30 Jahren das Wort «Waldsterben» erfunden wurde, ist damit eines der waldreichsten Länder in der EU.

● Waldflächen

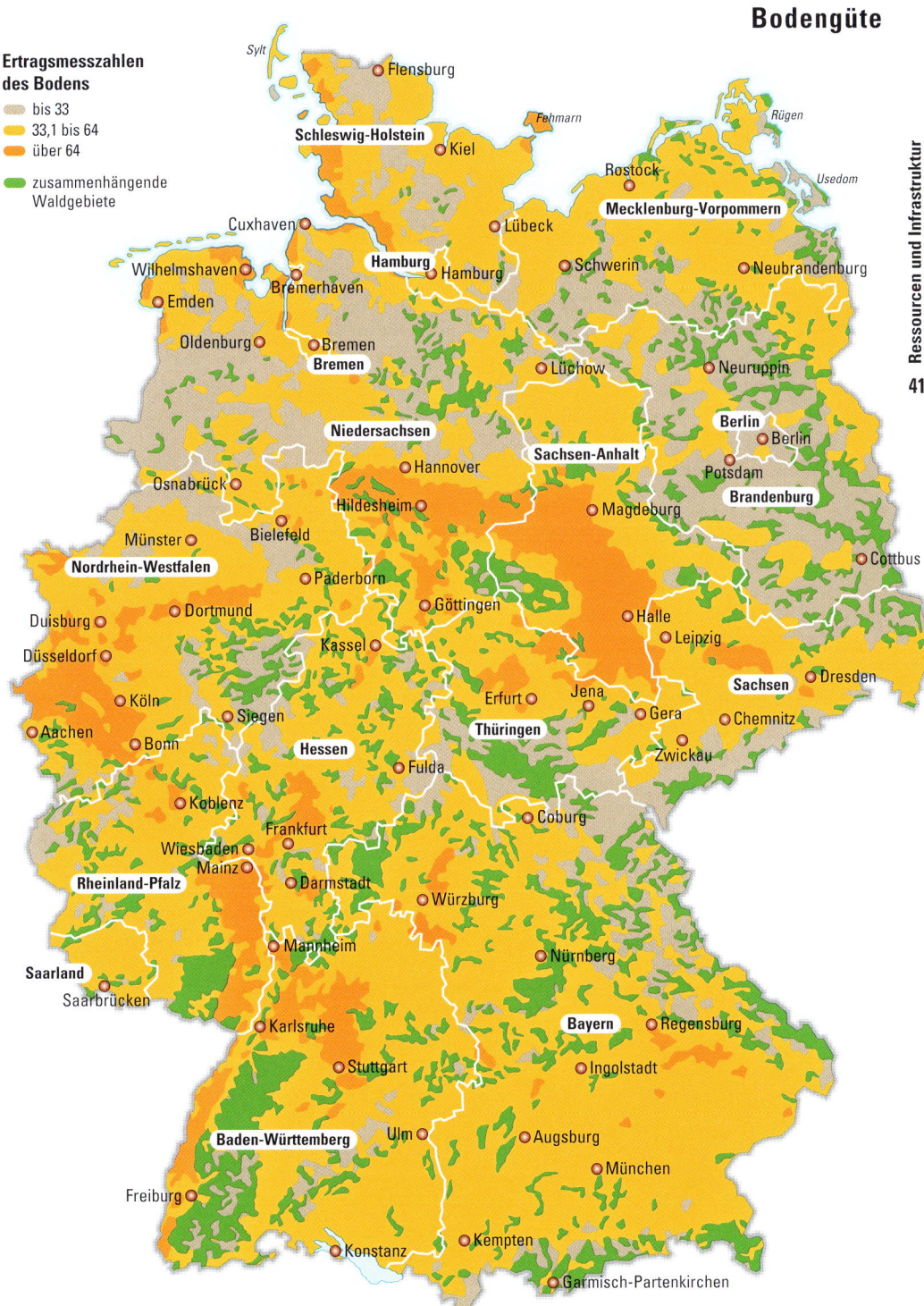

Feuer aus allen Rohren

Öl-Pipelines haben drei oder vier Buchstaben. Sie heißen RRB (Rohrleitung Rostock-Böhlen), NDO (Norddeutsche Ölleitung) oder SPSE (Société du Pipeline Sud-Européen). Sie bilden kein richtiges Netz, manche verbinden nur einzelne Orte miteinander: Heide mit Brunsbüttel oder Wilhelmshaven mit Hamburg. Und sie enden an Orten wie Spergau, Köln-Wesseling oder Gelsenkirchen, die genau auf das angewiesen sind, was aus der Leitung quillt – dort stehen die 14 deutschen Erdölraffinerien.

Bei der Raffinierung wird der Ausgangsstoff Rohöl in eine Vielzahl von Zwischen- und Endprodukten aufgespalten. Die wichtigsten davon sind Benzin, Diesel, leichtes und schweres Heizöl, Naphtha, Bitumen, Kerosin sowie Flüssiggas – kein Bestandteil des Rohöls bleibt ungenutzt. Die Komplexität dieser Aufbereitung sowie die gewaltigen Mengen an Ölprodukten, die im Verkehr, in Privathaushalten oder in der Chemieindustrie benötigt werden, machen die Erdölraffinierung zu einem der komplexesten und kapitalintensivsten Industriezweige überhaupt. Die Produktion ist dadurch auf eine geringe Zahl sehr großer Anlagen konzentriert, weshalb auch nur wenige, dafür aber leistungsstarke Pipelines benötigt werden.

Gas-Pipelines hingegen sind in Deutschland wesentlich weiter verbreitet und auch stärker miteinander vernetzt. Das rührt vornehmlich daher, dass durch diese Leitungen ein Endprodukt fließt, das in vielen Regionen auch per Leitung in alle Haushalte kommt.

Debatten um Druschba

Die größte politische Bedeutung unter allen nach Deutschland führenden Pipelines hat die einzige, deren Name aus mehr als vier Buchstaben besteht: Druschba. Die Druschba (russ.: Freundschaft) war ehemals die zentrale Verbindung zwischen den russischen Ölfeldern und den zum kommunistischen Block gehörenden Staaten Osteuropas. Am 18. Dezember 1963 wurde die Verbindung in die DDR, zur Raffinerie in Schwedt, von SED-Chef Walter Ulbricht offiziell eröffnet – allerdings sofort danach wieder inoffiziell geschlossen, weil die Pipeline doch nicht zum vorgesehenen Termin fertiggestellt worden war.

Das Ende des Kommunismus hat die Druschba-Pipeline überlebt; auch der Raffineriestandort Schwedt hat den fast kompletten Zusammenbruch der DDR-Industrie nach der Wiedervereinigung überstanden. Allerdings kann von Druschba, Freundschaft, entlang der Pipeline keine Rede mehr sein. Im Januar 2007 drehte der russische Pipelinebetreiber den Ölhahn für einige Tage komplett ab, um die Weißrussen dazu zu zwingen, eine geplante Steuer auf das durchgeleitete Öl zurückzunehmen.

Auch die Druschba-Erdgaspipeline, die aus Russland kommend über die Ukraine und Tschechien nach Sachsen und Bayern führt, wurde mehrfach zum Streitobjekt. Sowohl 2005 als auch Anfang 2009 drosselte beziehungsweise stoppte der russische Energiekonzern Gazprom die Gaslieferungen aufgrund eines Konflikts mit der Ukraine über Gaspreise und -mengen. Mitten im Winter kam es so auch zu Lieferengpässen in den an dieser Trasse hängenden Staaten Mitteleuropas, unter anderem auch Deutschland.

Politisch umstrittene Pipelineprojekte

Eine der Konsequenzen, die die Europäische Union sowie die westlichen Energiekonzerne aus dieser Abhängigkeit von einzelnen Leitungen gezogen haben, ist der Versuch, neue Pipelines zu bauen, die durch andere Länder führen. Dabei geht es insbesondere um zwei Projekte:
– Nabucco, eine Gasleitung, die im Osten der Türkei beginnen und über Bulgarien, Rumänien und Ungarn nach Österreich führen soll. Sie soll Erdgas vom Kaspischen Meer, später vielleicht auch aus dem Irak und dem Iran transportieren. Der Baubeginn ist für 2011 geplant.
– die Ostsee-Pipeline, die von St. Petersburg aus durch die Ostsee nach Deutschland führen soll, ohne ein anderes Land zu berühren, also ohne das Risiko, dass ein Streit zwischen Russland und einem Transitland die Gasversorgung Deutschlands gefährdet. Die Bauarbeiten haben bereits begonnen, die Inbetriebnahme ist für das Jahr 2012 vorgesehen.

Pipelinebauten sind wegen ihrer ökonomischen Bedeutung und ihrer internationalen Implikationen in der Regel politisch höchst umstritten. Deshalb haben sich beide Projekte prominente Unterstützung gesichert. Für die Ostsee-Pipeline trommelt der ehemalige Bundeskanzler Gerhard Schröder – und für Nabucco macht sich Ex-Vizekanzler und -Außenminister Joschka Fischer stark.

Öl- und Gaspipelines

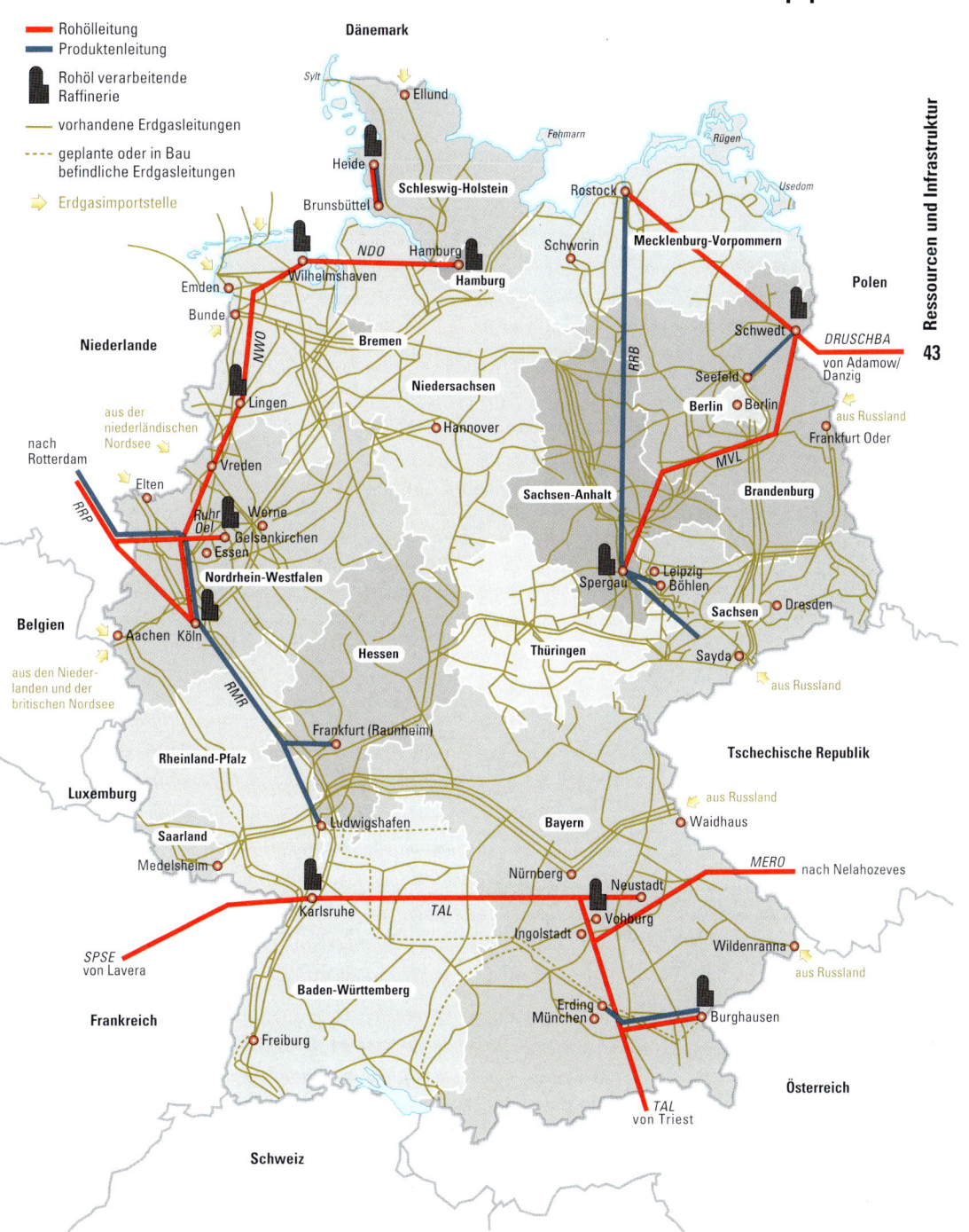

Quelle: Mineralölwirtschaftsverband, Eon Ruhrgas

So kommt der Strom in die Leitung

Kraftwerksbauer rechnen in Megawatt, Autobauer rechnen in Pferdestärken. Beides sind Einheiten für die Leistung, die eine Maschine maximal erbringen kann: Der Automotor verwandelt Brennstoff in Bewegung, das Kraftwerk in Elektrizität. Hier in der Karte sind sämtliche deutschen Kraftwerke mit einer Leistung von mehr als 100 Megawatt eingezeichnet. Insgesamt verfügen sie über ziemlich genau 100 000 Megawatt, also 100 Gigawatt. Zusammen mit allen kleineren, in dieser Karte nicht enthaltenen Kraftwerken ergibt sich eine Gesamtkapazität der deutschen Stromerzeugung von etwa 140 Gigawatt. Eine gewaltig klingende Zahl – aber in Pferdestärken umgerechnet weit weniger beeindruckend: Die umgerechnet knapp 200 Millionen PS entsprechen nicht einmal einem Zehntel der Motorleistung aller in Deutschland zugelassenen Autos.

Während die Autos relativ gleichmäßig über Deutschland verteilt sind, zeigt die Kraftwerkskarte große Lücken und ebenso große Ballungen. Mecklenburg-Vorpommern, Thüringen und Rheinland-Pfalz sind fast kraftwerksfreie Zonen, dafür stehen entlang der Flüsse Elbe, Rhein und Neckar sowie im Westen Nordrhein-Westfalens und im Osten Brandenburgs und Sachsens die Großkraftwerke dicht an dicht.

Kraftwerke auf der Kohle

Ein Grund dafür ist die ungleichmäßige Verteilung der für den Betrieb benötigten Rohstoffe (vgl. S. 34/35). Braunkohle beispielsweise wird nur ganz im Westen und ganz im Osten gefördert. Und aufgrund des relativ geringen Energiegehalts der Braunkohle lohnt sich kein Transport über weite Strecken – deshalb wird dieser Rohstoff praktisch direkt am Ort der Förderung in großen Kraftwerken verbrannt.

Steinkohlekraftwerke erhielten ihren Brennstoff früher ebenfalls aus nahe gelegenen Kohlezechen. Doch inzwischen arbeiten die meisten von ihnen mit importierter Steinkohle, sodass sie, wie Öl- und Gaskraftwerke, in ganz Deutschland anzutreffen sind. Aufgrund des höheren Energiegehalts lohnt sich wie bei Öl und Gas auch ein Transport über weite Strecken. Allerdings fließen Kohlen nicht durch Pipelines, weshalb der Antransport meist per Schiff oder Bahn erfolgt. Steinkohlekraftwerke haben ihren Standort deshalb in der Regel an Flüssen oder an Kanälen – hier insbesondere am Mittellandkanal.

Kanäle wären für Kernkraftwerke zu klein. Bei ihnen geht es nämlich nicht so sehr um den Transport des Brennstoffs: Das benötigte Uran fällt mengenmäßig kaum ins Gewicht. Sie benötigen vielmehr große Flüsse – als Lieferanten für Kühlwasser sowie zur Aufnahme der bei der Kernspaltung entstehenden Abwärme. Deshalb sind die Kernkraftwerksstandorte entlang der Flüsse Rhein, Elbe, Weser und Neckar konzentriert. Da auch Wasserkraftwerke logischerweise meist an Flüssen (manchmal aber auch an Stauseen) errichtet werden, ergibt sich daraus die in der Karte zu beobachtende Ballung von Kraftwerken in einigen Regionen Deutschlands.

Mit der Stromautobahn in die Steckdose

Die Menschen und die Fabriken, die die erzeugte Elektrizität verbrauchen sollen, befinden sich jedoch meist nicht in unmittelbarer Nähe dieser Kraftwerke. Kraftwerksstandorte sind keine begehrten Wohnlagen, schon gar nicht, wenn es sich um Kernkraftwerke handelt. Deshalb ist eine eigene Infrastruktur erforderlich, um Stromerzeuger und Stromverbraucher miteinander zu verbinden: die Überlandleitungen, heute oft Stromautobahnen genannt. Diese Leitungen verknüpfen alle Kraftwerke und alle Verbraucher in einem einzigen gigantischen Netz. Im Normalfall sorgt es dafür, dass aus jeder Steckdose jederzeit Strom kommt – aber wenn einmal etwas schiefgeht, können gleich ganze Landesteile im Dunkeln sitzen. Oder gleich noch ein paar andere Länder mit, denn die Stromautobahnen vernetzen nicht nur Deutschland, sondern auch weite Teile Europas.

Die große Technik bringt auch große Gefahren mit sich, von denen der Stromausfall durch technische Pannen nur eine ist. Ein Terrorangriff auf die Elektrizitätsversorgung könnte gewaltige Schäden anrichten, das Gleiche gilt für Störfälle in Kernkraftwerken. Derzeit gibt es deshalb intensive Bemühungen, die Stromerzeugung zu dezentralisieren. Geplant werden kleinere Wind-, Solar- oder Biomassekraftwerke, oder, noch kleiner, die Mikrokraftwerke, die VW jetzt bauen will: In ihnen soll ein Automotor Strom und Wärme für jeweils einen Häuserblock liefern und überschüssige Elektrizität ins Gesamtnetz einspeisen. Schon etwa eine Million davon könnten reichen, um alle deutschen Kernkraftwerke zu ersetzen.

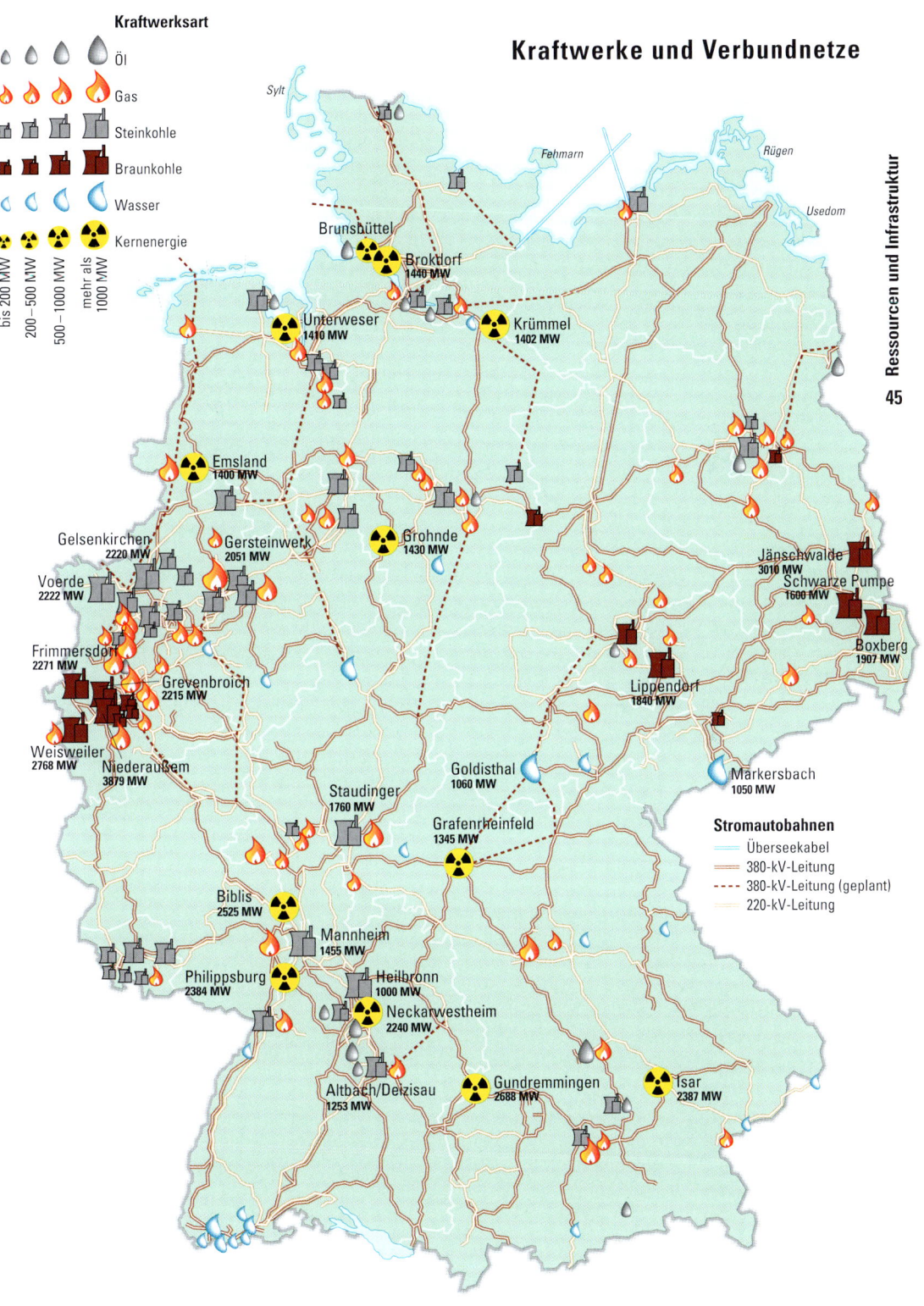

Ein einig Volk von Rasern?

Wir sehen hier eine der größten Touristenattraktionen Deutschlands und die längste auf jeden Fall: die Autobahn. Einer besonderen Sorte Deutschland-Urlauber, meist aus Ostasien, haben es vor allem die grünen Teilstrecken angetan. Auf ihnen herrscht nämlich vergleichsweise wenig Betrieb, kein städtischer Berufsverkehr ist in der Nähe, deshalb kann man dort so richtig aufs Gaspedal drücken; denn öffentliche Straßen ohne Geschwindigkeitsbegrenzung, das gibt es weltweit nur in Deutschland.

Die Hochgeschwindigkeitstouristen sind allerdings eine Minderheit. Viele Deutsche, und noch viel mehr Menschen aus anderen Ländern, können nur den Kopf schütteln über die Halsstarrigkeit, mit der die deutsche Politik die «freie Fahrt für freie Bürger» (ADAC-Slogan) verteidigt. Sogar in den sieben Jahren mit grüner Regierungsbeteiligung, von 1998 bis 2005, gelang es nicht, das generelle Tempolimit einzuführen. Die Deutschen, ein einig Volk von Rasern?

Nicht unbedingt. Es gibt eine ganze Reihe von Gründen, warum ausgerechnet für Deutschland die Autobahn eine derart herausgehobene Rolle spielt. Der wichtigste: Deutschland hat nicht *ein* Zentrum, sondern viele – je nachdem, wie man zählt, zwischen sechs und zwölf. Von einem Ballungsraum zum nächsten sind es zwischen 100 und 250 Kilometer, das ist für das Flugzeug nicht weit genug, aber für das Auto gerade richtig.

Polyzentrale Netzwerke

Etwas anderes ist dabei auch nicht zu unterschätzen: In Deutschland gibt es ein Leben zwischen den Zentren. Es geht nicht einfach darum, zwei Ballungsräume über eine, nun ja, Steppe hinweg miteinander zu verbinden. Auf halbem Weg zwischen Frankfurt (Ballungsraum Rhein-Main) und Mannheim (Ballungsraum Rhein-Neckar) liegt beispielsweise Darmstadt, Sitz des Chemie- und Pharmakonzerns Merck und des Haarpflege-Multis Wella. Und zwischen Mannheim und dem nächsten Zentrum Stuttgart liegen unter anderem Walldorf (SAP), Karlsruhe (Kernforschungszentrum), Hoffenheim (Bundesligaklub) und Pforzheim (Schmuck). Die vielen kleinen und großen Knoten im ökonomischen Netzwerk Deutschland lassen sich auch beim besten Willen mit der Bahn schlechter ansteuern als mit dem Auto.

Diese polyzentrale Struktur Deutschlands wurde nicht durch die Autobahn geschaffen, es gab sie schon vorher. Aber das Autobahnnetz hat dazu beigetragen, diese Struktur zu erhalten, weil es dadurch möglich war, an so gut wie jedem Standort Deutschlands ein Unternehmen zu gründen und groß zu machen. Einen Flughafen vors Konzerntor gelegt bekam nur einer: Nixdorf in Paderborn. Autobahnanschlüsse fast bis ans Werktor sind überall zu finden.

Entwicklungschance Autobahn

Wirklich weiße Flecken gibt es kaum noch im deutschen Autobahnnetz. Mittelgebirge wie Schwarzwald, Eifel, Harz oder Bayerischer Wald sind weitgehend autobahnfreie Zonen, aber das größte Gebiet ohne Autobahnanschluss hat keine solchen natürlichen Hindernisse, sondern ist schlicht äußerst dünn besiedelt: die Lüneburger Heide in Niedersachsen mit dem angrenzenden Elbtal zwischen Geesthacht und Magdeburg.

Eine andere dünn besiedelte Region ist erst vor wenigen Jahren ans Autobahnnetz angeschlossen worden: der Norden Mecklenburg-Vorpommerns. Die sogenannte Ostsee-Autobahn von Lübeck über Rostock bis an die polnische Grenze wurde nicht geplant, um mit dem vorhandenen Autoverkehr fertig zu werden – sondern mit dem Ziel, einen solchen Verkehr erst zu erzeugen. Die Hamburger, die bis dahin ihre Ferienhäuschen entlang der schleswig-holsteinischen Nord- und Ostseeküste hatten, sollten die Chance bekommen, sich stattdessen ein Refugium in wochenendtauglicher Entfernung in Mecklenburg zuzulegen. Kein Wunder, dass die schleswig-holsteinischen Landesregierungen immer wieder ganz wichtige ökologische Argumente anführten, um den Bau des Autobahnteilstücks auf ihrem Territorium zu verzögern.

Die große Flatter

Am 30. Oktober 2008 erlebte Deutschland eine echte Premiere: Erstmals in mehr als hundert Jahren Luftfahrtgeschichte wurde mit Berlin-Tempelhof ein ziviler Verkehrsflughafen geschlossen. Verlegt – das gab es schon, zuletzt 1992, als der Münchner Flughafen von Riem nach Erding umzog. Aber geschlossen, das war neu. Tempelhof war nicht nur einer der ältesten, sondern auch der von den meisten Legenden umwobene deutsche Flugplatz; noch heute erinnert das Luftbrückendenkmal vor dem (ehemaligen) Haupteingang an die entscheidende Rolle, die die Berliner Flughäfen in den Jahren 1948 und 1949 spielten, als die Sowjetunion alle Zufahrtswege nach Westberlin abgeriegelt hatte und die Millionenstadt nur noch aus der Luft versorgt werden konnte.

Heute haben Flughäfen vor allem eine ganze Reihe von zentralen ökonomischen Funktionen. Die wichtigste: Sie sind dauerhafter Arbeitsplatz für eine große Zahl von Beschäftigten, vom Sicherheitsdienst über das Bodenpersonal der Fluglinien bis zu den Reinigungskräften und den Verkäufern in den Duty-Free-Läden. Allein am Frankfurter Flughafen, dem mit Abstand größten in Deutschland, arbeiten mehr als 70 000 Beschäftigte bei mehr als 500 Unternehmen.

Aber auch über diesen direkten Beschäftigungseffekt hinaus sind Flughäfen ein wichtiger Wirtschaftsfaktor. Zum einen, weil die dort abfliegenden und ankommenden Passagiere in der Regel auch ein paar Euro dort ausgeben, ob für einen Parkplatz, für eine Cola oder einen Blumenstrauß.

Standortfaktor Flughafen

Und zum Zweiten, weil die Nähe zu einem Flughafen für viele Unternehmen ein wichtiges Kriterium bei der Standortwahl ist. Bei multinationalen Konzernen ist entscheidend, dass man vom Unternehmenssitz aus möglichst gut in alle Welt kommt, und die Europa-Zentrale eines Konzerns wird sicherlich nur an einem Standort errichtet, von dem aus möglichst viele europäische Länder bequem per Flugzeug erreichbar sind.

Unter den Ökonomen ist in diesem Zusammenhang bis heute umstritten, wie sehr der Aufstieg Frankfurts zum wichtigsten Finanzzentrum der Republik, wenn nicht gar Mitteleuropas, von der Leistungsfähigkeit des nahe gelegenen Flughafens abhing – oder ob umgekehrt der Aufstieg des Flughafens auf den Bedürfnissen des Finanzzentrums Frankfurt beruhte. Ob so oder so: Sicherlich war die zentrale Lage der Stadt am Main vorteilhaft, aber auch die ideale Verkehrsanbindung des Flughafens: mit S-Bahn-Anschluss und ICE-Bahnhof und direkt an einem Autobahnkreuz, für Passagiere aus allen Himmelsrichtungen geeignet.

Gemessen an Frankfurt sind alle anderen deutschen Flughäfen klein. Die zwei Flughäfen der größten deutschen Stadt Berlin befördern zusammengenommen nicht einmal halb so viele Passagiere wie der Gigant in Hessen. Das Luftfrachtaufkommen in Frankfurt ist sogar größer als das an allen anderen Plätzen in Deutschland zusammengenommen.

Rein betriebswirtschaftlich betrachtet sind denn auch viele der kleineren Flughäfen in Deutschland ein Verlustgeschäft. Die Hoffnung auf positive Standorteffekte lässt Bürgermeister oder regionale Wirtschaftsförderungsgesellschaften Geld zuschießen, um nicht endgültig von der Liste der Metropolen zu verschwinden.

Massenbetrieb in der Provinz

Im vergangenen Jahrzehnt haben einige bislang völlig unbekannte Flughäfen einen rasanten Aufschwung bei den Passagierzahlen genommen. Standorte wie Hahn im Hunsrück oder Weeze am Niederrhein liegen fernab aller Großstädte – logischerweise, denn sie waren ursprünglich als Militärflugplätze angelegt worden. Vor allem für Billigfluggesellschaften wie Ryanair waren die geringen Gebühren und die fehlende Konkurrenz an diesen Provinzflughäfen ausschlaggebend, um dort Flüge anzubieten. An überlaufenen Flughäfen wie Frankfurt ist es so gut wie unmöglich, zu attraktiven Start- bzw. Landezeiten noch einen freien Slot zu bekommen, in Hahn hat man fast freie Auswahl. Und wer die stundenlange Anreise zum Flughafen und den äußerst rustikalen Service dort nicht scheut, kann in der Tat zum Schnäppchenpreis in die Luft gehen.

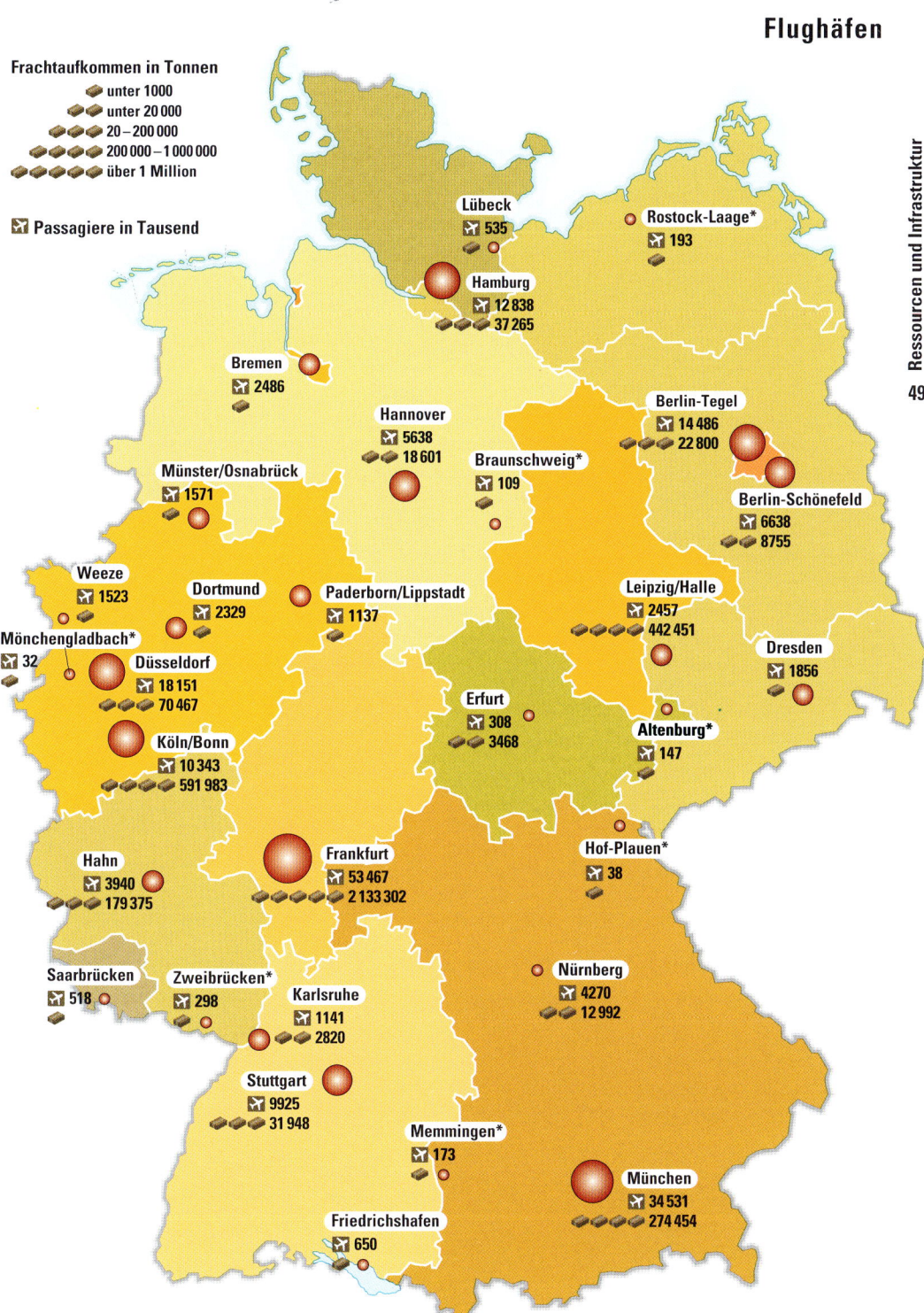

Bahnsinn

Berlin ist Europameister! Sie ist die Stadt mit dem dichtesten Schienennetz des Kontinents: Die Hauptstadtregion bringt es auf 681 Kilometer Eisenbahnschienen je 1000 Quadratkilometer, mit weitem Abstand folgt die Region Prag mit 490 Kilometern. Zwar war die deutsche Hauptstadt im Jahr 2009 zugleich auch die Metropole mit den meisten ausgefallenen Zugfahrten in ganz Europa, aber zumindest potenziell könnten auf Berlins Schienen noch viel mehr Züge rollen – in den 30er Jahren des 20. Jahrhunderts fuhren die S-Bahnen auf dem Stadtring sogar im 1-Minuten-Takt.

Andere deutsche Städte glänzen ebenfalls mit besonders engmaschigen Bahnnetzen, etwa Bremen und Hamburg. Dort tragen allerdings Frachtverbindungen zum Hafen zur hohen Streckendichte bei. Der Güterverkehr spielt auch eine Rolle für das Schienennetz in der Region Saarland, wo insbesondere Stahlindustrie und Kohlekraftwerke auf Bahntransporte setzen.

Auch Deutschland insgesamt hat eine sehr hohe Eisenbahndichte. Hinter Tschechien (122 km Schienen auf 1000 Quadratkilometer Fläche) und Belgien (116 km) liegt Deutschland mit 107 Kilometern auf Rang drei in der EU. Wenn man ganz Europa betrachtet, reicht es hingegen nicht ganz für einen Platz auf dem Treppchen – die Schweiz ist mit 121 Kilometern stärker beschient.

Deutschlands Eisenbahnnetz ist nicht nur dicht; es ist auch dicht befahren. An einigen neuralgischen Strecken, etwa rund um Frankfurt, folgen die Züge zu den Hauptverkehrszeiten so eng aufeinander, dass praktisch keine Puffer mehr vorhanden sind. Wenn ein Zug sich verspätet, was immer mal vorkommt, kann das für alle darauf folgenden Züge den Fahrplan durcheinanderbringen, wobei sich der Zeitverlust zu potenzieren droht.

Dank der Ölkrise zurück zur Eisenbahn

Fast ein Jahrhundert lang sah die Lage ganz anders aus. Das bis zum Ende des 19. Jahrhunderts weitgehend fertiggestellte Schienennetz erwies sich nämlich als viel zu groß, weil sich damals ein zunehmender Anteil des Personen- und Güterverkehrs auf die Straße verlagerte. Lange musste deshalb die Eisenbahn auf neue Strecken warten – gebaut wurden einzig Autobahnen und Landstraßen.

Gesamteisenbahnnetz in Deutschland
- ICE-Strecken
- IC/EC-Strecken
- sonstiger Personenverkehr

Doch in den 70er Jahren des 20. Jahrhunderts kam es zu einer Rückbesinnung auf die Eisenbahn. Die erste Ölkrise von 1972 hatte der Autobegeisterung einen herben Dämpfer versetzt – in den Jahren danach begannen sich die Schnellfahrstrecken in den Investitionsplänen durchzusetzen: 1991 wurden nach mehr als zehn Jahren Bauzeit die ICE-tauglichen Verbindungen Hannover–Würzburg und Stuttgart–Mannheim eingeweiht. Hinzu kamen bis heute die Strecken Hannover–Berlin (1998), Köln–Frankfurt (2002), Hamburg–Berlin (2004), Nürnberg–Ingolstadt (2006) und Berlin–Leipzig (ebenfalls 2006). Im gerade entstehenden Hochgeschwindigkeitsnetz der europäischen Eisenbahnen nimmt Deutschland dadurch einen herausragenden Platz ein.

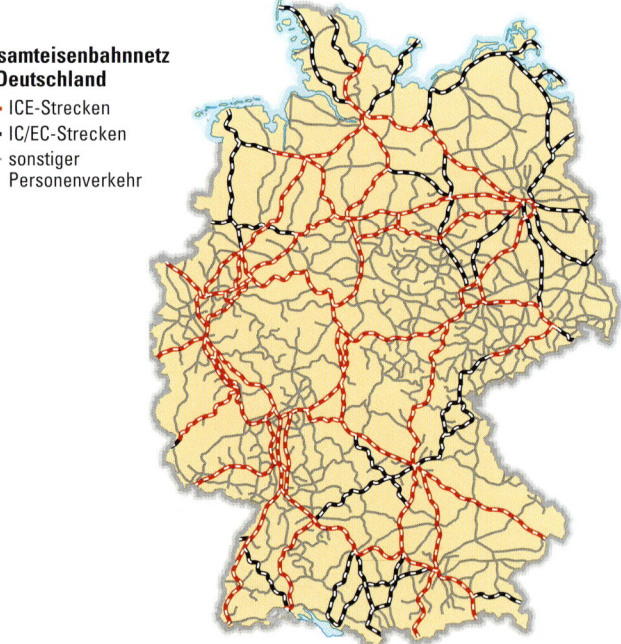

Eisenbahnnetz

Belastung des Eisenbahnnetzes 2005
- weniger als 10 000 Züge
- 10 001 bis 20 000 Züge
- 20 001 bis 50 000 Züge
- 50 001 bis 100 000 Züge
- über 100 000 Züge

Ressourcen und Infrastruktur

Quelle: Deutsche Bahn, Destatis (Belastungswerte von 2005)

Hier fließt der Verkehr

«Das dümmste Projekt seit dem Turmbau zu Babel» schlängelt sich auf dieser Karte durch Bayern: der Rhein-Main-Donau-Kanal zwischen Bamberg und Kelheim. Er verbindet seit 1992 den Main (und damit den Rhein und die Nordsee) und die Donau (und damit das Schwarze Meer und das östliche Mittelmeer). Die hässlichen Worte fand Anfang der 80er Jahre der damalige Bundesverkehrsminister Volker Hauff, der vergeblich versucht hatte, das offensichtlich völlig unrentable Kanalprojekt noch zu verhindern – welcher Güterverkehr sollte denn zwischen den Ostblockstaaten des Balkans und der westlichen Welt stattfinden? Doch der damalige bayerische Ministerpräsident Franz Josef Strauß setzte sich durch, der Kanal wurde gebaut.

Und just als er fertig war, wurde er tatsächlich gebraucht. Der Eiserne Vorhang zwischen Ost- und Westeuropa fiel, der geteilte Kontinent begann zusammenzuwachsen, und die Schiffsverbindung vom holländischen Rotterdam bis ins rumänische Constanța war eine der wenigen leistungsfähigen Ost-West-Verbindungen. 2,7 Millionen Tonnen Transportvolumen pro Jahr war die Schätzung zu Volker Hauffs Zeiten; damit wäre der Kanal tatsächlich völlig fehldimensioniert gewesen. Inzwischen werden auf dem Rhein-Main-Donau-Kanal pro Jahr zwischen sechs und sieben Millionen Tonnen Güter transportiert, das entspricht dem Ladevolumen von etwa dreihunderttausend Lastwagen.

Ein Fluss für Europa

Doch die Verbindung zwischen Main und Donau ist noch lange nicht der belebteste Kanal in Deutschland. Die Kanalsysteme im dicht besiedelten und hoch industrialisierten Ruhrgebiet transportieren ein Mehrfaches: der Rhein-Herne-Kanal etwa 15, der Wesel-Datteln-Kanal 20 Millionen Tonnen pro Jahr. Auch der längste Kanal Deutschlands liegt weit vor der bayerischen Ost-Verbindung: der Mittellandkanal. Er führt auf mehr als 300 Kilometern geradewegs von Ost- nach Westdeutschland und verbindet die Elbe nördlich von Magdeburg mit der Ems nördlich von Münster – die ihrerseits mit dem Rhein verbunden ist.

Der wiederum ist die mit Abstand wichtigste Binnenwasserstraße Deutschlands. Entlang des Rheins liegen einige der am dichtesten besiedelten Regionen des Kontinents und wichtige Industriestandorte von vier Ländern: der Schweiz, Frankreich, Deutschland und den Niederlanden. Hier liegt der größte Binnenhafen nicht nur des Landes, sondern ganz Europas: Duisburg-Ruhrort. Die Gesamtmenge der dort umgeschlagenen Waren beläuft sich pro Jahr auf etwa 120 Millionen Tonnen – in einem Monat werden hier mehr Waren bewegt als auf dem Rhein-Main-Donau-Kanal in einem Jahr!

Blechkisten töten Seefahrerromantik

Doch auch das reicht noch nicht aus, um der größte Hafen Deutschlands zu sein. Diesen Titel hält nämlich seit mehreren Jahrhunderten unangefochten ein Seehafen: Hamburg. Auf 140 Millionen Tonnen Warenumschlag im Jahr bringt es «Deutschlands Tor zur Welt». Damit ist die Hansestadt der zweitgrößte Hafen Europas (nach Rotterdam) und Nummer elf in der Welt.

Etwa zwei Drittel des gesamten Warenumschlags entfallen in Hamburg inzwischen auf Container. Die genormten Blechkisten haben sich in den vergangenen 30 Jahren zum Standard im globalen Warenverkehr entwickelt. In den Häfen vereinfachen sie das Ein- und Ausladen erheblich und verringern drastisch die Zeit, die ein Schiff im Hafen liegen muss. Davon profitieren die Schiffseigentümer (denn die Liegezeiten kosten Geld und bringen keinen Umsatz) und auch die Hafenbetreiber, denn schnellerer Durchsatz beim Be- und Entladen bedeutet, dass mehr Schiffe abgefertigt werden können.

Leidtragende dieser Entwicklung hin zum Containerverkehr sind allerdings die Vergnügungsviertel der Hafenstädte. Früher hatten die Seeleute einen oder zwei Tage frei, während ihr Schiff entladen wurde – und machten einen drauf. Heute liegen die Schiffe oft nur ein paar Stunden vor Anker, bevor es wieder auf Tour geht; das reicht nicht einmal mehr für einen Abstecher auf die Reeperbahn.

3. Teil
Bildung und Innovation

Zur «Bildungsrepublik» solle Deutschland werden, forderte Bundeskanzlerin Angela Merkel erstmals im Sommer 2008 – fast 200 Jahre nachdem der preußische Reformer Wilhelm von Humboldt in nur 16 Monaten Amtszeit seinem Staat ein komplett neues Bildungssystem verpasst hatte, das so erfolgreich war, dass es zum Vorbild für das gesamte Abendland wurde.

Davon sind wir heute zwar weit entfernt: Alle Pisa-Tests des vergangenen Jahrzehnts weisen Finnland als Spitzenreiter aus, Deutschland liegt mal im unteren, mal im oberen Mittelfeld. Aber wenigstens stimmt die Richtung. Denn für die Wettbewerbsfähigkeit von Staaten und Unternehmen im 21. Jahrhundert wird in der Tat die Qualität des Bildungswesens eine entscheidende Rolle spielen: Die Wissensgesellschaft braucht kluge Köpfe – und zwar so viele wie möglich.

Zwei klassische Gradmesser für den Fortschritt in diesem Bereich sind Input (in Form von Investitionen in Forschung und Entwicklung) und Output (in Form von Patenten). Hier liegt Deutschland jeweils im vorderen Mittelfeld, wenn auch noch deutlich von der Spitze entfernt. Wie der Erfolgsmaßstab in der internetgeprägten Wissensökonomie der Zukunft aussehen wird, muss sich erst noch zeigen. Bei der Internetnutzung im Allgemeinen oder der Präsenz in sozialen Netzwerken wie Facebook hat Deutschland jedenfalls noch Nachholbedarf.

Dichten und Denken mangelhaft

Die Sprache bringt es an den Tag: In keinem anderen an der internationalen Bildungsstudie Pisa beteiligten Land gibt es ein Wort, das dem deutschen Begriff «Pisa-Schock» entsprechen würde.

Und es wurde auch kein anderes Land im Jahr 2001 so hart von den Ergebnissen des ersten Pisa-Tests getroffen. Deutschland, das Land der Dichter und Denker, der Tüftler und Ingenieure, das Land, in dem Wilhelm von Humboldts Reformen vor jetzt zweihundert Jahren die Basis für ein weltweit kopiertes modernes Bildungswesen legten, ausgerechnet dieses Deutschland sollte im globalen Leistungsvergleich der 15-jährigen Schüler nur unteres Mittelmaß sein! Der Lebensnerv des Landes schien getroffen, die Angst vor dem ökonomischen und sozialen Abstieg ins globale Mittelmaß hatte auf einmal einen Namen.

Apollo-Programm und G8

Als einziger Vergleich bietet sich der «Sputnik-Schock» an, den die USA am 4. Oktober 1957 erlitten. Das Piepsen des ersten sowjetischen Satelliten stürzte die Amerikaner in ähnliche kollektive Selbstzweifel wie uns die Pisa-Studie. Sie waren auf sicher geglaubtem Terrain, auf dem Gebiet der Raketentechnik, geschlagen worden.

Erst John F. Kennedy gelang es, das Trauma zu beenden. In seiner berühmten Rede vom 25. Mai 1961 gab er seinen Landsleuten eine neue Perspektive: den «neuen Kontinent», den Mond. Das war der Startschuss zum Apollo-Programm – der wohl gelungensten Therapie aller Zeiten gegen eine nationale Depression.

Einen John F. Kennedy hatten wir nicht, auch keine alles mobilisierende Rede, und schon gar kein Pendant zum Apollo-Programm. Aber vielleicht brauchten wir ein solches Programm auch gar nicht? Immerhin ging es diesmal ja nicht darum, eine Rakete auf den Mond zu bringen, was straffe und zentrale Organisation unumgänglich macht, sondern darum, zehn Millionen Schüler für das Leben lernen zu lassen. Dafür musste allerdings etwas getan werden, schnell und viel.

Und es wurde etwas getan, schnell und viel. Die Verkürzung der Gymnasialzeit auf acht Jahre, kurz G8 genannt, die Einführung von Vergleichsarbeiten, Englisch-Unterricht in der Grundschule, das Recht auf einen Kindergartenplatz, Schulzertifizierungen, Studiengebühren, Exzellenz-Initiative, Schnellläufer-Klassen, Zentralabitur, das alles hätte es vielleicht eines Tages auch ohne den Pisa-Schock gegeben. Aber es hätte un-

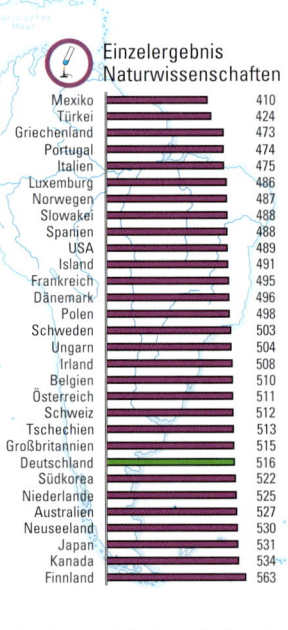

Pisa-Test 2008

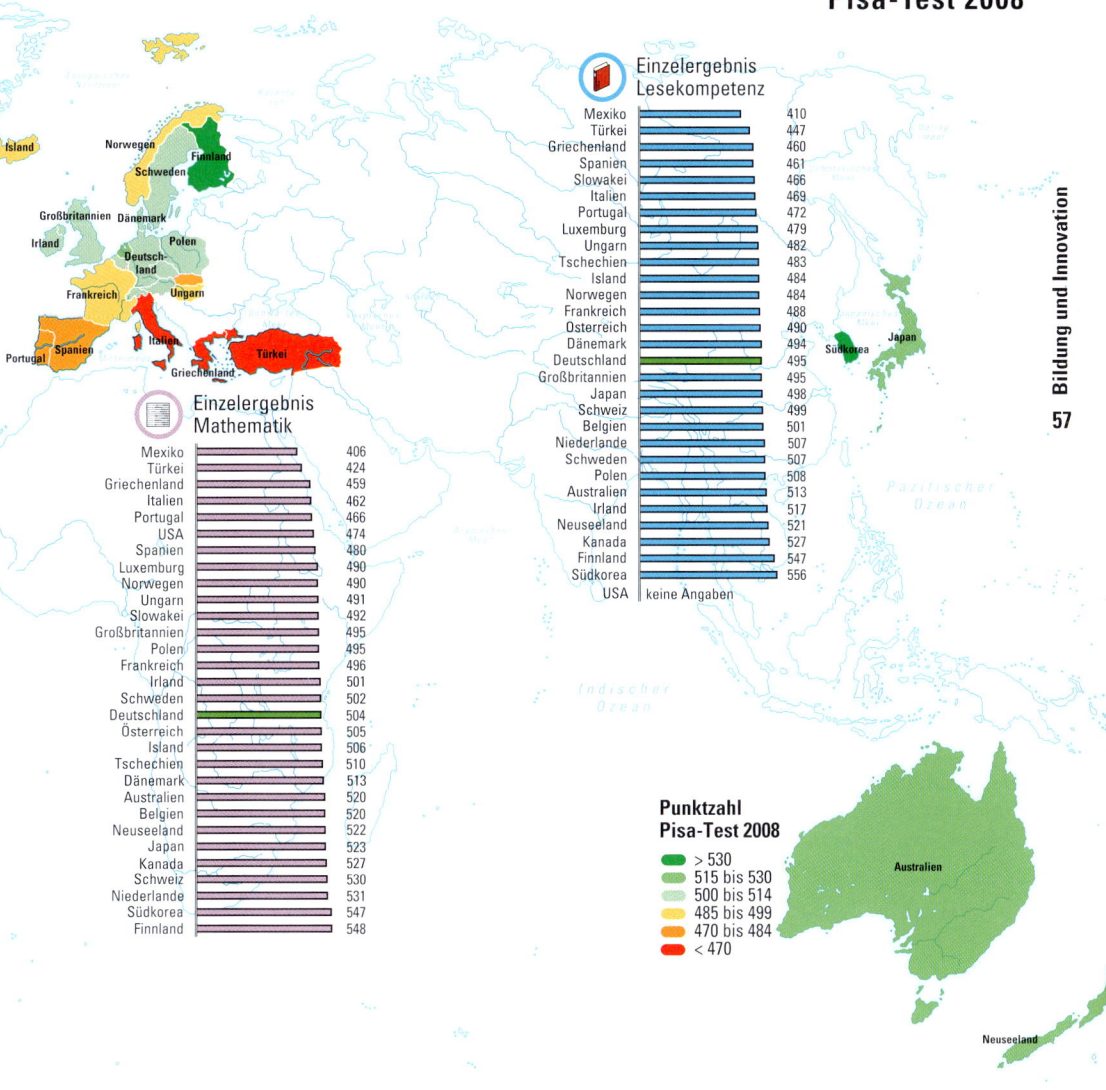

gleich länger gedauert und es hätte ungleich mehr Kraft gekostet, das alles gegen die Kultusbürokratie durchzusetzen.

Die Vielfalt der Bildungsrettungsmaßnahmen zeigt inzwischen auch Ergebnisse in der neuen Pisa-Untersuchung von 2008, durchgeführt in 30 Staaten aus allen Kontinenten. Deutschland ist immerhin von den einstigen Abstiegsplätzen bis ins Mittelfeld vorgerückt, die beste Einzelleistung war Platz acht beim Test der naturwissenschaftlichen Fähigkeiten der Schüler.

Nicht verbessert gegenüber dem ersten Pisa-Test haben sich die Südeuropäer. Sie stellen fünf der sechs Schlusslichter: Spanien, Portugal, Italien, Griechenland und die Türkei. Nur Mexiko schneidet schlechter ab. Je weiter man auf der Karte nördlich wandert, desto besser werden die Ergebnisse – und Spitzenreiter Finnland liegt knapp unter dem Polarkreis. Das sieht fast so aus, als seien die unterschiedlichen Leistungen der Schüler auch klimatisch bedingt: Am Mittelmeer haben Kinder eben anderes zu tun, als zu Hause zu sitzen und zu lernen.

Quelle: Pisa-Konsortium Deutschland

Sächsisches Bildungswunder

Warum gerade Sachsen? Warum schneiden beim internationalen Schülervergleichstest Pisa die 15-Jährigen zwischen Görlitz und Leipzig besser ab als die aus jedem anderen Bundesland?

Dass die Bayern bei solchen Tests besonders gut dastehen, verwundert kaum: Schon in den 70er und 80er Jahren, als der Zugang zur Universität in vielen Fächern von einer «Zentralstelle für die Vergabe von Studienplätzen» organisiert wurde, glänzten Bayern und Baden-Württemberger regelmäßig durch besonders gute Abiturnoten – wofür sie ebenso regelmäßig durch einen «Malus» bestraft wurden: Ein bayerischer 1,0-Abiturient wurde eingestuft, als hätte er nur einen Schnitt von 1,3 erreicht.

Dass die guten Noten im Süden auf großzügige Lehrer zurückzuführen wären, hat noch nie jemand behauptet. Das Leistungsniveau an den dortigen Schulen ist traditionell hoch: Versetzungsgefährdete Schüler aus dem Norden Baden-Württembergs werden von den Eltern häufig ins benachbarte Hessen umgeschult – in der Regel ist die Versetzung dann kein Problem mehr. Und wenn Familien aus Bremen oder Brandenburg nach Bayern umziehen, geben die neu zuständigen Schulleiter oft den Rat, das Kind eine Klasse zurückzustufen, weil es sonst zu viel Stoff nachholen müsste. Ein meist guter Rat, wie sowohl die Eltern feststellen, die ihm folgen, als auch alle anderen.

Pisa-Welten zwischen Bayern und Bremen

In Pisa-Zahlen gefasst heißt dieser Leistungsunterschied: Bayerische 15-Jährige lägen im weltweiten Pisa-Nationenranking mit 522 Punkten auf Platz fünf, in Europa sogar hinter Finnland auf Platz zwei, Hessen hingegen hätte mit knapp 500 Punkten nur 13 Staaten hinter, aber 17 Staaten vor sich – und die 479 Pisa-Punkte des deutschen Schlusslichts Bremen werden international nur von Portugal, Italien, Griechenland, der Türkei und Mexiko unterboten.

Aber warum bitte schön rangiert Sachsen in Deutschland ganz an der Spitze? Bei gleichen Startbedingungen nach der Wiedervereinigung 1990 liegen heute wahre Bildungswelten zwischen den 498 Punkten von Mecklenburg-Vorpommern und den 525 Punkten der Sachsen.

Sind die Sachsen schlauer als andere Ostdeutsche, weil viele von ihnen zu DDR-Zeiten kein Westfernsehen empfangen konnten (alter DDR-Witz: Was heißt ZDFARD? Zentrales Deutsches Fernsehen Außer Raum Dresden) und deshalb häufiger ein gutes Buch lesen mussten? Unwahrscheinlich – alle Pisa-Getesteten von 2008 waren noch gar nicht geboren, als die DDR starb.

Ein heller Kopf in Dresden

Es muss wohl doch eher mit der Entwicklung seit 1990 zu tun haben. Und was hatte Sachsen da, was die anderen neuen Bundesländer nicht hatten? In einem Wort: Biedenkopf. Denn Kurt Biedenkopf, sächsischer Ministerpräsident von 1990 bis 2003, zuvor CDU-Generalsekretär und Parade-Intellektueller der Partei, erkannte als einer der ersten deutschen Politiker, welche zentrale Rolle das Humankapital, also die Bildung, im 21. Jahrhundert spielen würde. «In der Wissensgesellschaft», so Biedenkopf, «entwickeln sich Bildungsinstitutionen zu ‹Produktionsstätten› der für unser Land wichtigsten Ressourcen: Wissen und Können. Die Intelligenz, mit der wir zukünftige Probleme in Staat und Gesellschaft bewältigen, wird maßgeblich von ihrer Qualität bestimmt.»

Sachsen investierte in die Breite: Das Land hat eine der besten Schüler-Lehrer-Relationen in der gesamten Bundesrepublik. Und Sachsen investierte in die Spitze: Als erstes Bundesland hob es 2001 ein Landesgymnasium für Hochbegabte aus der Taufe, St. Afra in Meißen. Baden-Württemberg folgte wenig später – mit einem zum Verwechseln ähnlichen Konzept.

Dann also Sachsen. In Bildung investieren können inzwischen auch andere: Nach dem Pisa-Schock (siehe vorhergehende Seiten) haben alle Bundesländer ihre ideellen und materiellen Anstrengungen für das Schulsystem verstärkt. Aber einen Kurt Biedenkopf kann man nicht klonen.

Man lernt deutsch

Bildung ist in Deutschland Ländersache. Bundesländersache, genauer gesagt. Was auch immer Bundesregierungen oder Bundesbildungsminister sich ausdenken, sie können es nicht einfach umsetzen. Alles, was an Reformen im Bildungswesen auf den Weg gebracht werden soll, muss den langen Marsch durch die Institution der Kultusministerkonferenz antreten.

Doch ein Sektörchen im Bildungsbereich ist nicht den föderalen Richtlinien unterworfen, sondern den Vorgaben des Bundesbildungsministeriums: die deutschen Auslandsschulen. Sie unterstehen der «Zentralstelle für das deutsche Auslandsschulwesen» und sind einer der wichtigsten Bausteine deutscher Kulturpolitik. Wo immer es eine deutsche Schule im Ausland gibt, wird sie als Aushängeschild Deutschlands angesehen. Ob sie nach mecklenburg-vorpommerschem oder baden-württembergischem Lehrplan unterrichtet, interessiert niemanden vor Ort, die Namen unserer Bundesländer kann sowieso keiner außer uns aussprechen. Hauptsache, der Lehrplan ist deutsch. Und die Tugenden.

Eliten an Deutschland binden

Weltweit gibt es derzeit mehr als 130 deutsche Auslandsschulen mit insgesamt etwa 77 000 Schülern. Fast 2000 Lehrer sind aus Deutschland an diese Schulen entsandt, jeweils für einen Zeitraum zwischen drei und acht Jahren.

Die geografischen Schwerpunkte dieser Schul-Kulturpolitik liegen bislang klar im abendländisch geprägten Kulturkreis – in Europa selbst und in Lateinamerika, wo es seit Jahrzehnten stabile deutsche Gemeinden gibt.

Doch wie viele andere Wirtschaftszweige sieht auch die deutsche Auslandsschulbranche ihre zukünftigen Wachstumsfelder in Asien, insbesondere in China. Während deutsche Schulen in Spanien oder Mexiko mit einer Reduzierung ihrer Förderung aus

Deutschsprachige Schulen in aller Welt

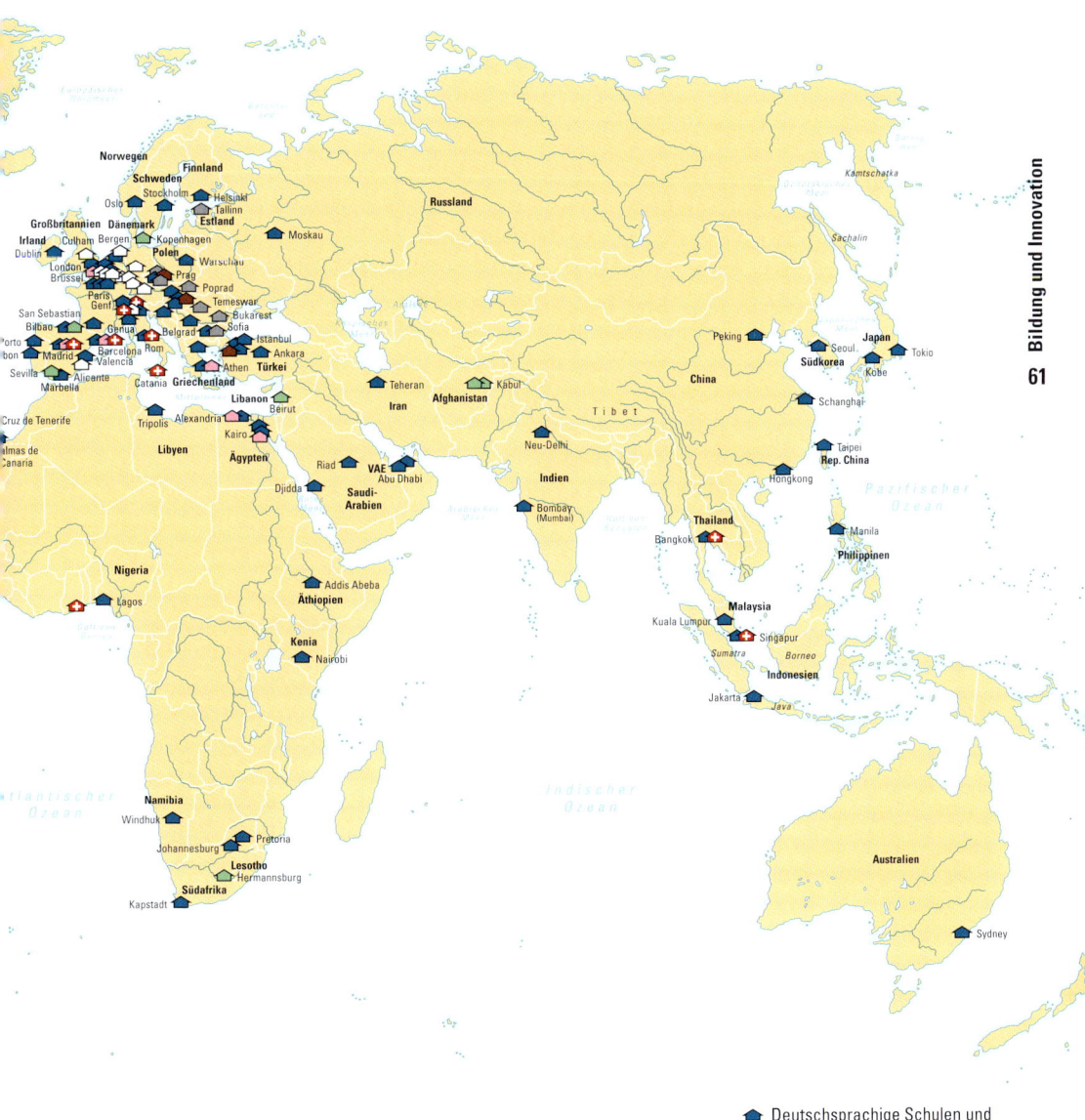

Deutschland rechnen müssen, werden die Mittel für Schulen in Peking oder Schanghai jetzt schon aufgestockt. Nicht nur, um frisch dorthin entsandten deutschen Managern und Ingenieuren die Möglichkeit zu geben, ihre Familie mitzubringen, sondern auch, um einheimische Eliten durch den Besuch einer deutschen Schule an unser Land zu binden.

- Deutschsprachige Schulen und Begegnungsschulen
- Landessprachige Schulen mit verstärktem Deutschunterricht *(einheimische und zum Teil internationale Abschlüsse)*
- Österreichische Schulen
- Schweizer Schulen
- Europäische Schulen
- Berufsbildende Schulen/Zweige
- Spezialgymnasien

Quelle: Zentralstelle für das Auslandsschulwesen

Online – Offline 2 : 1

«Bin ich schon drin?», fragte ein freudig erstaunter Boris Becker Ende 1999 in einem Werbespot für den Internet-Dienstleister AOL. Im Internet zu sein, das war damals noch etwas Besonderes, so besonders, dass bei AOL beim Eingang jeder E-Mail eine Frauenstimme sagte: «Sie haben Post.» Gerade mal jeder dritte Deutsche gab vor zehn Jahren an, das Internet zu nutzen – und auch diese Nutzung war mit schmalbrüstigen Modems und wackligen Verbindungen oft eher ein Abenteuer.

Heute ist sowohl die Qualität als auch die Quantität der Internetnutzung in Deutschland um Lichtjahre vom Standard der Jahrtausendwende entfernt. Gemäß der (N)Onliner-Umfrage der «Initiative D 21» ist der Anteil der Internet-Nutzer an der deutschen Wohnbevölkerung (ab 14 Jahre) auf 69,1 Prozent gestiegen; mehr als zwei Drittel dieser Onliner verfügen bereits über einen schnellen Breitbandanschluss (in der Regel ADSL). Gegenüber dem Jahr 2005, als erstmals auch nach der Art des Internetzugangs gefragt wurde, hat sich die Zahl der Breitbandnutzer mehr als verdoppelt.

Jeder zweite 60-Jährige geht ins Netz

Die Unterschiede zwischen den Geschlechtern sind in absoluten Zahlen exakt gleich geblieben. 13,7 Prozentpunkte mehr Männer als Frauen bezeichneten sich im Jahr 2009 als Internetnutzer, (76,1 gegenüber 62,4 Prozent), exakt der gleiche Abstand wie im Jahr 2001. Damals waren 44,2 Prozent der Männer Onliner, aber nur 30,5 Prozent der Frauen. Ein Teil dieses Unterschieds lässt sich darauf zurückführen, dass bei den über 70-Jährigen die Frauen stark überrepräsentiert sind – und in dieser Altersgruppe ist der Anteil der Internet-Nutzer mit 19,0 Prozent besonders gering. Von den 60- bis 69-Jährigen geht immerhin etwa jeder zweite ins Netz, bei den unter 20-Jährigen sind es sogar mehr als 95 Prozent.

Deutlich weniger ausgeprägt sind die regionalen Unterschiede. Bremen als bestvernetztes Bundesland hat 74,2 Prozent Onliner, das Schlusslicht Sachsen-Anhalt bringt es auf 60,7 Prozent. Auch hier dürfte ein Teil dieser Differenz auf das höhere Durchschnittsalter in den Abwanderungsgebieten der neuen Länder zurückgehen. Brandenburg, der beste der ostdeutschen Flächenstaaten, liegt mit 66,5 Prozent gleichauf mit Rheinland-Pfalz auf Rang zehn, der Stadtstaat Berlin hingegen bringt es mit 73,3 Prozent auf Platz zwei.

In der europäischen Rangliste der Internetnutzung erreicht Deutschland zwar den scheinbar besseren Wert von 75 Prozent Onlinern. Aber diese Zahl ist nicht direkt mit den 69,1 Prozent der deutschen Umfrage vergleichbar, weil in der Europa-Studie die über 70-Jährigen nicht berücksichtigt werden. Insgesamt reicht es für Deutschland nur zu einem Mittelplatz. Hier liegen die skandinavischen Staaten weit vorne. Unter den südeuropäischen Ländern schneidet Spanien am besten ab, unter den Osteuropäern haben die baltischen Staaten, die Slowakei und Tschechien die beste Internetversorgung.

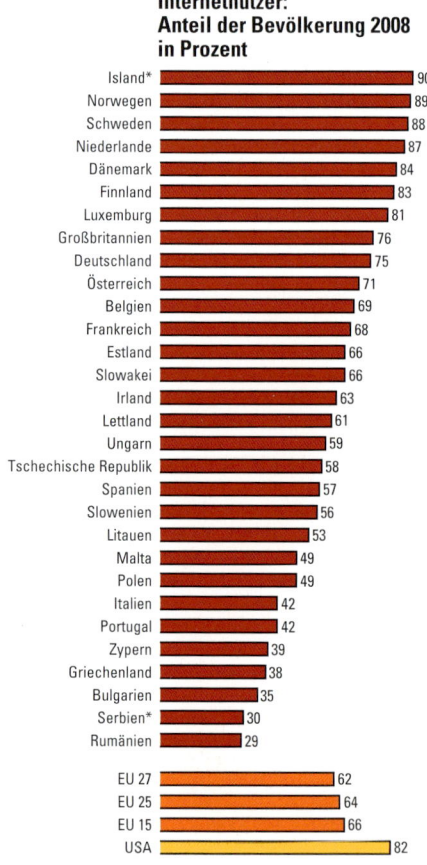

Internetnutzer: Anteil der Bevölkerung 2008 in Prozent

Land	%
Island*	90
Norwegen	89
Schweden	88
Niederlande	87
Dänemark	84
Finnland	83
Luxemburg	81
Großbritannien	76
Deutschland	75
Österreich	71
Belgien	69
Frankreich	68
Estland	66
Slowakei	66
Irland	63
Lettland	61
Ungarn	59
Tschechische Republik	58
Spanien	57
Slowenien	56
Litauen	53
Malta	49
Polen	49
Italien	42
Portugal	42
Zypern	39
Griechenland	38
Bulgarien	35
Serbien*	30
Rumänien	29
EU 27	62
EU 25	64
EU 15	66
USA	82

*Daten liegen für 2008 nicht vor. Angaben beziehen sich auf 2007.

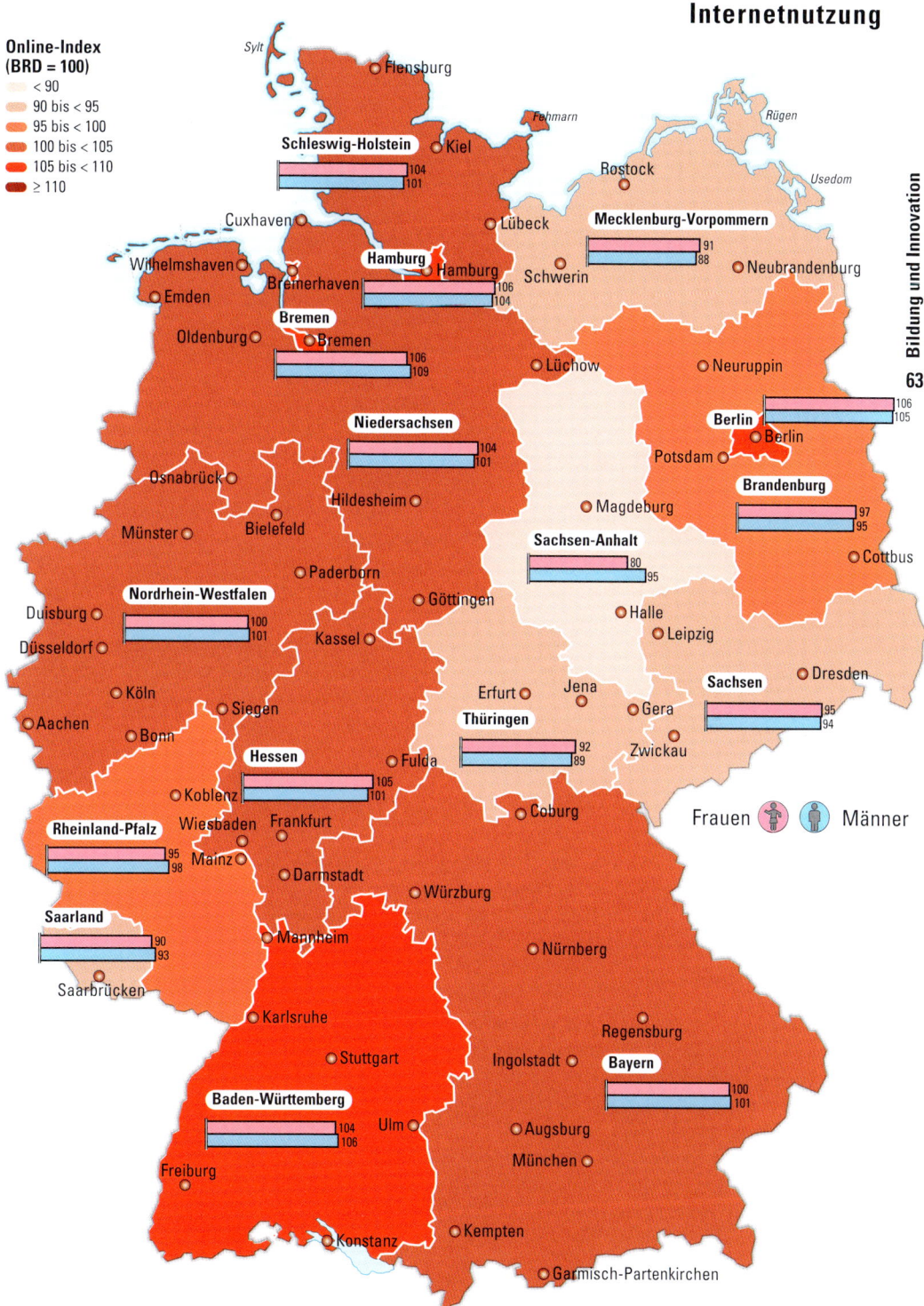

Heimat der Homepages

Den Titel des Exportweltmeisters hat Deutschland gerade an China abgegeben. Auch den Platz auf dem Treppchen der drei größten Volkswirtschaften der Welt (gemessen am Bruttoinlandsprodukt) haben wir im Jahr 2009 für die Chinesen räumen müssen. Jetzt ist die nächste Weltmarktführerschaft in Gefahr: die für Internet-Domains mit dem eigenen Länderkürzel. Mehr als 13 Millionen .de-Domains waren im Oktober 2009 bei der deutschen Verwaltungsstelle DENIC registriert, Platz eins unter allen Länderkürzeln. Doch die chinesischen .cn-Seiten lagen mit 12,5 Millionen bereits dicht auf – und das bei wesentlich höherer Wachstumsrate. Irgendwann im Jahr 2010 dürfte auch hier die Spitzenposition vom Rhein an den Jangtse wechseln.

Und die USA? Laufen außer Konkurrenz; sie haben zwar ein eigenes Länderkürzel (.us), aber das benutzt praktisch niemand. Stattdessen verwenden die meisten Bürger und Unternehmen der USA für ihre Homepages die Endung .com. Das ist zwar die mit Abstand am weitesten verbreitete Internet-Endung (mehr als 80 Millionen Domains), aber sie ist eben nicht eindeutig einem Land zurechenbar. Obwohl also vermutlich wesentlich mehr US-Amerikaner als Deutsche eine eigene Internet-Domain haben, liegen die Deutschen dennoch in der Länderkürzel-Statistik auf Platz eins.

.de-Domains für alle

Nach Deutschland und China kommt im Ranking lange nichts, dann das britische .uk mit knapp acht Millionen Domains und danach schon die vergleichsweise kleinen Niederlande mit 3,5 Millionen .nl-Domains auf Platz vier aller Staaten der Welt. Ganz offenbar ist die Domaindichte in einem Staat also weder direkt von der Bevölkerungszahl noch von der Wirtschaftskraft abhängig.

Dafür aber von einem anderen ökonomischen Faktor: den Kosten für die Registrierung und Aufrechterhaltung einer Internet-Domain. Und die sind in Deutschland schon seit langem verhältnismäßig niedrig, während Nachbarländer wie Frankreich anfangs hohe finanzielle und bürokratische Hürden aufbauten. Eine eigene Internet-Präsenz sollte dort etwas Exklusives sein – in Deutschland konnte jeder so viele .de-Domains anmelden, wie er wollte.

Besonders hoch ist die Domaindichte traditionell an Universitätsstandorten. Heidelberg, München und Bonn gehörten im Jahr 2000 zu den fünf Kreisen mit den meisten .de-Domains je 1000 Einwohner. Das liegt einerseits in der Herkunft des Internets begründet, das 1989 von Tim Berners-Lee in Genf zur Ermöglichung weltweiten wissenschaftlichen Austauschs gestartet wurde; und hat andererseits mit der Altersstruktur in Universitätsstädten zu tun – Studenten haben häufiger eine eigene Homepage als Rentner.

Facebook wird cooler als die eigene Domain

Allerdings wurde das Altersargument in den vergangenen Jahren deutlich geschwächt. Nicht so sehr, weil immer mehr ältere Menschen das Internet für sich entdecken – sondern die eigene Homepage ist bei Jugendlichen und Studenten out: Die Positionierung in sozialen Netzwerken wie StudiVZ oder Facebook ist wichtiger als die Selbstdarstellung auf der eigenen Internetseite. Sowohl München als auch Heidelberg gehören zu den «Schwachentwicklern», jenen 25 Kreisen, deren Domaindichte sich seit dem Jahr 2000 weniger als verdoppelt hat.

Auf der anderen Seite liegen die Starkentwickler vorwiegend fernab der Metropolen. Wismar, Görlitz, Rosenheim, der Saale-Holzland-Kreis und der Landkreis Müritz, sie alle haben die Zahl der Internet-Domains je 1000 Einwohner seit dem Jahr 2000 mehr als verfünffacht. Ganz vorne in der Rangliste liegt der Landkreis München, der seine Domaindichte sogar mehr als verzehnfacht hat.

Der Abstand zwischen Stadt und Land hat sich dementsprechend in den vergangenen Jahren deutlich reduziert. Vorhanden ist er jedoch immer noch: 23 der 25 Kreise mit den geringsten Domainzahlen sind Landkreise – und 21 der 25 liegen in den neuen Bundesländern.

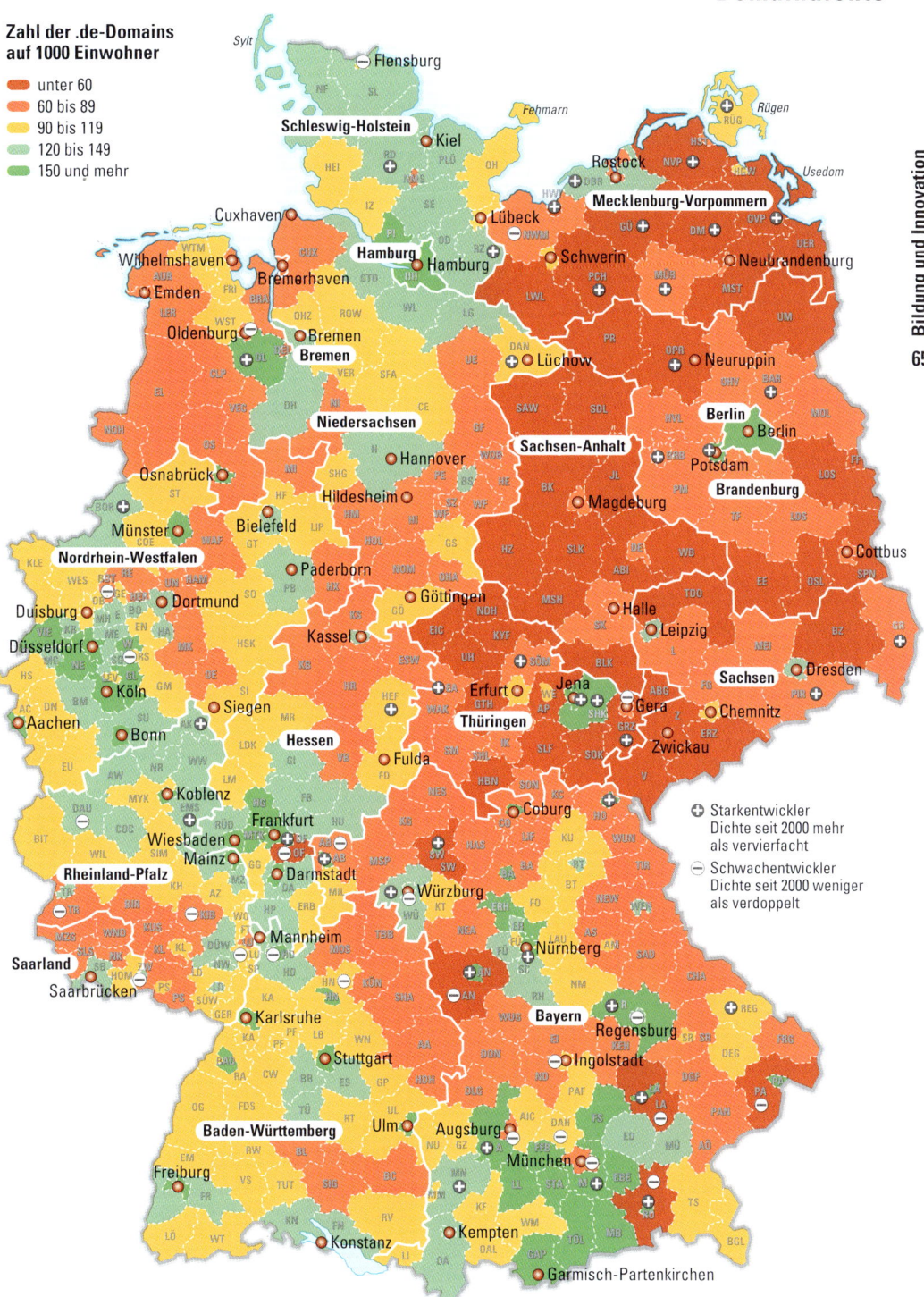

Plappern gehört zum Netzwerk

Früher war das Palästinensertuch Ausdruck von Rebellion. Heute ziert der weiß-schwarz gewürfelte Baumwollschal den Hals schicker Damen um die 30. Am liebsten in der Trendfarbe Fuchsia und kuschelig weich dank eingewebter Kaschmirfäden. Dass das in Zeiten von Web 2.0 nicht ungestraft bleibt, ist klar. Die Gegner haben auf Facebook Position bezogen: «Schwarz-weiße PLO-Schals sind kein modisches Accessoire, du Idiot!» Oder moderater: «Trag sie mit Bewusstsein, nicht der Mode wegen!»

45 Millionen Gruppen bietet das größte soziale Netzwerk seinen Nutzern an, und jeder kann überall dabei sein – bei den britischen Liebhabern der Sonntagszeitung «The Observer», den italienischen Berlusconi-Gegnern oder den russischen Fans der Rockband Kino. Fast keine Interessensgruppe, die es nicht gibt. Selbst amerikanische Holocaustleugner waren online – bis weltweiter Protest die Betreiber dazu zwang, deren Zugang zu sperren.

China chattet bei QQ

Wer glaubt, nur picklige Nerds würden sich auf der Seite des ehemaligen Harvard-Studenten Mark Zuckerberg ihre Zeit vertreiben und Parolen schwingen, irrt. 200 Millionen Mitglieder hatte das Netzwerk Anfang 2009, nun sind es mehr als 300. Und insbesondere die 35- bis 55-Jährigen sind schwer aktiv, sie zählen zu der am schnellsten wachsenden Gruppe. Im Schnitt versammeln die Facebook-Nutzer 120 ausgewählte Bekannte in ihrer Liste, denen sie Einblick in ihr Leben gewähren. Ihren Status verändern die Nutzer täglich 45 Millionen Mal, jeden Tag werden eine Milliarde Nachrichten auf die Plattform gestellt, jeden Monat mehr als 45 Millionen Fotos und 14 Millionen Videos hochgeladen.

Insbesondere die Isländer sind treue Facebook-User. Mehr als die Hälfte hat bei dem sozialen Netzwerk ein Profil, in China dagegen nur jeder 5000. Einwohner. Dort trifft man sich lieber bei QQ, mit 230 Millionen Mitgliedern das erfolgreichste Chatprogramm der Volksrepublik, das einen kleinen pummeligen Pinguin als Maskottchen hat.

Ebenfalls in Europa so gut wie unbekannt ist der kalifornische Internetdienst Hi5, obwohl er mit 60 Millionen Mitgliedern hinter Facebook und Myspace das dritt-

Soziale Netzwerke

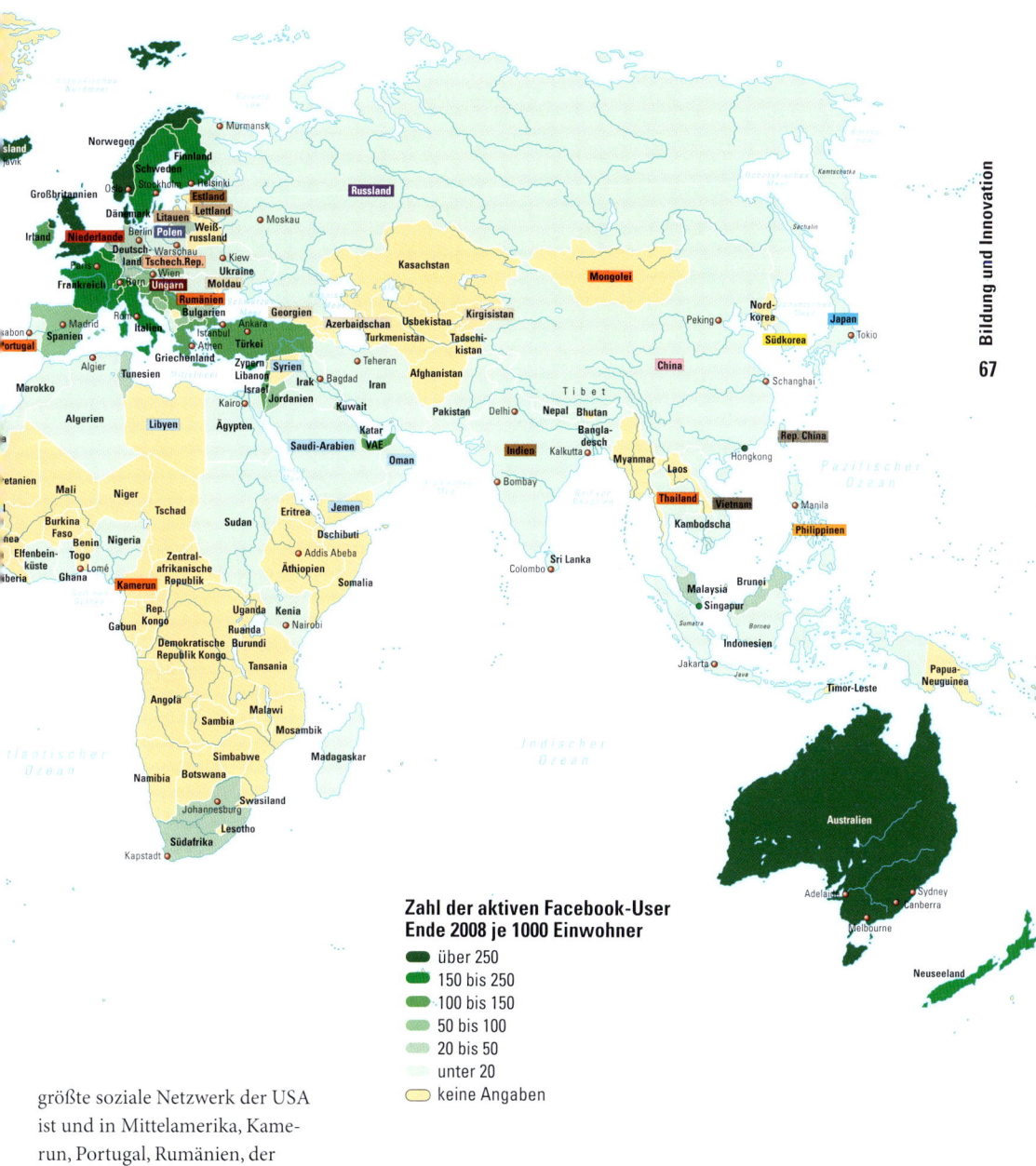

Zahl der aktiven Facebook-User Ende 2008 je 1000 Einwohner
- über 250
- 150 bis 250
- 100 bis 150
- 50 bis 100
- 20 bis 50
- unter 20
- keine Angaben

größte soziale Netzwerk der USA ist und in Mittelamerika, Kamerun, Portugal, Rumänien, der Mongolei und Thailand die Nummer eins. Etwa 20 Millionen Dollar Jahresumsatz peilen die Hi5-Betreiber an – Facebook, so schätzen Insider, setzte 2009 satte 500 Millionen Dollar um.

Länder mit anderen Marktführern
- Cyworld
- Friendster
- Hi5
- Hyves
- Iwiw
- Lidé
- Maktoob
- Mixi
- MySpace
- Nasza-klasa
- Odnoklassniki
- One
- Orkut
- QQ
- Skyrock
- V Kontakte
- Wretch
- Zing

Quelle: O'Reilly Research, vincos.it

Forscher Westen, morscher Osten

Chaos in Laos, Drums in den Slums. Only Banana in Ghana, but Pogo in Togo! Anfang der achtziger Jahre verging kaum ein Tag, an dem der Hit der United Balls nicht aus dem Radio dröhnte. Doch anstatt Cola in Angola zu süffeln, hat sich Band-Mitglied Horst Lindhofer dann doch entschieden, dem Wunsch seines Vaters nachzukommen und etwas «Vernünftiges» zu studieren. Heute leitet er das Münchner Pharmaunternehmen Trion und fiebert mit seinen 140 Mitarbeitern der Zulassung eines neuartigen Krebswirkstoffs entgegen: Antikörper, die zwei Typen von Immunzellen gezielt an Tumore binden – von der Krebszelle bleibt dann nicht viel übrig. Dass Lindhofer auch in seinem neuen Job womöglich einen Hit erzielen konnte, verdankt er nicht zuletzt dem Gesundheitskonzern Fresenius, der an ihn geglaubt und ihn über Jahre finanziert hat. Die meisten Forscher können davon nur träumen.

Bevor Wissenschaft Geld bringt, muss Geld in die Wissenschaft fließen. Doch während für die Abwrackprämie kurzfristig Milliardenbeträge aus dem Ärmel geschüttelt wurden, ringen die deutschen Wissenschaftsminister derzeit wieder um jeden Euro. Der Stifterverband für die deutsche Wissenschaft ist deswegen skeptisch, ob Deutschland, aber auch die anderen europäischen Staaten ihr politisches Ziel erreichen werden, bis 2010 drei Prozent des Bruttoinlandsproduktes (BIP) für Forschung und Entwicklung auszugeben. Darauf hatten sich die Staats- und Regierungschefs im März 2000 in Lissabon geeinigt, sie wollten die EU zum «wettbewerbsfähigsten und dynamischsten wissensgestützten Wirtschaftsraum der Welt» machen. Zwei Drittel des Aufwands, so gibt es die Lissabon-Strategie vor, sollen die Unternehmen eines Landes beisteuern, ein Drittel der Staat.

Das Lissabon-Ziel wird weit verfehlt

In Südschweden und Finnland, in Baden-Württemberg und der Region Paris wird diese Zielmarke allein schon durch die Forschungs- und Entwicklungsinvestitionen der Unternehmen überschritten. Die Latte von 2,0 Prozent des BIP, die auf die Investitionen der Privatwirtschaft entfallen soll, übersprangen nach den jeweils aktuellsten Zahlen der EU-Statistikbehörde Eurostat die dänischen und die (nicht zur Eurozone gehörenden) Schweizer Unternehmen sowie einige Regionen in Frankreich, Belgien, Holland, Österreich und Deutschland. Mit Gesamtforschungsaufwendungen von aktuell 2,8 Prozent des BIP steht Deutschland denn auch überdurchschnittlich gut da. Insgesamt kommen die 27 Staaten im Durchschnitt jedoch nur auf 1,83 Prozent. Insbesondere in den Beitrittsländern im Osten Europas lässt die Investitionstätigkeit der Unternehmen noch stark zu wünschen übrig – einzig in Estland, Tschechien und Slowenien lagen die Werte wenigstens über 1,0 Prozent des BIP.

Geld allein macht nicht innovativ

Doch wenn das Zusammenwirken von öffentlicher und privatwirtschaftlicher Forschung nicht funktioniert, kommt es am Ende kaum zu zählbaren Ergebnissen in Form von innovativen Produkten und steigender Wirtschaftsleistung. Gerade Deutschland bietet hier eine ganze Reihe von Beispielen für verpasste Chancen. Nur zwei davon: Ingenieure der Technischen Hochschule Aachen haben bereits 1973 eine Kombination aus Benzin- und Elektromotor in einen VW-Bus eingebaut und dessen Fahrtüchtigkeit demonstriert. Doch die deutschen Autohersteller wollten von der Kreuzung nichts wissen. Heute verdient Toyota viel Geld mit dem Hybridmotor, und die deutschen Konzerne versuchen verzweifelt, den Vorsprung der Asiaten aufzuholen. Oder die digitale Komprimierungstechnik MP3, die via Internet das Musikbusiness revolutionierte. Sie wurde Anfang der neunziger Jahre von Fraunhofer-Forscher Karlheinz Brandenburg und seinem Team ausgetüftelt, das Riesengeschäft machen heute aber Firmen aus Fernost und Amerika, allen voran Apple mit seinem iPod.

Die Liste ließe sich beliebig erweitern. Deswegen muss nicht nur mehr Geld in Forschung und Entwicklung gepumpt, sondern auch die Verzahnung zwischen Forschung und Wirtschaft optimiert werden. Dann könnte in Zukunft das in hohem Maß vorhandene kreative Potenzial auch tatsächlich zur Geltung kommen. In der EU verlassen zwar jedes Jahr mehr Naturwissenschaftler die Universitäten als in den USA oder Japan. Da aber die Forschung schlechter bezahlt und nicht sehr angesehen ist, entscheiden sich die meisten dann doch für einen Bürojob. Oder wandern nach Übersee aus.

Quelle: Eurostat, jeweils aktuellste Daten (zwischen 2004 und 2008)

Das Tüftelgefälle

Verrät die Anzahl der Patente etwas über die Wirtschafts- und Wettbewerbskraft eines Landes? Wenn dies zutrifft, dann ist Deutschland für die Zukunft gut gerüstet. Mit knapp 62 500 Patentanmeldungen im Jahr 2008 landete das Land auf Platz 3 hinter den USA und Japan. Bei knapp 50 000 dieser Patente stammte der Anmelder aus Deutschland. Am fleißigsten waren dabei die Schwaben und Badenser: Etwas mehr als 15 000 Patente reichten die Baden-Württemberger ein, gefolgt von den Bayern mit 13 500 und den Nordrhein-Westfalen mit 7800 Anmeldungen.

Noch deutlicher wird der Vorsprung der Südlichter, wenn man die Zahl der angemeldeten Patente in Relation zur Einwohnerzahl betrachtet. Sie sind die einzigen beiden Bundesländer, die mehr als 100 Patente je 100 000 Einwohner anmeldeten. Auf den nächsten Plätzen folgen Hamburg mit 62 und, schon abgeschlagen, Hessen, Nordrhein-Westfalen und Niedersachsen mit je etwas über 40. Das beste neue Bundesland, Thüringen, liegt bei 26 Anmeldungen je 100 000 Einwohner, das Schlusslicht Mecklenburg-Vorpommern bei 11. Alle fünf neuen Länder zusammen melden weniger Patente an als der schwäbische Automobilzulieferer Bosch ganz allein: 2645. Erst wenn man Berlin noch dazuzählt, liegt der Osten vor Bosch.

Trotz Erfindungsreichtum in die Insolvenz

So unmittelbar scheint aber der Zusammenhang zwischen Patenten und wirtschaftlichem Erfolg doch nicht zu sein. Das zeigt die Liste der Unternehmen, aus denen die meisten Patente kamen. Darin tauchen neben Bosch auch Schaeffler, Conti und der Opel-Mutterkonzern General Motors auf: allesamt Unternehmen, die man zumindest im Moment nicht als Zugpferde der deutschen Wirtschaft bezeichnen würde. Der niedersächsische Automobilzulieferer Karmann, im Jahr 2008 mit 134 Patentanmeldungen noch auf Platz 38 der deutschen Unternehmensrangliste, meldete im April 2009 sogar Insolvenz an.

Kein Wunder, dass die Gleichung «Viele Patente = viel Erfolg» in Zweifel gezogen wird. Einer ihrer Kritiker ist Dietmar Harhoff. Der Chef des Instituts für Innovationsforschung, Technologiemanagement und Entrepreneurship an der Ludwig-Maximilian-Universität in München warnt vor allzu hochfliegenden Interpretationen der Patentzahlen und Patentintensitäten. Ganz offensichtlich, so sein Argument, machten deutsche Unternehmen und Forschungseinrichtungen aus einem Euro mehr Patente als andere Nationen. Das bedeute aber nicht, dass diese im Schnitt auch ebenso viel wert seien.

Die Innovationsfähigkeit einer Volkswirtschaft lässt sich für Harhoff nicht an der Anzahl von Patenten oder Patentanmeldungen messen, sondern eher an den Ausgaben für Forschung und Entwicklung in Relation zum Bruttoinlandsprodukt (BIP). Zumal gerade im Hightech-Bereich die Mehrzahl der Unternehmen, insbesondere die jungen, auf Patentanmeldungen verzichten, weil sich die Technologie ständig weiterentwickelt und sie nicht die Zeit und oft auch nicht das Geld haben, Patente entsprechend anzupassen.

Mehr angemeldet, weniger genehmigt

Hinzu kommt: Ein Patent angemeldet zu haben, bedeutet noch lange nicht, ein Patent auch zu besitzen. Nicht alle Erfinder bekommen die begehrte Urkunde: 2007 haben die Behörden trotz wachsender Nachfrage deutlich weniger Patente genehmigt als im Vorjahr, insbesondere für die Antragsteller in Deutschland endete laut dem Deutschen Patent- und Markenamt (DPMA) nur jedes zweite Prüfungsverfahren erfolgreich (53 Prozent). Und wenn man sein Patent endlich bekommen hat, sollte man möglichst nicht jene Meldung aus der Wirtschaftszeitung «Handelsblatt» lesen, in der Expertenmeinungen zitiert werden, wonach etwa 90 Prozent aller angemeldeten Patente von wirtschaftlich geringem Wert seien – weil die Umsetzung der patentierten Ideen Kapital erfordert, das oft nicht aufgebracht wird: weil die Kassen leer sind, Unternehmen sich doch nicht trauen oder für die brillante Idee (noch) kein Markt besteht.

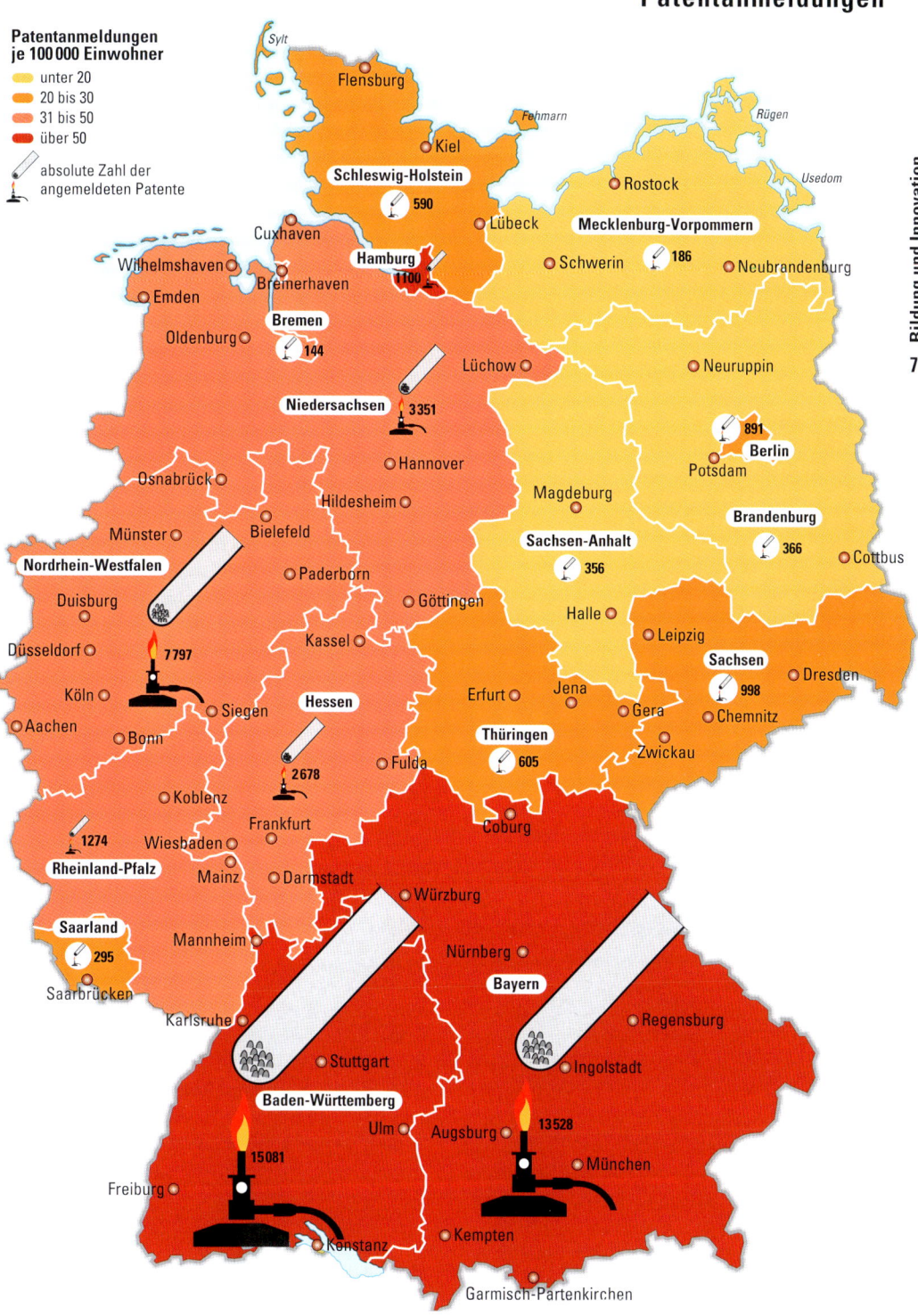

Europas patenter Mittelstreifen

In 219 Regionen unterteilt die EU-Statistikbehörde Eurostat das Gebiet der Europäischen Union. Aber wenn es um Patentanmeldungen in Hochtechnologiebranchen geht, zählen davon eigentlich nur vier: Oberbayern, Île-de-France, das niederländische Noord-Brabant und Etelä-Suomi, zu deutsch: Südfinnland. Mehr als ein Viertel aller Hightech-Patentanmeldungen in der EU, 27 Prozent, entfallen auf diese Regionen.

Ganz an der Spitze, mit 343 dieser Patente je Million Einwohner, liegt Noord-Brabant, anders als der Name vermuten lässt eine Provinz im Süden der Niederlande. Die größte Stadt dieser Provinz ist Eindhoven, und ihr mit Abstand wichtigster Arbeitgeber heißt Philips. Der einst in Eindhoven gegründete Elektro- und Technologiekonzern betreibt dort unter anderem ein großes Forschungszentrum – und aus dem kommen die meisten jener Patentanmeldungen, denen diese Region die Tabellenführung in Europa verdankt.

Auch die Patent-Spitzenstellung Südfinnlands beruht im Wesentlichen auf einem einzigen Unternehmen: dem Mobilfunkkonzern Nokia aus der Stadt Espoo. Die anderen beiden Regionen in der Spitzengruppe verfügen jeweils über eine größere Zahl von forschungsstarken Unternehmen: die Île-de-France, also die Region Paris, als Sitz einer ganzen Reihe von Konzernzentralen, und die Region Oberbayern als Standort vieler Firmen der Elektronik-, Luftfahrt- und Automobilindustrie.

Deutschlands breite Spitze

Dass insbesondere in Deutschland die Spitze sehr breit ist, zeigt ein Blick auf die Karte: Fast alle Regionen des Landes sind rot beziehungsweise dunkelrot dargestellt, bringen es also auf mehr als zehn Hightech-Patentanmeldungen je Million Einwohner. Das schaffen ansonsten nur vergleichsweise kleine EU-Staaten wie Irland, Dänemark, Finnland oder die Niederlande. In Frankreich sind besonders forschungsintensive Regionen in allen Himmelsrichtungen zu finden, in Italien fast nur im Norden, in Österreich nur im Osten – und entlang der Adria und in den osteuropäischen Beitrittsländern eigentlich gar nicht. 184 der 219 EU-Regionen bringen es zusammengenommen auf nicht mehr als ein Viertel aller Hightech-Patente.

Mitten im patentträchtigsten Mittelstreifen der Europäischen Union prangt in der Karte ein dicker weißer Fleck: die partout nicht in die EU hineinwollende Schweiz. Dafür gehört sie zur Organisation für wirtschaftliche Zusammenarbeit und Entwicklung (OECD), und die hat sich kürzlich die Mühe gemacht, ihre Mitgliedsländer nach der Anzahl ihrer Weltmarktpatente je Million Einwohner zu ordnen. Da landet die Schweiz auf Platz drei, hinter Finnland und Schweden, aber vor Dänemark und Deutschland. Besonders innovativ: die Ostschweiz mit ihren vielen Pharmaunternehmen. Sie liegt sogar noch vor der Tüftlerregion Baden-Württemberg und dem US-Bundesstaat Massachusetts, Heimat der berühmten Technischen Hochschule MIT.

Vom Gummistiefel- zum Hightechkonzern

Der Süden und der Osten der Europäischen Union spielen somit in der Spitzenforschung der Hochtechnologie-Unternehmen keine Rolle. Diese Gebiete können zwar deutlich niedrigere Löhne bieten als die Industrie- und Dienstleistungszentren in Mittel- und Westeuropa, aber das Lohnkostenargument spielt eher bei Standortentscheidungen für Produktionsarbeitsplätze eine Rolle. Für Forschungszentren wichtiger ist die Nähe zu renommierten Universitäten, staatlichen Forschungsinstituten oder anderen innovativen Unternehmen. Hier sind bestehende Standortvorteile nur mit enormem Aufwand aufzuholen.

Geschafft haben das die nordeuropäischen Staaten, allen voran Finnland. Die wichtigsten Unternehmen dort waren noch vor gar nicht langer Zeit Holz- und Papierfabriken, Nokia startete als Gummistiefelfabrikant und war noch in den 80er Jahren einer von vielen Herstellern von Unterhaltungselektronik wie Fernsehern. Auch wenn zum Aufstieg Finnlands aus einer Randlage zum Hightech-Zentrum eine ganze Reihe von Faktoren beigetragen haben – einer davon war sicherlich das Bildungswesen. Und da liegt, siehe Pisa-Test, der Norden weit vor dem Süden Europas. Erfindungen werden nun einmal von Menschen gemacht, und je besser qualifiziert sie sind, desto eher kommen sie auch auf neue Ideen und Produkte.

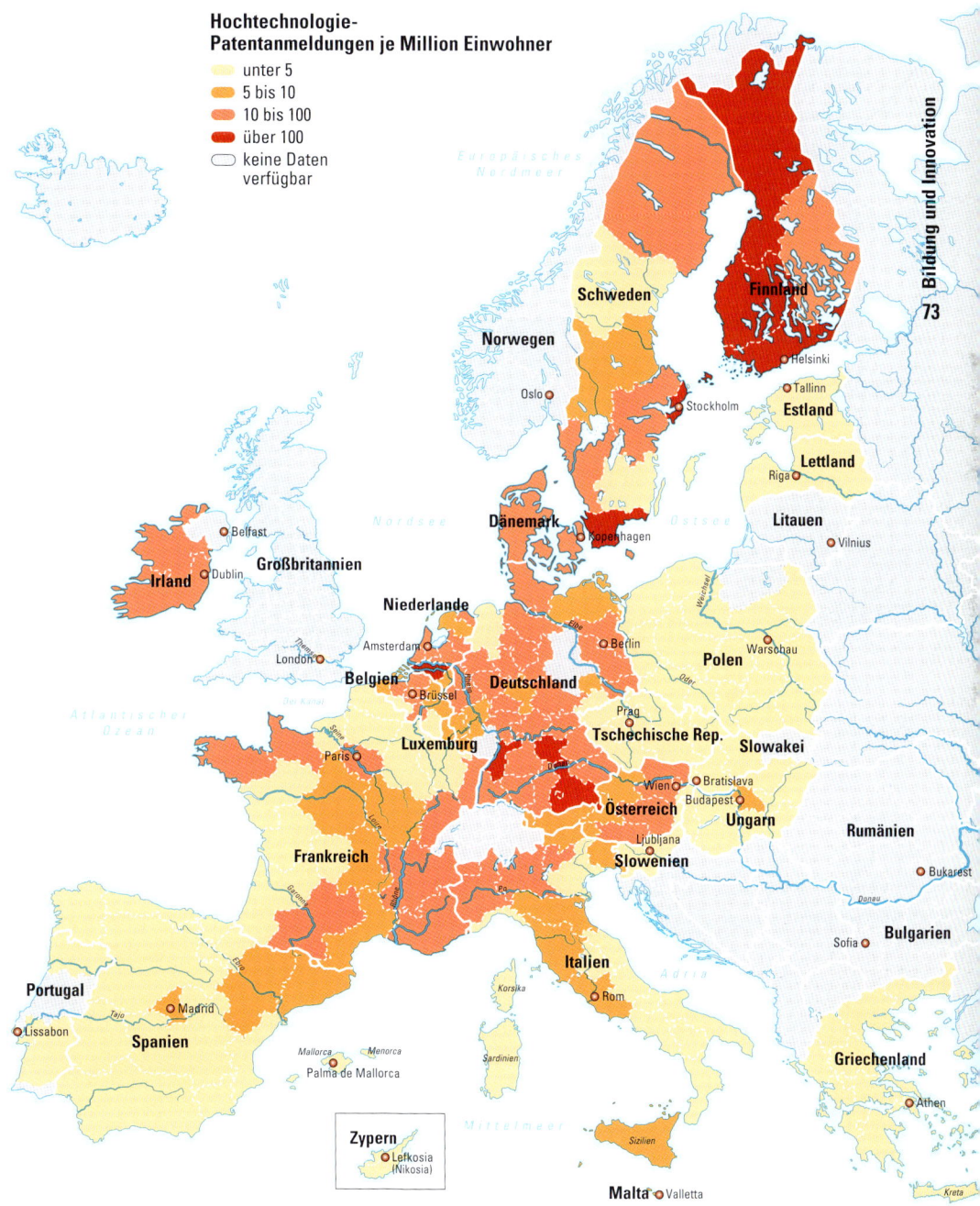

4. Teil
Unternehmen und Produktion

Es ist noch gar nicht so lange her, da sahen viele Bürger unsere Wirtschaft auf einer Verliererstraße. «Ist Deutschland noch zu retten?», fragte 2003 gar ein Ökonomieprofessor und landete damit einen Bestseller. Doch dann befreiten sich die deutschen Unternehmen mit einem Kickstart aus der Rezession. Maßvolle Tarifabschlüsse über Jahre hinweg verbesserten die zuvor gesunkene Wettbewerbsfähigkeit der Unternehmen – sowohl Produktivität als auch Wirtschaftsleistung stiegen deutlich. Deutschlands Paradebranchen auf den Weltmärkten – der Maschinenbau und die Automobilindustrie – feierten Umsatz- und Exportrekorde.

Anders als in den meisten übrigen Staaten profitieren in Deutschland von einem solchen Aufschwung nicht nur die Großkonzerne in den ökonomischen Zentren. Hierzulande ist ein starker Mittelstand aus global wettbewerbsfähigen Unternehmen breit über die ganze Republik verteilt – mit Ausnahme der neuen Bundesländer, wo die Folgen der Spaltung noch zu spüren sind.

Die Weltwirtschaftskrise von 2009 hat zwar auch die deutschen Unternehmen hart getroffen, doch vor allem im Süden und Osten Europas waren die Einbrüche oft noch heftiger. «Kann Deutschland uns noch retten?» lautet deshalb inzwischen die Frage, die nicht nur die Länder der Peripherie an die stärkste Wirtschaftsmacht des Kontinents richten.

Je teurer, desto produktiver

Vor fünfzehn Jahren wäre hier für die beiden Teile Deutschlands nicht einmal ein gemeinsamer Maßstab möglich gewesen: Beim wichtigsten Indikator für die Leistungskraft der Unternehmen in einer Region, dem Bruttoinlandsprodukt (BIP) je Erwerbstätigen, lagen damals Welten zwischen den alten und den neuen Bundesländern. Zu tief war der Graben, den 40 Jahre Teilung hinterlassen hatten, als dass er so einfach aufgefüllt werden konnte.

Jetzt ist zwar auf der Karte immer noch erkennbar, dass im Osten der Republik eher niedrigere BIP-Werte erzielt werden. Aber so genau ist die ehemalige Grenze schon nicht mehr zu sehen. Nicht alles, was hell ist, liegt in den neuen Bundesländern – und nicht alles, was dunkel ist, in den alten. 45 der 428 abgebildeten deutschen Kreise erzielen ein BIP je Erwerbstätigen von mehr als 65 000 Euro, einer davon liegt in Ostdeutschland: Dahme-Spreewald südöstlich Berlins. Und zu den 41 Kreisen in der untersten Kategorie, mit einem BIP je Erwerbstätigen unter 45 000 Euro, zählen zwei westdeutsche: der Stadtkreis Bottrop im Ruhrgebiet und der Landkreis Wittmund in Ostfriesland.

Arbeitslose werden nicht mitgezählt

Einer der Gründe für diese Annäherung ist natürlich die gestiegene Wettbewerbsfähigkeit der Unternehmen und Produktionsstätten in Ostdeutschland. Ob bei Opel in Eisenach oder Jenoptik in Jena, in den Chipfabriken von Dresden oder den Chemiefabriken von Sachsen-Anhalt: mit intensiver Förderung durch staatliche Subventionen wurde in neue Maschinen und moderne Technik investiert. Die hochgerüsteten Fabriken bieten zwar nur vergleichsweise wenig Arbeitsplätze, die aber sind extrem produktiv.

Und die weggefallenen Arbeitsplätze? Spielen in dieser Darstellung keine Rolle. Gezeigt wird nämlich das Bruttoinlandsprodukt je Erwerbstätigen – Arbeitslose werden da nicht mitgezählt. Rein theoretisch könnte der ganze Landkreis bis auf einen einzigen Top-Manager arbeitslos sein, und in der Statistik würde er als der Kreis mit dem höchsten BIP je Erwerbstätigen abschneiden. Deshalb ist diese Kennzahl auch eher als Maß für die Leistungskraft der in einer Region ansässigen Unternehmen geeignet und nicht so sehr für den dortigen Wohlstand – dafür gibt es das BIP je Einwohner.

Und da sind die Unterschiede zwischen armen und reichen Regionen denn auch wesentlich größer: Beim BIP pro Kopf schafft der beste deutsche Kreis mehr als das Siebenfache des schlechtesten, beim BIP je Erwerbstätigen «nur» gut das Dreifache. Dort liegt der beste ostdeutsche Kreis bereits auf Platz 43, beim BIP je Einwohner erst auf Platz 88. Besonders augenfällig sind die Differenzen bei Kreisen mit hoher Arbeitslosigkeit: Der Kreis Uckermark beispielsweise liegt beim BIP pro Kopf auf Platz 320, in der Rechnung je Erwerbstätigen jedoch auf Platz 210.

Die Spitzenpositionen beim BIP je Erwerbstätigen nehmen jeweils ein Ballungsraum im Süden, im Westen, im Norden und in der Mitte Deutschlands ein: der Großraum München, das Rhein-Main-Gebiet rund um Frankfurt, die Rheinschiene zwischen Bonn und Düsseldorf sowie Hamburg und Umgebung. Kennzeichnend für diese Gebiete ist jeweils ein hoher Dienstleistungsanteil an der Wertschöpfung und eine hohe Dichte von Unternehmenszentralen: Man kann sich zwar trefflich darüber streiten, inwieweit Manager Werte eher schöpfen oder eher vernichten, aber in die BIP-Statistik gehen sie mit hohen Werten ein.

Hohe Löhne, hohe Produktivität

Die Manager sind nicht die Einzigen, bei denen sich die Frage stellt, was sie überhaupt produzieren. Wie geht ein Mitarbeiter im Einwohnermeldeamt in die Berechnung des Bruttoinlandsprodukts ein, wie ein Lehrer, wie ein Radiomoderator? Die einfache Antwort, die die Statistiker für diese Frage gefunden haben: Im öffentlichen Dienst sowie bei den meisten Dienstleistungen wird die Produktion gemessen am – Gehalt! Je mehr ein Friseur oder ein Beamter verdient, desto größer ist rein rechnerisch seine Produktivität.

Das erklärt auch einen guten Teil der Angleichung zwischen dem BIP im Osten und dem im Westen: In dem Maß, in dem die Tariflöhne in beiden Teilen Deutschlands einander angeglichen wurden, nähert sich auch die rechnerische Produktivität an. Angesichts der wenigen verbliebenen Industrie-Arbeitsplätze in Ostdeutschland und der vielen Arbeitsplätze im Öffentlichen Dienst schlägt sich dieser Effekt stark in den Gesamtzahlen für das BIP je Erwerbstätigen nieder.

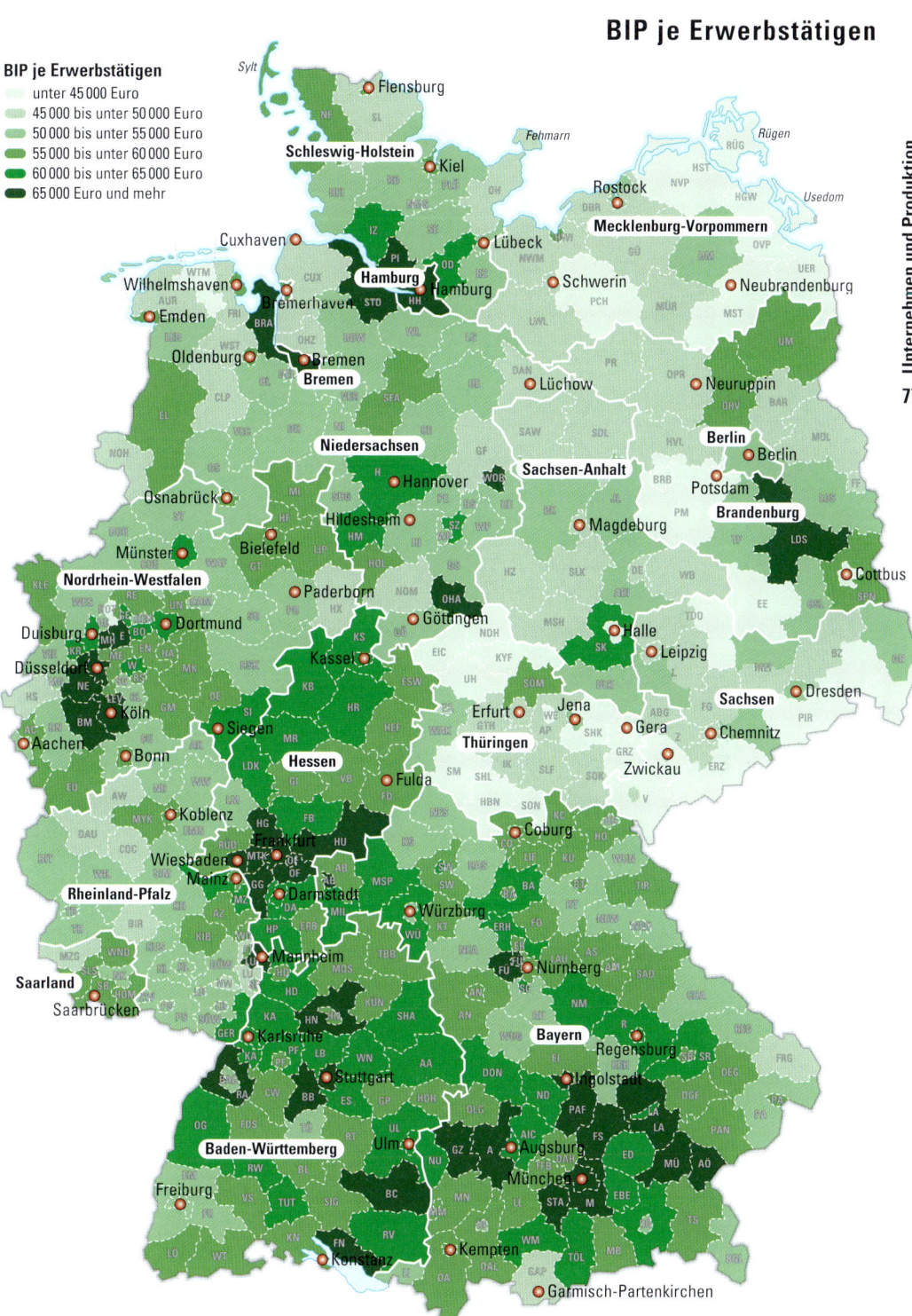

Groß und groß gesellt sich gern

Null. Das ist die Zahl der Konzerne unter den hundert größten deutschen Unternehmen, die ihren Sitz in Thüringen haben. Auch in Mecklenburg-Vorpommern, Brandenburg, Schleswig-Holstein und Bremen: Fehlanzeige. Nicht viel besser sieht es in Sachsen, Sachsen-Anhalt und im Saarland aus, in denen jeweils nur eine dieser 100 Konzernzentralen liegt. Die verbleibenden 50 Prozent der deutschen Bundesländer vereinen also satte 97 Prozent der größten deutschen Unternehmen auf sich – eine beachtliche Konzentration.

Die zweitgrößte Stadt Deutschlands ist die größte, wenn es um Konzernzentralen geht: 11 der 100 in der Karte sowie in der Tabelle aufgeführten Unternehmen sind in Hamburg ansässig. Auf den Plätzen zwei und drei folgen München mit acht sowie Stuttgart und Düsseldorf mit je sechs Konzernen. Berlin hingegen ist zwar Deutschlands größte Stadt, bei Großkonzernen aber mit drei Zentralen nur Mittelmaß. Immerhin: Das ist mehr als in allen anderen neuen Bundesländern zusammengenommen.

Doch eigentlich tummeln sich die meisten Großkonzerne in jener Rhein-Ruhr-Stadt zwischen Bonn und Dortmund, die sich zwar nicht als Stadt fühlt, aber immerhin Metropolregion genannt werden darf. 27 der 100 größten Konzerne haben ihren Sitz in dieser Region, darunter gleich fünf aus den Top Ten der deutschen Unternehmen.

Die 100 umsatzstärksten Unternehmen Deutschlands

Firmenname	Konzernsitz	Umsatz 2008 in Mio Euro	Firmenname	Konzernsitz	Umsatz 2008 in Mio Euro
1 Volkswagen AG	Wolfsburg	113.808	51 Adidas AG	Herzogenaurach	10.799
2 Daimler AG	Stuttgart	95.873	52 Bilfinger Berger AG	Mannheim	10.742
3 Eon AG	Düsseldorf	86.753	53 Otto (GmbH & Co. KG)	Hamburg	10.109
4 Siemens AG	München	77.327	54 Vodafone D2 GmbH	Düsseldorf	9.412
5 Metro AG	Düsseldorf	67.956	55 Rethmann AG & Co. KG	Selm	9.368
6 BASF S.E.	Ludwigshafen	62.304	56 Dr. August Oetker KG	Bielefeld	9.245
7 Deutsche Telekom AG	Bonn	61.666	57 Maxingvest AG (ehem. Tchibo Holding AG)	Hamburg	9.194
8 Deutsche Post DHL	Bonn	54.474	58 Helm AG	Hamburg	9.121
9 Unternehmensgruppe Schwarz	Neckarsulm	54.000	59 INA-Holding Schaeffler KG	Herzogenaurach	8.900
10 ThyssenKrupp AG	Düsseldorf	53.426	60 Würth-Gruppe	Künzelsau	8.816
11 BMW AG	München	53.197	61 Baywa AG	München	8.795
12 Aldi-Gruppe	Essen	50.000	62 BSH Bosch u. Siemens Hausgeräte GmbH	München	8.758
13 Rewe Group	Köln	49.800	63 Liebherr International	Kirchdorf an der Iller	8.408
14 RWE AG	Essen	47.500	64 Aurubis AG (ehemals Norddt. Affinerie)	Hamburg	8.385
15 Robert Bosch GmbH	Stuttgart	45.127	65 Merck KGaA	Darmstadt	7.558
16 Adolf-Merckle-Gruppe	Blaubeuren	38.000	66 Porsche AG	Stuttgart	7.466
17 Edeka Zentral AG & Co. KG	Hamburg	36.610	67 Anton Schlecker	Ehingen	7.420
18 Deutsche Bahn AG	Berlin	36.498	68 Brenntag Holding	Mülheim/Ruhr	7.400
19 Bayer AG	Leverkusen	32.918	69 Klöckner & Co.	Duisburg	6.750
20 Shell Deutschland Oil GmbH	Hamburg	30.532	70 Lanxess AG	Leverkusen	6.576
21 Deutsche BP AG	Bochum	29.842	71 BentelerAG	Paderborn	6.327
22 Franz Haniel & Cie. GmbH	Duisburg	26.372	72 OMV Deutschland	Burghausen	6.318
23 Deutsche Lufthansa AG	Frankfurt	24.870	73 C&A Mode KG	Düsseldorf	6.300
24 Continental AG	Hannover	24.239	74 Hapag-Lloyd AG	Hamburg	6.220
25 Unternehmensgruppe Tengelmann	Mülheim/Ruhr	24.180	75 Südzucker AG	Mannheim	5.871
26 Phoenix Pharmahandel AG & Co. KG	Mannheim	22.580	76 VNG - Verbundnetz Gas	Leipzig	5.863
27 Hochtief AG	Essen	21.643	77 Airbus Deutschland GmbH	Hamburg	5.840
28 Ford-Werke GmbH	Köln	19.679	78 Agravis Raiffeisen AG	Hannover	5.811
29 Arcandor AG	Essen	19.357	79 Knauf Gruppe	Iphofen	5.600
30 TUI AG	Hannover	18.714	80 Arques Industries AG	Starnberg	5.505
31 EnBW Energie Baden-Württemberg AG	Karlsruhe	16.305	81 Fujitsu Siemens Computers GmbH	Bad Homburg	5.430
32 Bertelsmann AG	Gütersloh	16.118	82 Deutsche Leasing Gruppe	Bad Homburg	5.344
33 Heraeus Holding GmbH	Hanau	15.914	83 EWE AG	Oldenburg	5.327
34 Evonik Industries AG	Essen	15.873	84 Südfactoring GmbH	Stuttgart	5.249
35 MAN AG	München	14.945	85 Gea Group	Bochum	5.179
36 Adam Opel GmbH	Rüsselsheim	14.684	86 Stadtwerke Köln	Köln	5.111
37 HeidelbergCement AG	Heidelberg	14.187	87 Freudenberg & Co	Weinheim	5.050
38 Henkel AG & Co. KGaA	Düsseldorf	14.131	88 Hewlett-Packard GmbH	Böblingen	5.015
39 Vattenfall Europe AG	Berlin	13.462	89 Mahle GmbH	Stuttgart	5.014
40 Marquard & Bahls AG	Hamburg	13.371	90 Umicore AG & Co KG	Hanau	5.012
41 Linde AG	München	12.663	91 Voith AG	Heidenheim	4.934
42 Alfred C. Toepfer International GmbH	Hamburg	12.509	92 Globus-Handelshof-Gruppe	St. Wendel	4.926
43 ZF Friedrichshafen AG	Friedrichshafen	12.501	93 Dow Gruppe Deutschland	Merseburg	4.800
44 Salzgitter AG	Salzgitter	12.499	94 Scholz AG	Essingen	4.800
45 Fresenius SE	Bad Homburg	12.336	95 K+S-Gruppe	Kassel	4.794
46 Total Mineralöl und Chemie GmbH	Berlin	12.252	96 Stadtwerke München	München	4.717
47 Exxon Mobil Central Europe GmbH	Hamburg	12.100	97 dm-drogerie markt Gruppe	Karlsruhe	4.710
48 Lekkerland AG & Co. KG	Frechen	11.598	98 Basell Polyolefine GmbH	Wesseling	4.646
49 Boehringer Ingelheim, Ingelheim	Ingelheim	11.595	99 Kion Group GmbH	Wiesbaden	4.554
50 SAP AG	Walldorf	11.575	100 IBM Deutschland GmbH	Stuttgart	4.520

Von Zentren und Antizentren

In einem Ballungsraum konzentriert sich alles Mögliche, insbesondere die Wertschöpfung. Doch diese Karte der «Wertschöpfungskonzentration» zeigt, nun ja, nicht wirklich die deutschen Ballungsräume. Der größte deutsche Ballungsraum, das Ruhrgebiet, hat praktisch keine der vier Farben abbekommen, hingegen liegen im absoluten Gegenteil eines Ballungsraums, nämlich Mecklenburg-Vorpommern, sogar Landkreise, die gleich in zwei der vier Kategorien mit an der Spitze rangieren. Offensichtlich ist diese Wertschöpfungskonzentration eine andere als die, an die wir eigentlich denken. Was also wird hier gespielt?

Die Daten, auf denen diese Karte beruht, geben für jeden Kreis Deutschlands an, wie hoch der Anteil einzelner Wirtschaftssektoren an der dort erzielten Wertschöpfung ist. Eingefärbt sind hier jeweils die Kreise, die in einem von vier ausgewählten Sektoren zu den 50 Kreisen mit den höchsten Wertschöpfungsanteilen zählen. Zwei Extrembeispiele zur Verdeutlichung:
- In der BASF-Stadt Ludwigshafen trägt die Industrie 61,7 Prozent zur gesamten Wertschöpfung bei, das ist der zweithöchste Wert in ganz Deutschland (nach Wolfsburg). In den übrigen Sektoren liegt Ludwigshafen dafür weit hinten: Finanz- und ähnliche Dienstleistungen 14,7 Prozent (Platz 427 unter 429 Kreisen), öffentliche Dienstleistungen 11,2 Prozent (Platz 427) und Land- und Forstwirtschaft 0,2 Prozent (Platz 353).
- Im vorpommerschen Landkreis Uecker-Randow hingegen ist Industrie fast ein Fremdwort: 4,7 Prozent Wertschöpfungsanteil ergeben Platz 422 in der Kreisrangliste. Etwas besser sieht es bei den privaten Dienstleistungen aus (23,8 Prozent, Platz 282). Spitzenwerte erreicht der Kreis im Wertschöpfungsanteil der Landwirtschaft (3,3 Prozent, Platz 37) und bei den öffentlichen Dienstleistungen (48,9 Prozent, Platz 2 hinter der Stadt Frankfurt/Oder). In den letzten beiden Kategorien ist er folglich als Top-50-Kreis in der Karte markiert.

Bäuerliche und industrielle Kernlande

Mit dieser Methode werden in jeder der vier Kategorien tatsächlich Zentren dargestellt – aber manchmal auch das genaue Gegenteil davon. Zuerst die Zentren: In Grün erscheinen die landwirtschaftlich geprägten Räume im Norden Niedersachsens und der neuen Bundesländer, aber auch die Weinbauernregionen der Pfalz und niederbayerische Kernlande wie Tirschenreuth oder Rottal/Inn. Im Industriesektor liegen die Standorte von Großkonzernen ganz vorne, aber auch traditionelle Industrielandschaften wie das Siegerland in Nordrhein-Westfalen oder die Region Mittlerer Neckar in Baden-Württemberg. Die Finanz- und ähnlichen Dienstleistungen sehen die Ballungsräume Rhein-Main und München ganz vorne, aber auch andere Metropolen sowie den Rhein-Neckar-Kreis mit seinem einschlägigen Schwergewicht SAP. Und beim öffentlichen Dienst liegen auf den vorderen Plätzen Landeshauptstädte wie Schwerin oder Kiel, Universitätsstädte wie Freiburg oder Bayreuth, aber auch ein Kreis wie Garmisch-Partenkirchen mit besonderer Konzentration von Zoll, Grenzschutz und Bundeswehr.

Balance statt Klumpenrisiko

Vereinzelt zeigen sich jedoch auf den vorderen 50 Plätzen auch Kreise, die nicht so sehr Zentren als vielmehr Antizentren markieren. Der Landkreis Potsdam-Mittelmark beispielsweise sollte als Teil des Ballungsraums Berlin eigentlich keinen herausragenden Wertschöpfungsanteil der Landwirtschaft zeigen, ein traditionelles Industriezentrum wie Chemitz sollte nicht ausgerechnet bei Dienstleistungen brillieren, und der hohe Industrieanteil an der Wertschöpfung in Wismar symbolisiert eher, dass die Ökonomie der Stadt außer der hochgradig gefährdeten Werftindustrie wenig vorzuweisen hat.

Besonders häufig sind die «falschen» Konzentrationen bei den öffentlichen Dienstleistungen. Ein extrem hoher Anteil in diesem Sektor bedeutet nämlich in vielen Fällen, dass die Region über extrem wenig Unternehmen verfügt, die etwas zur Wertschöpfung beitragen. Wo nichts erwirtschaftet wird, muss man eben von dem leben, was der Staat ausgibt – ein vor allem in den neuen Bundesländern verbreitetes Phänomen.

Gemessen daran ist es eigentlich gar kein schlechtes Zeichen, wenn eine Region in überhaupt keinem dieser Sektoren ganz vorne liegt. Denn dann ist die Wirtschaftsstruktur stärker ausbalanciert und nicht mit dem sogenannten «Klumpenrisiko» behaftet, das die Konzentration auf nur eine Branche immer mit sich bringt.

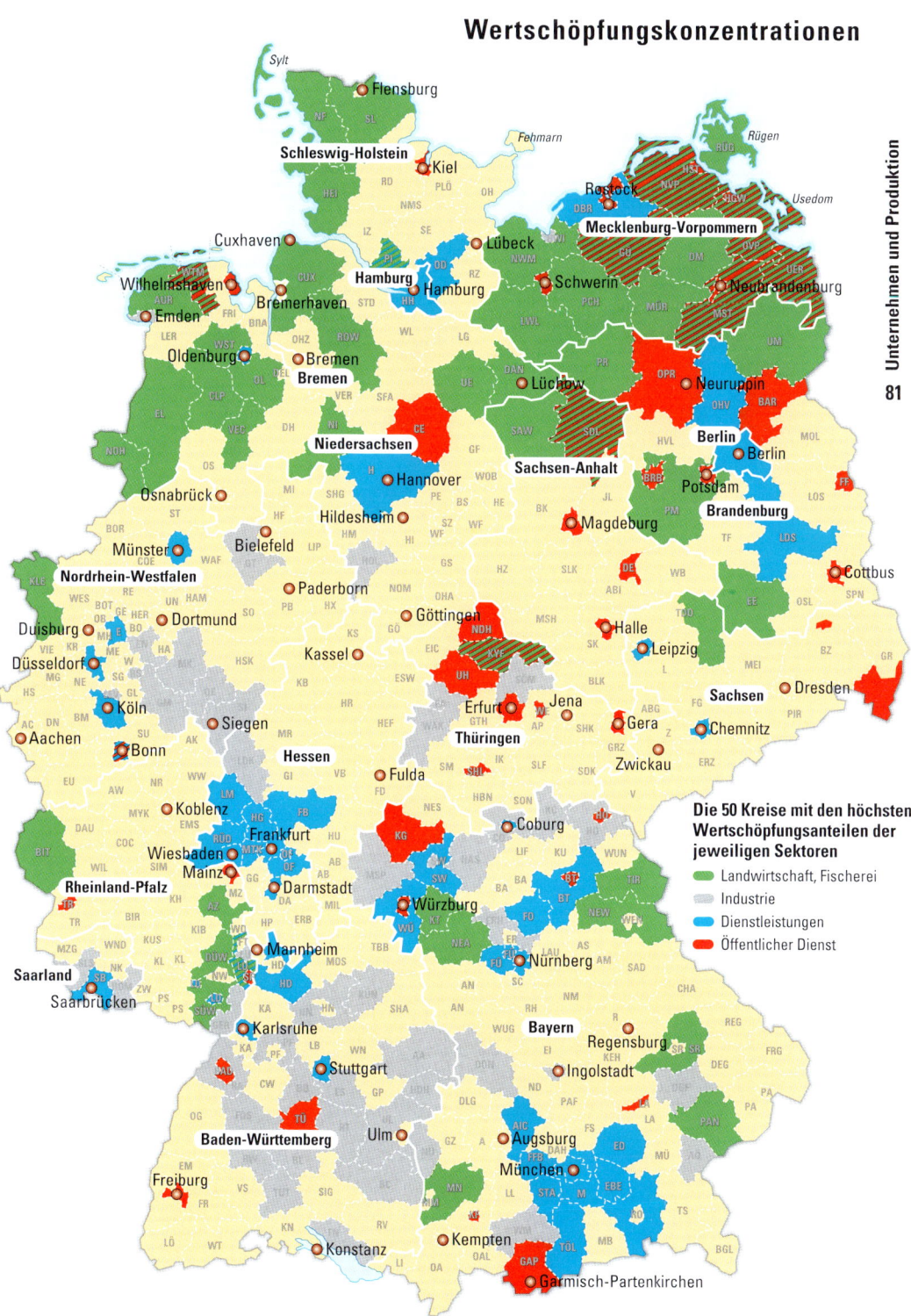

Exportüberschussweltmeister

Doch, es gibt sie: Länder, deren Autoindustrie mehr nach Deutschland liefert, als die deutsche Autoindustrie in ihrem Land verkauft. Aber in der Exportstatistik des Jahres 2008 konnte man sie an den Fingern einer Hand abzählen: Mexiko, die Slowakei, Slowenien, Tschechien und Ungarn. Und sogar in diesen Ländern war es nicht so sehr die einheimische Autoindustrie, die Exporterfolge feiern konnte – es waren Tochterfirmen deutscher Autokonzerne. Aus dem mexikanischen Puebla wurde der VW Beetle importiert, aus dem slowakischen Bratislava der VW Touareg und der Porsche Cayenne und aus dem ungarischen Györ der Audi TT und mehr als eine Million Motoren: Audi Hungaria ist der mit Abstand größte Exporteur des Landes.

100 Milliarden Überschuss

Das tiefe Grün, in dem große Teile der restlichen Welt erscheinen, demonstriert deutlich die Exportstärke von Deutschlands wichtigstem Industriezweig. Mit jedem dunkelgrünen Land wurde im Jahr 2008 ein Exportüberschuss von mehr als einer Milliarde Euro erzielt. Insgesamt waren es in nur einem Jahr 99,7 Milliarden Euro: Ausfuhren von 173,6 Milliarden standen Einfuhren von lediglich 73,9 Milliarden Euro gegenüber.

Mehr als ein Viertel dieses Überschusses, nämlich 27 Milliarden Euro, entfiel allein auf zwei Länder: die USA und Großbritannien. Beide tauchen zwar auch in der Liste der zehn größten Importländer auf – aber sie kaufen etwa das Vierfache dessen in Deutschland ein, was sie dorthin verkaufen.

Relativ gesehen noch stärker ist das Ungleichgewicht bei zwei anderen großen Abnehmern der deutschen Autoindustrie: Russland und China. Dort stehen einem Gesamtexport von mehr als elf Milliarden Euro Importe in Höhe von nur 566 Millionen Euro gegenüber.

Ganz so grün wird sich die Karte in Zukunft wohl nicht mehr darstellen. Die größten Importländer wurden stark von der Wirtschaftskrise getroffen, die Verkaufszahlen deutscher Autos sind dort drastisch zurückgegangen. Und zumindest ein weiteres Land wird in der Statistik für 2009 ebenfalls zum Netto-Exporteur geworden sein: Rumänien, die Heimat von Dacia, dem Hauptprofiteur der deutschen Abwrackprämie.

Deutscher Exportüberschuss im Handel mit Autos und Autoteilen in Mio. Euro
- mehr als 1000
- 250 bis 1000
- 100 bis 249
- 1 bis 99
- 0 und keine Angabe
- Importüberschuss

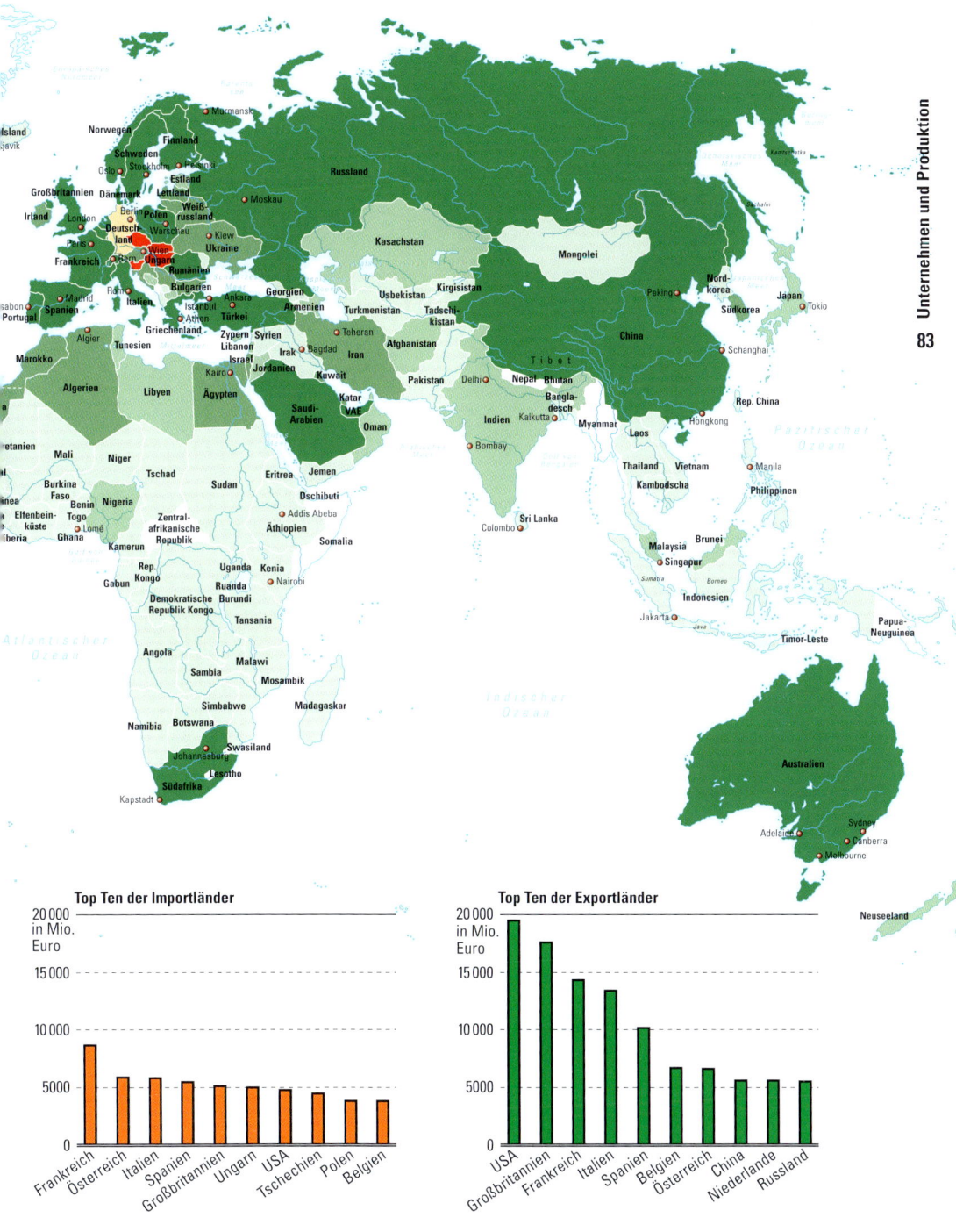

It's kuhl, man!

Für die meisten Menschen ist sie der Inbegriff ländlicher Idylle: eine Kuh, die auf einer Wiese grast. Und sogar die meisten Stadtkinder wissen, dass diese Kuh nicht lila ist. Wenn jene Regionen, in denen die Zahl der gehaltenen Rinder die der Schweine übersteigt, etwas gemeinsam haben, dann ist es genau das: Sie sind ländlich, und sie sind idyllisch. Friesland, Eifel, Sauerland, Bayerischer Wald, Allgäu und Voralpenland – alles Gegenden, in denen man jederzeit Milch-, Käse- und Schokoladenwerbung drehen könnte.

Obwohl natürlich auch in den idyllischsten Regionen die wenigsten Rinder tatsächlich auf der Weide stehen – die meisten werden im Stall bis zum optimalen Schlachtzeitpunkt gefüttert und gemästet. Meist sind es Holstein-Rinder, die als Milch- und Fleischproduzenten dienen und kaum noch etwas mit jenen Vorfahren zu tun haben, die einst zu den ersten Haustieren der Menschheit zählten. Hochleistungsrinder leben in der Regel in Hightechstallungen und werden nicht mehr mit Gras und Silage gefüttert, sondern mit speziellen Kraftfuttermischungen, die aus Weizen, Mais und Soja bestehen.

Schweine in Gülle und Fülle

Wo es genauso ländlich, aber nicht ganz so idyllisch zugeht, ist Schweineland. Nirgends bekommt man das so intensiv (auch intensiv riechend) zu spüren wie im niedersächsischen Plattland der Landkreise Cloppenburg und Vechta: Dort tummeln sich mehr als 1000 Schweine auf 100 Hektar landwirtschaftlicher Nutzfläche. Rein rechnerisch, denn im Stall haben sie natürlich noch viel weniger Platz: Einer Jungsau steht nur etwas mehr als ein Quadratmeter zu, ein Mastplatz ist sogar nur 0,8 Quadratmeter groß. Die Tiere stehen auf strohlos perforierten Böden, damit ihre Ausscheidungen sofort abtransportiert werden können. Dafür wird umso mehr Platz gebraucht, um die Riesenmenge Gülle zu versprühen, die in den Schweinezuchtbetrieben tagein, tagaus produziert wird.

Wo gibt es in Deutschland weite, leere Flächen? Wo wohnen nur wenige Menschen – und wo macht den Bewohnern ein etwas intensiverer Geruch nichts aus, wenn dafür Arbeitsplätze geschaffen werden? Klar: in Ostdeutschland – so zumindest die Hoffnung von Investoren aus den Niederlanden. Die holländischen Schweinezüchter haben zu wenig Platz für ihre riesigen Betriebe, sie wissen nicht wohin mit der anfallenden Gülle. Da kam der Umbruch in Ostdeutschland gerade recht. In den westlichen Schweinehochburgen wie Niedersachsen und Nordrhein-Westfalen stehen pro Hof maximal 5000 Tiere. In Orten wie Vetschau in Brandenburg oder Nordhausen in Thüringen gibt es Höfe mit 60 000 Schweinen.

Mega-Stall mit Solar-Power

Die größte Mastschweinanlage der Republik plant der Holländer Harrie van Gennip im brandenburgischen Haßleben: 68 000 Schweine sollen 60 Arbeitsplätze schaffen in einem Ort mit nur 564 Einwohnern. Und haben inzwischen zwei Bürgerinitiativen hervorgerufen: «Kontra Industrieschwein» sind die Wochenendhausbesitzer, zum großen Teil in Berlin zu Hause, und «Pro Schwein» sind die Haßlebener selbst. Die sind Gülle gewöhnt. Schließlich galt ihr Ort lange Zeit als «das Schweinedorf» der DDR und brachte es auf mehr als eine Million Schlachtschweine. Allerdings nicht auf einmal, sondern insgesamt.

Um die Front der Gegner seines Schweine-Systems aufzuweichen, hat sich van Gennip jetzt sogar ins Ökostromlager begeben. Auf dem schon bestehenden Schweinestall wurde im Sommer 2009 das größte Aufdach-Solarkraftwerk der Welt eingeweiht. 4,6 Megawatt maximale Leistung – und wenn er seinen Megastall bauen darf, kommt noch einmal so viel Solarstromkapazität dazu.

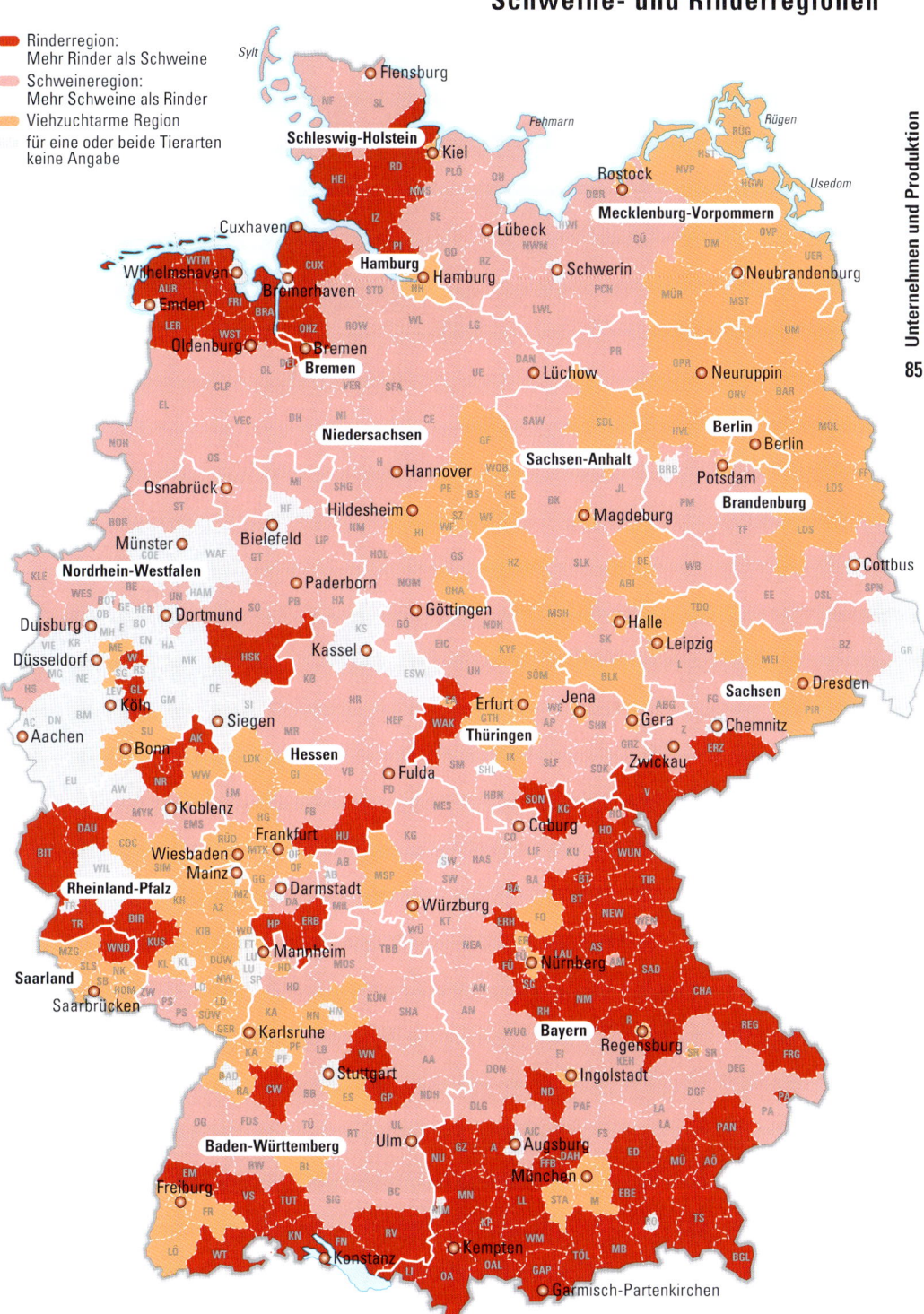

Das Maß aller produzierten Dinge

Der Wohlstand in der Welt ist ungerecht verteilt: 819-mal höher als im ärmsten Land, Burundi, lag im Jahr 2008 das Bruttoinlandsprodukt (BIP) pro Kopf im reichsten Land der Welt, in Luxemburg. Und 53,8 Prozent des gesamten Weltsozialprodukts wurden in den USA und in der EU erwirtschaftet.

Der Wohlstand in der Welt ist nicht ganz so ungerecht verteilt. 262-mal höher als im ärmsten Land, der Demokratischen Republik Kongo, lag im Jahr 2008 das BIP pro Kopf im reichsten Land der Welt, Katar. Und nur 42,8 Prozent des gesamten Weltsozialprodukts wurden in den USA und der EU erwirtschaftet.

Unterschiedliche Spitzenreiter, unterschiedliche Schlusslichter, unterschiedliche Zahlen – welcher der beiden obigen Absätze ist denn jetzt richtig? Die Antwort: beide. Es kommt ganz darauf an, was man vergleichen will.

Das Kaufkraftproblem

Wenn man die Wirtschaftsleistung eines Landes betrachtet, ist der übliche Maßstab hierfür das Bruttoinlandsprodukt. Die Wachstumsraten, die monatlich gemessen werden und über Wohl und Wehe einer Regierung entscheiden, betreffen das Gesamt-BIP des jeweiligen Landes.

Will man die Wirtschaftsleistung mehrerer Länder oder gar aller Länder der Welt vergleichen, ist der traditionelle Maßstab das BIP pro Kopf (umgerechnet in US-Dollar), auf dem auch die Angaben aus dem ersten Absatz beruhen. Diese Messgröße liefert sowohl im zeitlichen als auch im internationalen Vergleich verlässliche Werte: Je höher das BIP pro Kopf eines Landes, desto höher seine Wirtschaftsleistung und, im Großen und Ganzen, auch der Wohlstand seiner Bürger.

Aber eben nur im Großen und Ganzen. Denn da gibt es für die Statistiker noch das Kaufkraftproblem. In vielen Ländern weicht nämlich der offizielle Umtauschkurs einer Währung weit von deren interner Kaufkraft ab. Deshalb kann es einen großen Unterschied bedeuten, ob man mit dem offiziellen Dollar rechnet, oder ob man

BIP pro Kopf

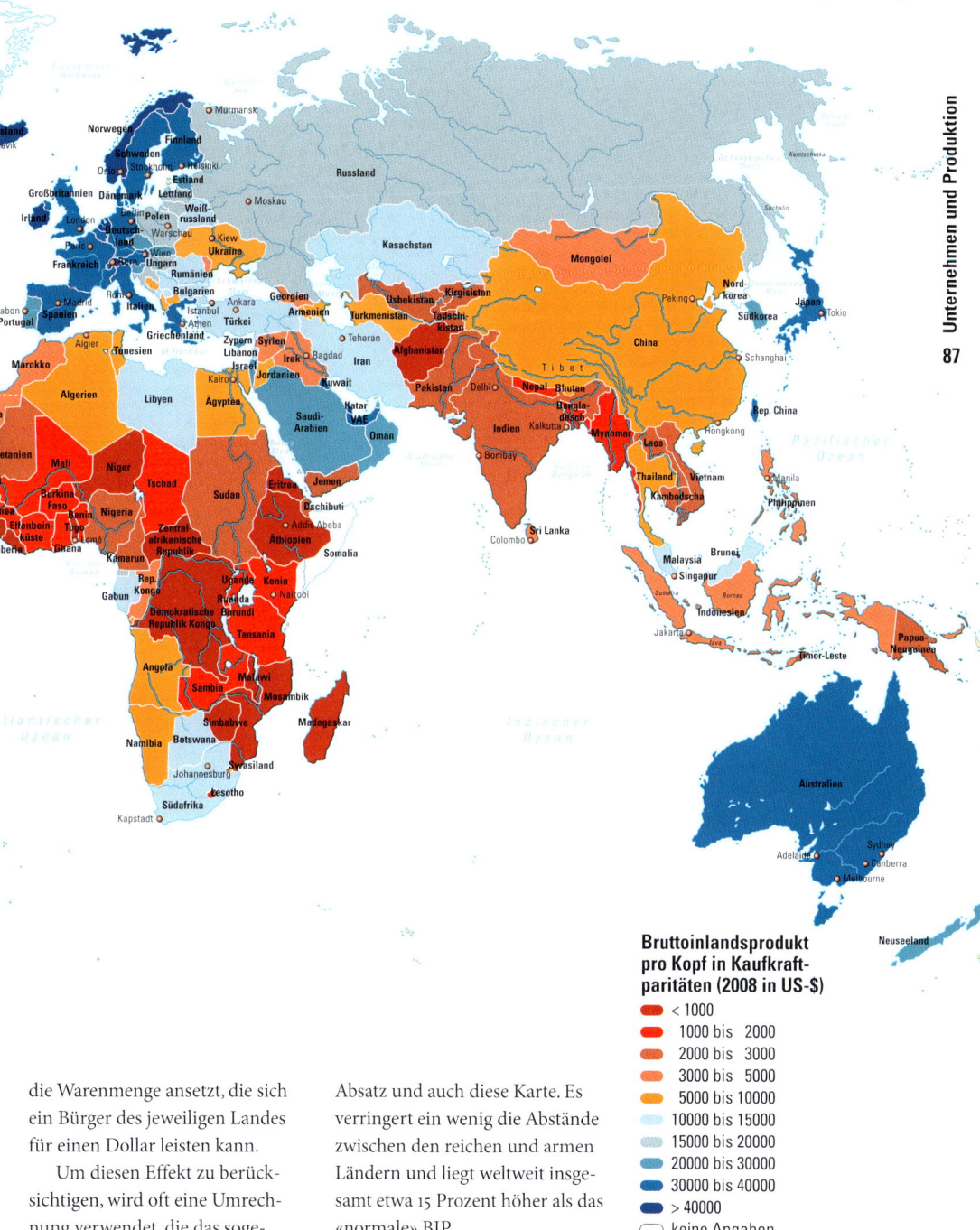

Bruttoinlandsprodukt pro Kopf in Kaufkraftparitäten (2008 in US-$)

- < 1000
- 1000 bis 2000
- 2000 bis 3000
- 3000 bis 5000
- 5000 bis 10000
- 10000 bis 15000
- 15000 bis 20000
- 20000 bis 30000
- 30000 bis 40000
- > 40000
- keine Angaben

die Warenmenge ansetzt, die sich ein Bürger des jeweiligen Landes für einen Dollar leisten kann.

Um diesen Effekt zu berücksichtigen, wird oft eine Umrechnung verwendet, die das sogenannte «BIP zu Kaufkraftparitäten» ergibt. Auf ihm beruht der zweite Absatz und auch diese Karte. Es verringert ein wenig die Abstände zwischen den reichen und armen Ländern und liegt weltweit insgesamt etwa 15 Prozent höher als das «normale» BIP.

Quelle: Internationaler Währungsfonds

Global Players

Lehman Brothers, Washington Mutual und Wachovia. Drei von insgesamt 83 US-Unternehmen, die aus der aktuellen Fortune-500-Liste mit den weltweit umsatzstärksten Unternehmen herausgefallen sind. Aber einige Neue sind dazugekommen im vielbeachteten Ranking des US-Wirtschaftsmagazins Fortune: Google (Platz 423) hat es in den Olymp geschafft, der Online-Versandhändler Amazon (485) und der Sportartikelhersteller Nike (497). Insgesamt bleibt das Land der unbegrenzten Möglichkeiten mit 140 der 500 Giganten die Nummer eins. Japan kommt mit 68 Unternehmen nicht einmal auf die Hälfte, das drittplatzierte Frankreich auf 40.

Am besten schneiden die Mineralölkonzerne ab. Sie belegen sieben der zehn ersten Plätze. Allen voran die britisch-niederländische Royal Dutch Shell mit einem Umsatz von 458 Milliarden US-Dollar (330 Milliarden Euro), gefolgt vom US-Konzern Exxon Mobil mit knapp 443 Milliarden Dollar Umsatz. Der Grund für den Erfolg: die steigenden Rohölpreise in der ersten Jahreshälfte 2008 mit einer Rekordmarke von 146 Dollar je Fass – die haben auch dafür gesorgt, dass mit dem Energiekonzern Sinopec erstmalig ein Unternehmen aus der Volksrepublik China in die Top Ten der umsatzstärksten Unternehmen geklettert ist.

Lücken in der Liste

Aus Deutschland sind immerhin 39 Unternehmen unter den Top 500 gelistet, 15 davon unter den Top 100. Allen voran die Autobauer Volkswagen (Platz 14) und Daimler (23), der Versicherungskonzern Allianz (20), der Elektrokonzern Siemens (30) und die Kaufhof-Mutter Metro (50).

Wie aussagekräftig diese Fortune-Global-500-Liste ist, wird immer wieder diskutiert. Kritikpunkt: Das jährliche Ranking berücksichtigt nur Unternehmen, die an der Börse notiert sind beziehungsweise einen sogenannten Form-10-K-Geschäftsbericht vorlegen. Aus diesem Grund fehlen zum Beispiel sämtliche afrikanischen Unternehmen, aber auch der US-amerikanische Lebens- und Futtermittelkonzern Cargill, der mit einem Umsatz von 120 Milliarden

Die Business-Metropolen
Zahl der Fortune-500-Konzernzentralen in einer Stadt
- 1
- 2
- 3 bis 5
- 6 bis 10
- über 10

Die größten Konzerne der Welt

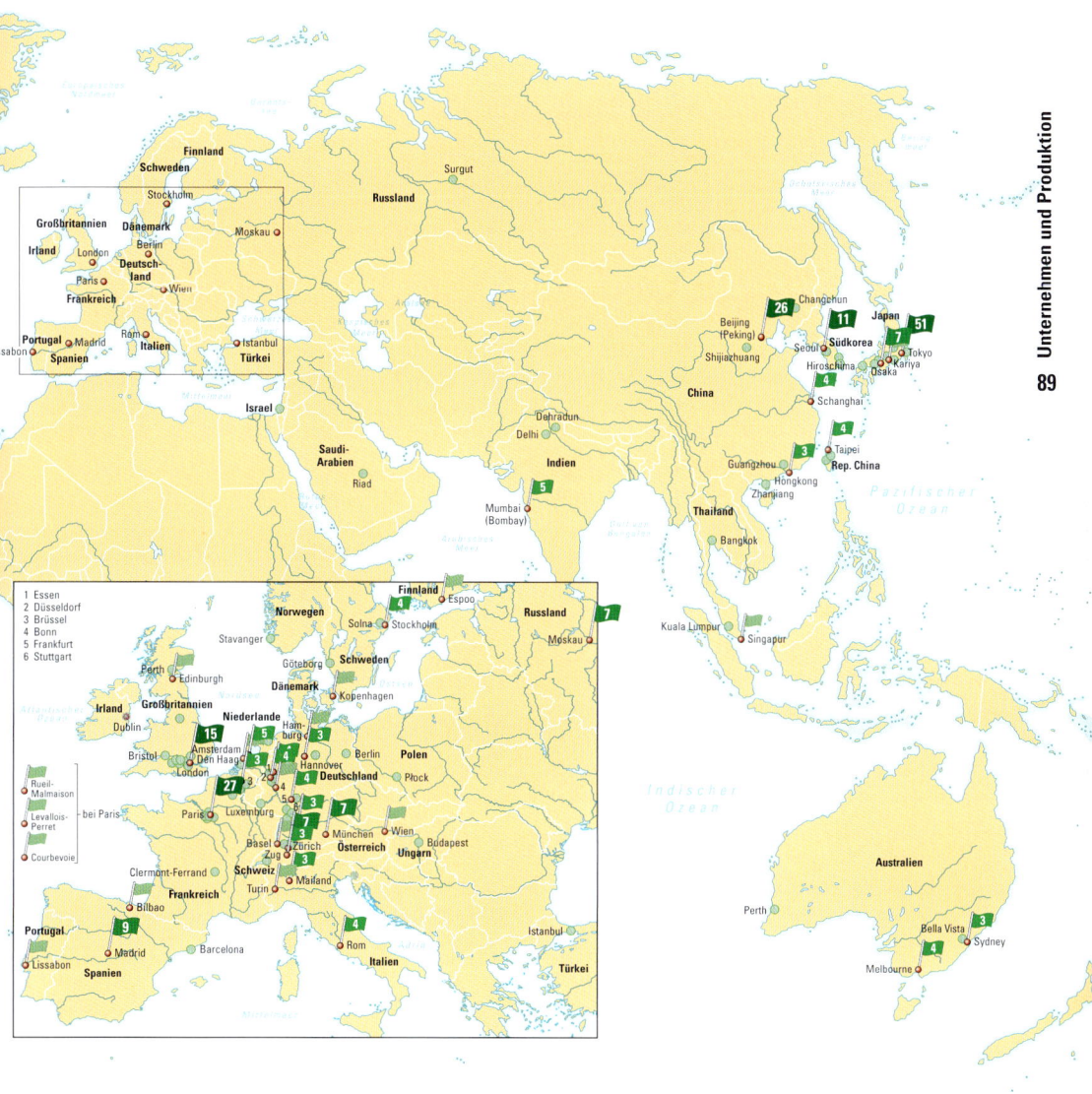

US-Dollar unter den Top 40 rangieren würde. Ebenfalls nicht mit dabei: die in der Schweiz ansässige und im Rohstoffhandel tätige Glencore AG mit einem Jahresumsatz von 152,2 Milliarden US-Dollar und der saudiarabische Ölkonzern Saudi Aramco – für die Unternehmensberatung McKinsey das wertvollste Unternehmen überhaupt. Mit geschätzten 781 Milliarden Dollar Marktwert würde es Royal Dutch Shell und Exxon weit hinter sich lassen.

Sortiert man die Top 500 nach den beliebtesten Standorten, so hat Tokio die Nase vorn. Trotz exorbitanter Mieten sind hier gleich 51 Umsatzbringer angesiedelt. Ebenfalls hoch im Kurs: Paris (hier sitzen 27 Top-500-Unternehmen), Peking (26), New York (18) und London (15). Deutschland hingegen ist breiter aufgestellt: Die 39 deutschen Konzerne auf der Top-500-Liste kommen aus insgesamt 18 verschiedenen Städten.

Quelle: Fortune

Das Europa der zwei Produktivitäten

Auf einen Blick ist sichtbar, welchen kühnen Sprung die Europäische Union mit ihrer Osterweiterung gewagt hat. All jene Länder, die in den vergangenen Jahren zur EU gestoßen sind, liegen weit, weit zurück, wenn es um die Produktivität ihrer Industrie geht. Im alten EU-Gebiet gibt es nur sehr vereinzelt hellrote Flecken in abgelegenen Regionen von Portugal, Spanien, Italien und Griechenland – die dunkelblauen Regionen dort dürften hingegen eher auf den oft etwas laxen Umgang der Griechen mit Statistik zurückzuführen sein.

Während die alte EU geradezu auf die Herstellung weitgehend einheitlicher Lebensverhältnisse ausgerichtet war – mit entsprechend hohen Transferzahlungen von den reichen zu den armen Ländern –, muss die neue, größere EU mehr Ungleichheit wagen. Einheitliche Lebensverhältnisse, das kann sie sich nicht mehr leisten. Oder zumindest im Moment nicht.

Die Lohnstückkosten entscheiden

Theoretisch kann eine derart große Differenz zwischen den Produktivitätsniveaus verschiedener Länder auch nach dem EU-Beitritt dauerhaft bestehen bleiben. Voraussetzung dafür ist allerdings, dass es auch entsprechend große Differenzen bei den Löhnen gibt. Entscheidend für die Wettbewerbsfähigkeit einer Volkswirtschaft ist nämlich nicht so sehr die absolute Höhe der Produktivität als vielmehr die der Lohnstückkosten: Wie viel Geld muss ich aufwenden, um eine bestimmte Menge eines Produktes herzustellen? Diese Größe bestimmt letztlich, welche Unternehmen welche Produkte auf dem Weltmarkt profitabel verkaufen können.

Praktisch allerdings gibt es in einem einheitlichen Wirtschaftsraum eine Tendenz zur Angleichung der Unterschiede bei den Löhnen. Diese zeigt sich in zwei Entwicklungen: Unternehmen aus Hochlohnländern investieren in billigeren Regionen und sorgen durch ihre Nachfrage für ein steigendes Lohnniveau; und Arbeitskräfte aus Niedriglohnländern suchen andernorts nach besser bezahlter Arbeit – und drücken dadurch die dortigen Löhne nach unten.

Beides war in Deutschland zuletzt deutlich zu spüren: Die Schließung des Nokia-Werks in Bochum bei gleichzeitiger Verlagerung der Produktion nach Rumänien trägt genauso zu einer Reduzierung der innereuropäischen Unterschiede bei wie der Versuch von polnischen oder bulgarischen Arbeitern, in Deutschland einen Job zu bekommen. Die Einführung von Mindestlöhnen für viele Branchen in Deutschland soll verhindern, dass dabei das Lohnniveau im Inland zu stark sinkt: Die Angleichung soll eher dadurch stattfinden, dass in den zurückliegenden Ländern Produktivität und Lohnhöhe steigen.

Investitionen steigern die Produktivität

Für einen solchen Aufholprozess der weniger produktiven Länder gibt es wiederum zwei Varianten: Zum einen kann dort die Produktivität der Industrieunternehmen steigen, wenn in neue Maschinen oder eine bessere Ausbildung der Arbeitskräfte investiert wird – das ist die positive Variante. In der negativen steigt die durchschnittliche Produktivität eines Industriearbeitsplatzes dadurch, dass weniger produktive Unternehmen, die im Wettbewerb nicht mithalten können, ihre Tore schließen.

Beide Varianten sind derzeit in der Europäischen Union zu beobachten. Das Beispiel der Automobilindustrie zeigt das deutlich: Der rumänische Hersteller Dacia hat nicht zuletzt durch einen äußerst günstigen Preis seiner Autos Marktanteile gewonnen und Arbeitsplätze aufgebaut. In Spanien hingegen bauen Hersteller und Zulieferer massiv Arbeitsplätze ab: Die Lohndifferenz zwischen Spanien auf der einen und Ländern wie Deutschland oder Schweden auf der anderen Seite ist weit stärker geschrumpft als die Produktivitätsdifferenz, spanische Standorte haben dadurch an Wettbewerbsfähigkeit eingebüßt.

Auch in der gesamten spanischen Volkswirtschaft ist in jüngster Zeit die Arbeitslosigkeit stark gestiegen. Es gebe ein einfaches Mittel dagegen, empfahl im Frühjahr 2009 der Ökonomie-Nobelpreisträger Paul Krugman dem spanischen Ministerpräsidenten Rodriguez Zapatero: Die Löhne der Spanier müssten einfach nur um 15 bis 20 Prozent sinken. Zapatero beschloss daraufhin, sich nach anderen Wirtschaftsberatern umzusehen.

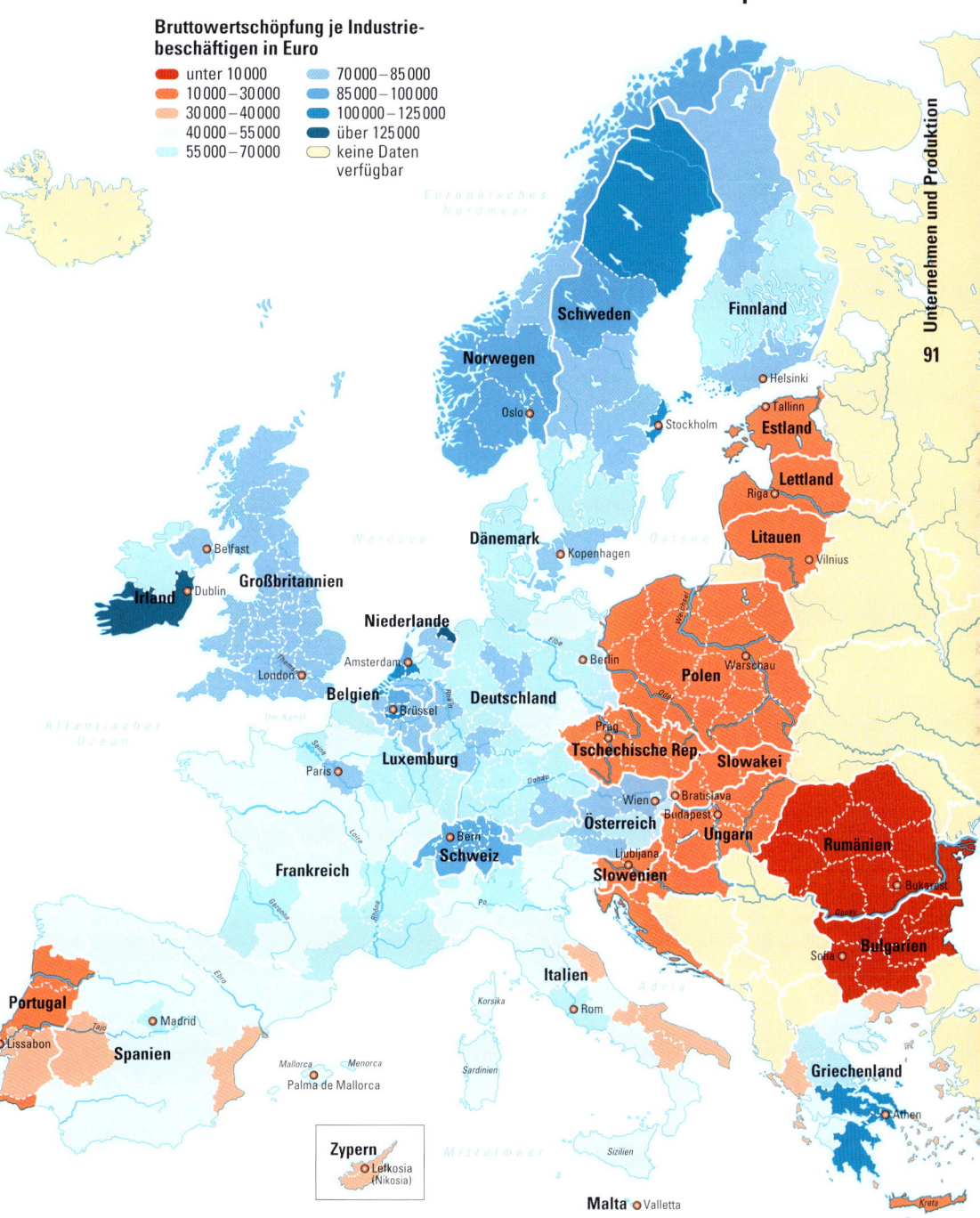

Absturz ins Börsenlose

An der Börse wird Zukunft gehandelt, heißt ein alter Leitsatz der Börsianer – nichts ist dort so langweilig wie der Gewinn von gestern, entscheidend ist, welche Aussichten ein Unternehmen in den kommenden Jahren hat. Das börsenübliche Spiel von (billig) Kaufen und (teuer) Verkaufen funktioniert nämlich umso besser, je rosiger diese Aussichten sind. Eine rosige Zukunft bedeutet, dass man einen hohen Preis bezahlen muss, um sich dort einzukaufen, die entsprechende Aktie also hoch im Kurs steht.

Ganz besonders gilt der Spruch von der gehandelten Zukunft immer dann, wenn ein Unternehmen neu an die Börse kommen soll. Denn dann müssen viele Investoren davon überzeugt werden, ihr Geld diesem einen Unternehmen anzuvertrauen. Und das geht nur, wenn die Vorstände des Börsenkandidaten überzeugend darlegen können, was sie mit dem Geld der Anleger machen wollen; und vor allem: wie sie mehr daraus machen wollen. Da geht es dann um komplexe Kennzahlen wie Kurs-Gewinn-Verhältnis, Eigenkapitalrendite oder den mit der Discounted-Cash-Flow-Analyse ermittelten fairen Wert – nur um am Ende alles, was das Unternehmen konnte, kann und können wird, in einer einzigen Zahl zusammenzufassen, dem Ausgabepreis der neuen Aktien.

Totaler Einbruch des Börsenganggeschäfts

So gesehen zeigt der Blick auf die Karte, dass zuletzt in Europa die Zukunft mangels Masse ausfallen musste. Sowohl die Zahl der neu an Europas Börsen aufgenommenen Unternehmen als auch das von diesen eingesammelte Geld sind in den vergangenen Jahren jäh zurückgegangen. Selbst am mit Abstand aktivsten Finanzplatz Europas, der Londoner Börse, schafften im ersten Halbjahr 2009 ganze sechs Unternehmen den Sprung aufs Parkett – auf dem Höhepunkt des vergangenen Booms, im Jahr 2006, waren es mehr als 400.

Der Einbruch des Börsenganggeschäfts vollzog sich an allen Finanzplätzen Europa in ähnlichem Ausmaß. Die Zahl der neu an die Börse gebrachten Unternehmen lag im 1. Halbjahr 2009 gerade mal bei fünf Prozent des Wertes der Jahre 2006 oder 2007. Sogar noch stärker zurückgegangen ist das Volumen der hierbei geflossenen Investorengelder: 465 Millionen Euro wurden in den ersten sechs Monaten des Jahres 2009 bei Börsengängen eingeworben, das war gerade einmal ein halbes Prozent jener mehr als 80 Milliarden, die in den Jahren 2006 sowie 2007 jeweils den Besitzer wechselten.

Natürlich hat dieser dramatische Einbruch mit der Wirtschaftskrise zu tun, die seit Herbst 2008 nicht nur Europa, sondern die ganze Welt erschütterte. Wenn ganze Branchen, sogar Volkswirtschaften um fünfzehn Prozent schrumpfen, gelingt es nur wenigen Unternehmen, jene zukunftsfrohen Wachstumsgeschichten zu erzählen, die Aktienanleger so gerne hören.

Kaufen, wenn die Kanonen donnern?

Obwohl: Lautet nicht ein anderer Börsianerleitsatz «Kaufen, wenn die Kanonen donnern»? In vielen Zyklen von Boom und Krise hat sich immer wieder herausgestellt, dass man die besten Geschäfte nicht dann macht, wenn alle anderen auch kaufen wollen – also auf dem Höhepunkt von Boomphasen –, sondern ganz im Gegenteil dann, wenn alle anderen verkaufen wollen. Wenn es gerade so aussieht, als würde die gesamte Welt in Scherben fallen, ist aller Wahrscheinlichkeit nach die beste Gelegenheit, um Aktien zu kaufen.

Solche Überlegungen müssten doch eigentlich zumindest einen Teil der Investoren dazu geführt haben, gerade in der tiefsten Rezessionsphase Anfang 2009 nach Schnäppchen Ausschau zu halten. Aber trotz dieser latenten Bereitschaft, die Aktien neuer Unternehmen ins Depot zu nehmen, lag das Emissionsgeschäft praktisch völlig danieder. Warum das? Weil die Eigentümer von potenziellen Börsenkandidaten kein Interesse daran hatten, just dann zu verkaufen, wenn die Kanonen donnern. Denn die Schnäppchenjäger von Anfang 2009 hätten weit niedrigere Preise für einen Unternehmensanteil gezahlt, als noch zwei Jahre vorher erzielbar gewesen wären.

In einer solchen Situation verkauft nur, wer unbedingt muss. Oder wer davon überzeugt ist, dass die Lage noch viel schlechter wird – dass also der heute erzielbare Preis zwar niedrig sein mag, aber immer noch höher als der, der in zwei Jahren gezahlt werden wird. Das scheint aber Anfang 2009 kaum jemand geglaubt zu haben. Insofern war der totale Einbruch des Börsenganggeschäfts in jener Zeit geradezu eine gute Nachricht: Die Börse handelte Zukunft – und hütete sich deshalb in der Gegenwart davor, neue Aktien aufs Parkett zu bringen.

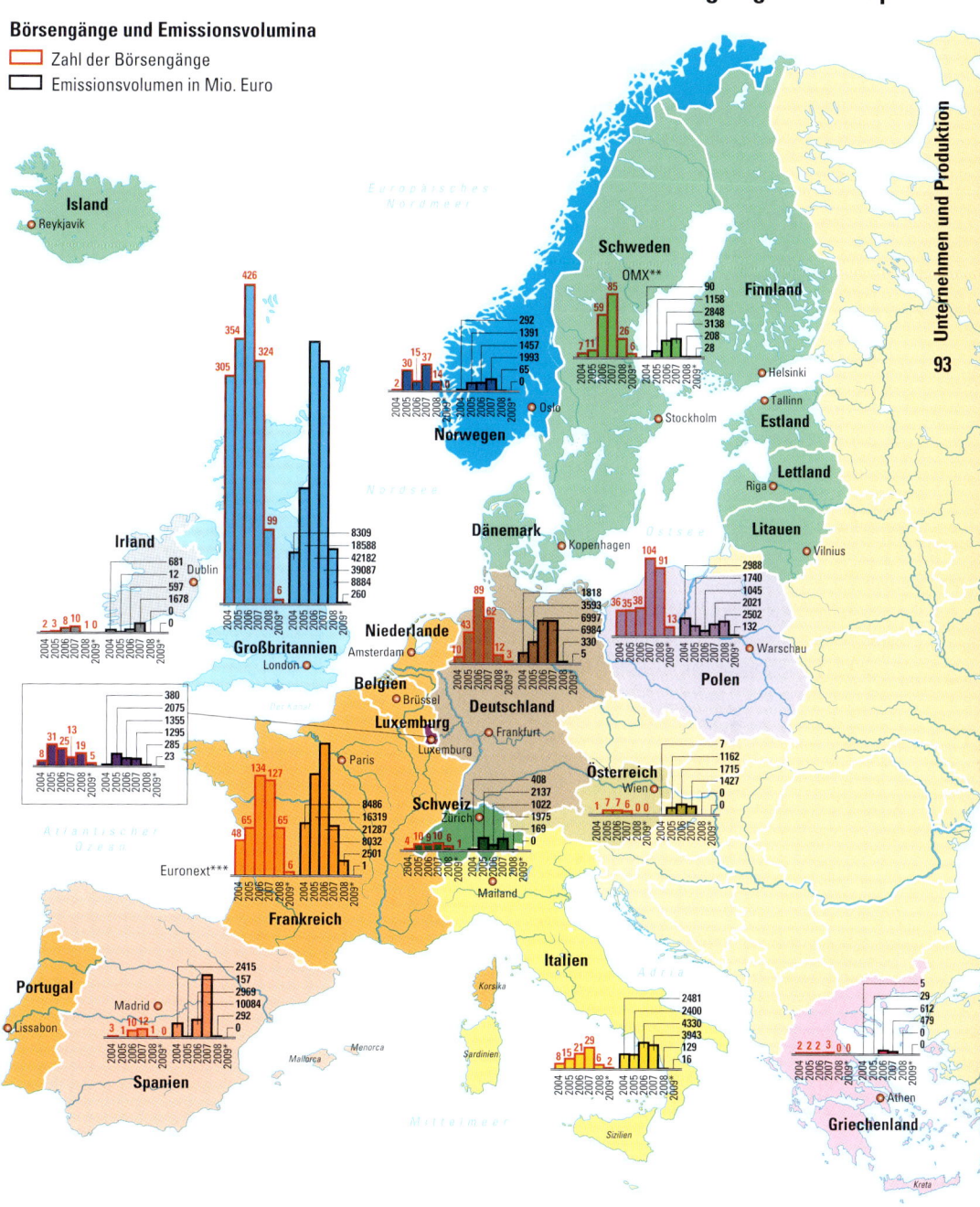

Schmieren und schmieren lassen

Na, da können wir Industriestaaten uns doch auf die Schulter klopfen: Wenn es um die Korruption im eigenen Land geht, sind nirgends die Farben so grün, die Westen so weiß wie in den OECD-Staaten Westeuropas (außer Italien natürlich) und Nordamerikas sowie in Japan, Australien und Neuseeland. Die Anti-Korruptions-Organisation Transparency International mit Sitz in Berlin ermittelt jährlich den Grad der Korruptionswahrnehmung. Dazu wertet sie zwölf Untersuchungen von neun unabhängigen Institutionen aus, die für ihre Studien Geschäftsleute und Länderanalysten befragen. Das Ergebnis ist der Korruptions-Index – und da liegen ganz vorne die Skandinavier sowie Singapur, Neuseeland und die Schweiz.

Deutschland rangiert mit einem Wert von 7,9 auf Platz 14. Am schlechtesten unter allen Erdteilen steht Afrika da. Gerade mal drei Staaten – Botswana, Mauritius und die Kapverdischen Inseln – liegen über dem kritischen Wert von 5. Schlusslicht ist Somalia mit 1,0.

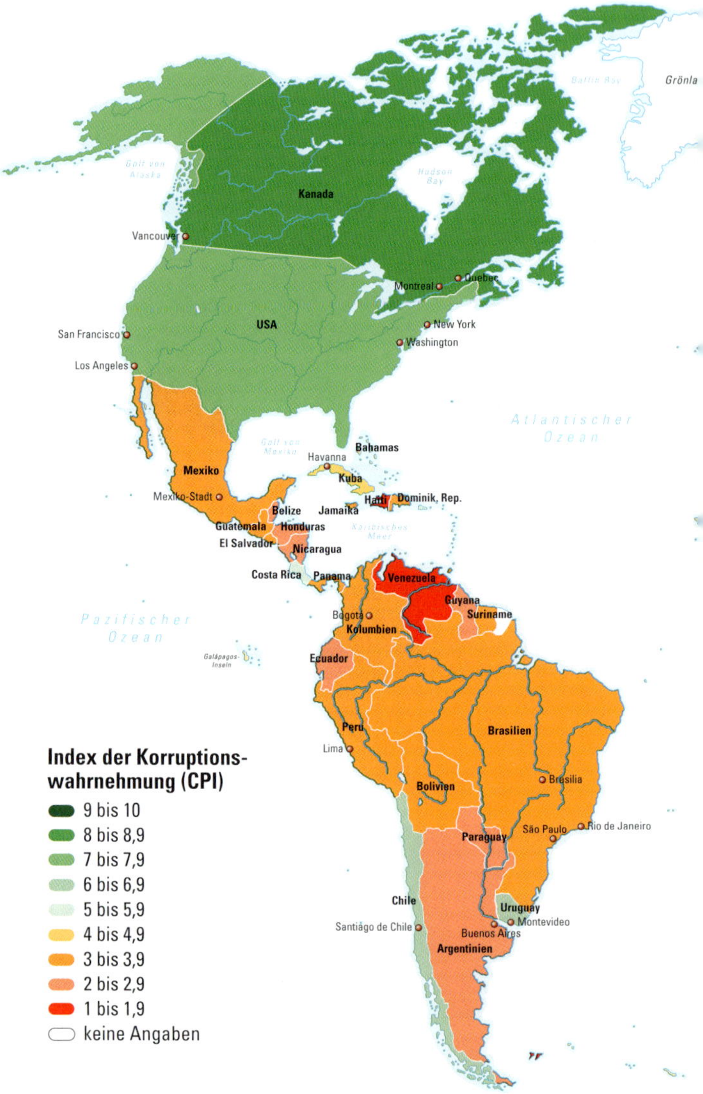

Zur Korruption gehören zwei

Doch ganz so sauber ist unsere Weste denn doch nicht. Schließlich gehören zur Korruption immer zwei: einer der sich bestechen lässt, und einer, der besticht.

Deshalb erhebt Transparency International auch den Bestecher-Index: Wie wahrscheinlich ist es, dass ein Unternehmen aus dem jeweiligen Land Schmiergeld zahlt, um an einen Auftrag zu kommen? Weltweit liegt Deutschland zwar

Index der Korruptionswahrnehmung (CPI)
- 9 bis 10
- 8 bis 8,9
- 7 bis 7,9
- 6 bis 6,9
- 5 bis 5,9
- 4 bis 4,9
- 3 bis 3,9
- 2 bis 2,9
- 1 bis 1,9
- keine Angaben

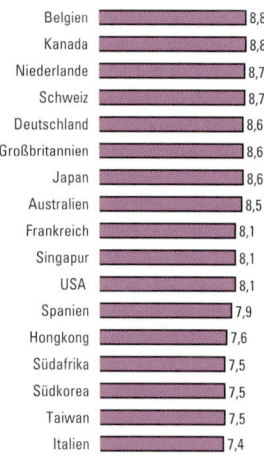

Bestecher-Index

Je höher der Index, desto geringer die Wahrscheinlichkeit, dass ein Unternehmen aus diesem Land im Ausland Bestechungsgelder zahlt, um Aufträge zu bekommen.

Belgien	8,8
Kanada	8,8
Niederlande	8,7
Schweiz	8,7
Deutschland	8,6
Großbritannien	8,6
Japan	8,6
Australien	8,5
Frankreich	8,1
Singapur	8,1
USA	8,1
Spanien	7,9
Hongkong	7,6
Südafrika	7,5
Südkorea	7,5
Taiwan	7,5
Italien	7,4

Korruption

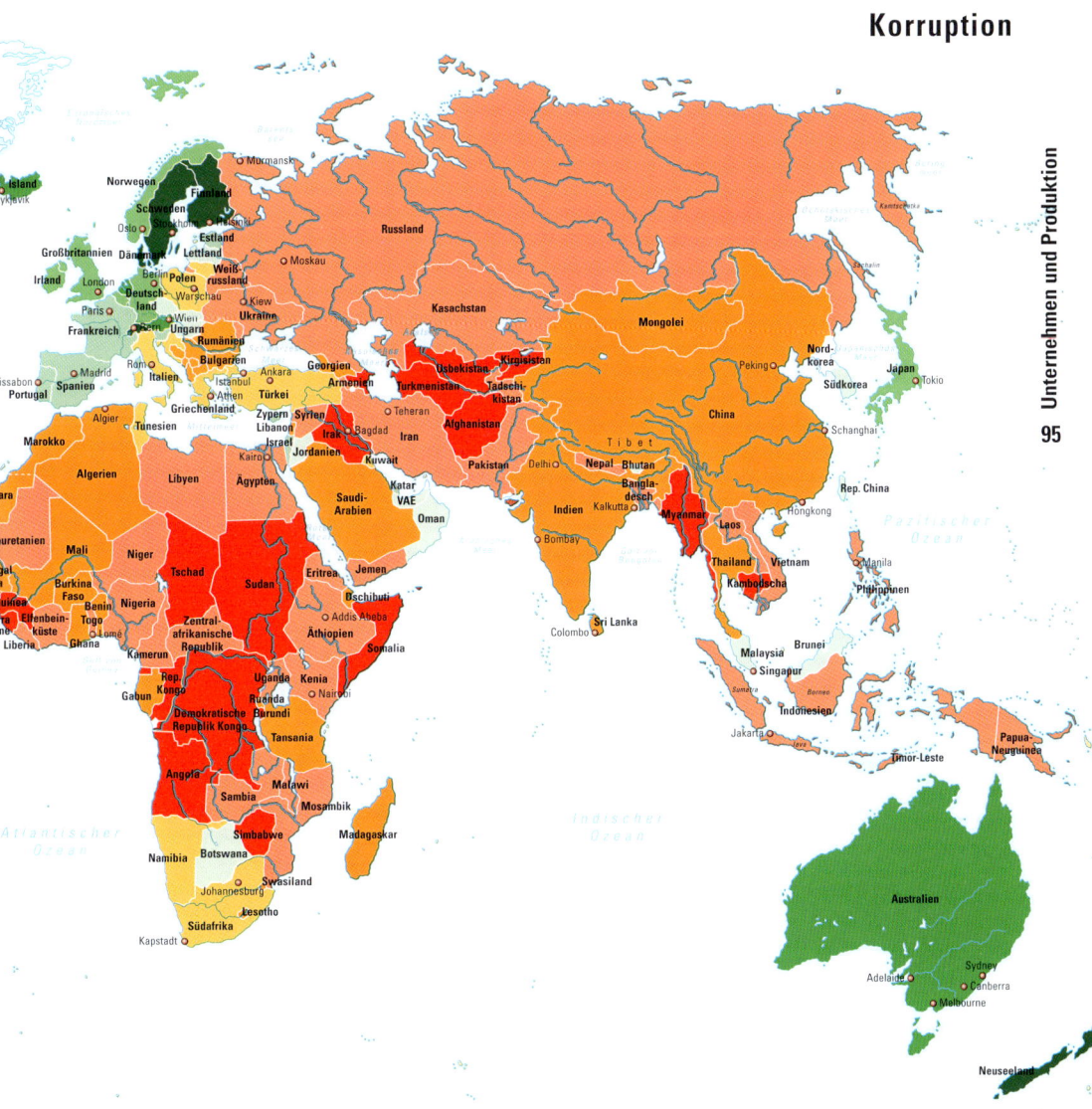

auf einem guten Platz fünf, aber insbesondere in Schwellenländern nehmen es auch deutsche Unternehmen oft nicht so genau.

Was die Praktiken in China, Russland, Indien, Indonesien, Brasilien oder Mexiko angeht, attestierte ihnen das Beratungsunternehmen Pricewaterhouse Coopers jüngst eine erstaunliche Sorglosigkeit.

Manchmal allerdings ist Sorglosigkeit wohl nicht der richtige Ausdruck. Der Korruptionsskandal beispielsweise, in den der Siemens-Konzern im Jahr 2008 verstrickt war, hatte so große Ausmaße, dass dort Bestechung fast als Regel erschien. Der Vorstandsvorsitzende und der Aufsichtsratschef mussten gehen, das neue Management zahlte Strafe und gelobte Besserung.

Schärfere Kontrollen und Gesetze können zwar bei der Korruptionsbekämpfung durchaus helfen, aber allein reichen sie nicht aus. Wenn dem so wäre, stände nicht Dänemark, sondern China an oberster Stelle der Sauberkeitsrangliste: Korruption wird dort nämlich häufig mit dem Tod bestraft.

Quelle: Transparency International, Daten für 2008

5. Teil
Arbeit und Soziales

Keine Wirtschaftsnachricht ist in Deutschland so wichtig wie die monatliche Meldung über die aktuelle Arbeitslosenquote, und kein Thema hat häufiger Wahlen entschieden als die Arbeitsmarktpolitik. Helmut Kohl versprach die Halbierung der Erwerbslosenzahl, verfehlte das Ziel deutlich – und wurde abgewählt. Auch seinen Nachfolger Gerhard Schröder verjagte 2005 die Jobkrise aus dem Kanzleramt, und dass Angela Merkel 2009 dort bleiben konnte, verdankt sie nicht zuletzt den millionenfach neu geschaffenen Arbeitsplätzen in ihrer ersten Amtszeit. Die Pleite- und Kündigungswellen, unter denen viele Staaten in der Wirtschaftskrise litten, schwappten an Deutschland zunächst vorbei.

Inwieweit für das jüngste deutsche Jobwunder die tief greifenden Arbeitsmarkt- und Sozialreformen verantwortlich sind, an denen das Etikett «Hartz IV» klebt, ist bei Politikern und Ökonomen umstritten. In jedem Fall hat dieses Gesetzespaket den unteren Teil der Gesellschaft auf einen Begriff gebracht – erstmals in unserer Geschichte.

Die nächste Umwälzung auf dem deutschen Arbeitsmarkt ist bereits in vollem Gange. Diesmal betrifft sie die Frauen. Der Rechtsanspruch auf einen Kindergartenplatz sowie der flächendeckende Ausbau der Hortbetreuung sollen Mutterschaft und Erwerbsarbeit besser als bisher vereinbar machen – in den alten Bundesländern. In Ostdeutschland sind solche Betreuungsmöglichkeiten ausreichend vorhanden; dort fehlen allerdings die Arbeitsplätze.

Der Osten holt auf, der Süden zieht davon

Es ist noch gar nicht lange her, da spielten Ost und West in völlig unterschiedlichen Ligen. So drastisch war der Zusammenbruch der ostdeutschen Wirtschaft nach der Währungsunion vom 1. Juli 1990, so quälend langsam die wirtschaftliche Erholung danach, dass die ostdeutschen Kreise mit den niedrigsten Arbeitslosenquoten kaum besser dastanden als die westdeutschen Kreise mit der höchsten Arbeitslosigkeit. Der Zustand fünf Jahre vor dieser Karte, im Juli 2004: Nur acht von 113 Kreisen in den neuen Bundesländern konnten eine Arbeitslosenquote von weniger als 15 Prozent vermelden – und nur 13 von 325 Kreisen in den alten Bundesländern lagen über 15 Prozent.

Diese Schere ist deutlich kleiner geworden. Zu den Krisengebieten mit einer Arbeitslosenquote von mehr als 15 Prozent zählten im Juli 2009 lediglich 13 der jetzt nur noch 87 ostdeutschen Kreise, in 15 Kreisen lag die Quote sogar unter 10 Prozent. Insbesondere in Südthüringen und in den Regionen südlich von Berlin ist die Arbeitslosigkeit inzwischen im gesamtdeutschen Mittelfeld angekommen: Der beste ostdeutsche Kreis, Potsdam-Mittelmark, liegt mit einer Arbeitslosenquote von 8,1 Prozent auf Platz 238 unter 413 deutschen Kreisen – im Juli 2004 lag der Ost-Spitzenreiter Sonneberg mit 12,8 Prozent noch auf Platz 286 (von damals 439).

Krisengebiete am uralten Handelsweg

Die Kehrseite dieser Entwicklung: Die Zahl der Krisengebiete in den alten Bundesländern nimmt zu. Auffällig sind dabei insbesondere zwei Regionen: die an die neuen Länder angrenzenden Gebiete im Osten Hessens und Niedersachsens, sowie ein rotes Band, das über Paderborn und das Ruhrgebiet bis nach Aachen führt. Der Verlauf dieses Bandes entspricht dabei in verblüffender Weise dem Verlauf einer der seit Jahrtausenden wichtigsten Handelsstraßen in Europa. Die Strecke vom Nordseehafen Brügge zu den deutschen Salzstädten und weiter nach Russland und ins Baltikum wurde schon vor mehr als 1800 Jahren in der «Erdbeschreibung» des griechischen Geografen Ptolemäus erwähnt. Der deutsche Abschnitt entspricht weitgehend dem Verlauf der B 1 von Aachen über Dortmund, Braunschweig, Magdeburg und Berlin bis zur polnischen Grenze bei Küstrin – und der westdeutsche Teil führt fast ausschließlich durch Gebiete mit überdurchschnittlich hoher Arbeitslosigkeit.

Der Grund für diese Übereinstimmung: Die alte Handelsstraße war eine der ersten Entwicklungsachsen der deutschen Industrie. Hier gab es Rohstoffe – Kohle und Eisen im Ruhrgebiet, Salz im Süden des heutigen Niedersachsens –, und hier gab es Absatzmärkte auch über die Anwohner der Region hinaus: Der Name «Hellweg» für den Abschnitt zwischen Duisburg und Paderborn verweist noch auf die uralte Bedeutung des Salzhandels. Und die Regionen mit den ältesten Industrieansiedlungen sind eben besonders stark vom Strukturwandel zur Wissens- und Dienstleistungsgesellschaft betroffen.

Bayern konkurrenzlos

Die Paraderegionen des deutschen Arbeitsmarkts hingegen haben ebenfalls etwas gemeinsam: das Bundesland. Die 25 Kreise mit den niedrigsten Arbeitslosenquoten, zwischen 2,1 und 3,5 Prozent, liegen sämtlich in Bayern. Erst danach tauchen die ersten beiden Kreise aus einem anderen Bundesland auf: der Eifelkreis Bitburg-Prüm und der Kreis Trier-Saarburg, die beide von der Nähe zum boomenden Kleinstaat Luxemburg profitieren. Fünf Jahre zuvor waren unter den 25 besten Kreisen noch drei aus Baden-Württemberg zu finden, jetzt liegt der beste Kreis dieses Landes auf dem gesamtdeutschen Platz 36: Biberach – direkt an der Grenze zu Bayern.

So wie das Ruhrgebiet heute unter seiner früheren Stärke leidet, profitieren die Bayern jetzt von ihrer früheren Strukturschwäche. Ohne traditionelle Industrien konzentrierten sie sich nach dem Zweiten Weltkrieg auf den Aufbau neuer Branchen wie Raumfahrt, Biotechnologie, Medien und Elektronik und können jetzt die Früchte dieser Aufbauarbeit ernten. Gerade bei der Elektroindustrie leistete übrigens auch die deutsche Teilung Starthilfe – ohne sie wäre der Standort von Bayerns wichtigstem Unternehmen, nämlich Siemens, wohl noch immer in Berlin und nicht in München.

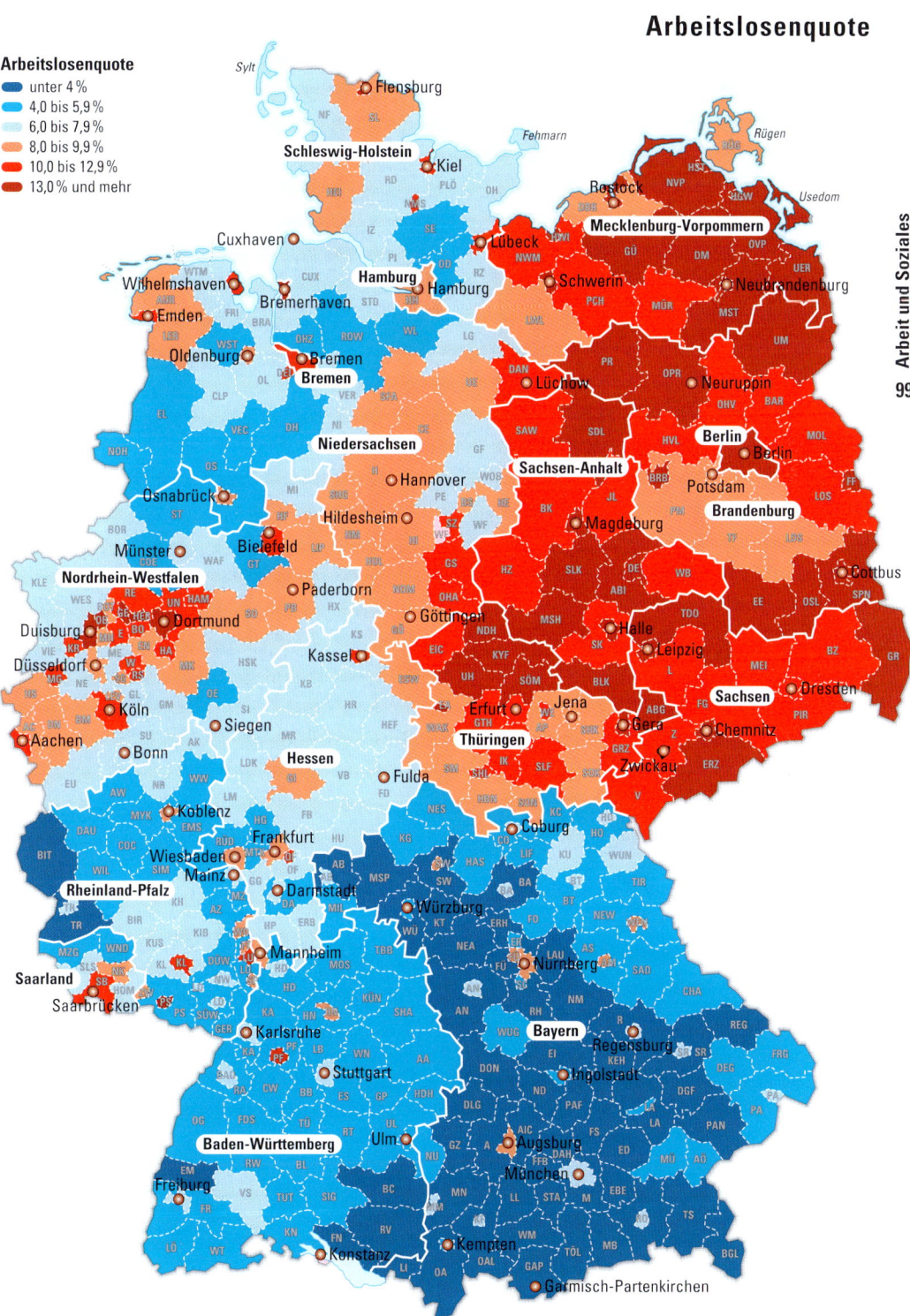

Junges Unglück

Worin ähneln sich der Landkreis Demmin in Mecklenburg-Vorpommern und die baden-württembergischen Städte Freiburg und Mannheim? In der relativ geringen Jugendarbeitslosigkeit. Denn hier liegen Freiburg und Mannheim auf Platz zwei und drei unter allen deutschen Kreisen: Die Arbeitslosenquote der jugendlichen Erwerbsfähigen zwischen fünfzehn und vierundzwanzig Jahren liegt um 3,6 beziehungsweise 3,8 Prozentpunkte unter der allgemeinen Arbeitslosenquote in diesen Städten. Doch der extrem strukturschwache Kreis Demmin ganz im Nordosten, kurz vor der polnischen Grenze, schneidet in diesem Punkt noch besser ab: Gleich um 4,2 Prozentpunkte niedriger ist die Arbeitslosenquote der Jugendlichen.

Auch auf den anderen vorderen Plätzen der Rangliste setzt sich dieses Wechselspiel fort. Beschauliche Städtchen wie Aachen, Regensburg, Würzburg oder Heidelberg stehen dort Seit an Seit mit Krisengebieten wie Mecklenburg-Strelitz, Uecker-Randow oder dem Landkreis Müritz, allesamt tiefste vorpommersche Provinz – «des Heiligen Römischen Reiches Streusandbüchse» nannte man die Gegend, als dort noch Preußenkönig Friedrich der Große herrschte.

Begünstigte Universitätsstädte

Sollte es dort zufällig besonders engagierte Arbeitsagenturmitarbeiter geben, die die Jugendlichen höchstpersönlich von der Straße holen? Wohl kaum. Viel naheliegender ist die Vermutung, dass viele Jugendliche dort gar nicht erst warten, bis sie auf der Straße stehen – sondern sich schon vorher auf den Weg machen. Die mecklenburgische Seenplatte und die Uckermark waren schon zu Kaisers Zeiten ein Abwanderungsgebiet par excellence: Wer dort aufwächst, weiß, dass er von dort weg muss, wenn er etwas erreichen will. Dadurch reduziert sich nicht nur die Zahl der Jugendlichen am Ort, sondern auch deren Arbeitslosenquote.

Manche dieser Abwanderer landen sicherlich in den oben genannten lauschigen Städtchen. In ihnen ist die Jugendarbeitslosigkeit nicht deshalb so niedrig, weil so viele Jugendliche abwandern, sondern ganz im Gegenteil, weil so viele Jugendliche dorthin zuwandern: Es handelt sich nämlich durchweg um Universitätsstädte. Viele Studenten bedeutet: viele Erwerbsfähige unter fünfundzwanzig Jahren – aber unter diesen eben nur wenige Arbeitslose.

Doch schöne Städte finden sich auch am anderen Ende der Rangliste. In Dresden, Eisenach, Koblenz und Worms liegt die Arbeitslosenquote der Jugendlichen jeweils mehr als drei Prozentpunkte über der für alle Erwerbsfähigen. Universitäten, sofern überhaupt vorhanden, spielen dort eine wesentlich geringere Rolle als etwa in Freiburg oder Heidelberg – und die ökonomische Situation ist auch bei weitem nicht so aussichtslos wie im Mecklenburgischen: Wer in Dresden oder Koblenz keinen Arbeitsplatz findet, kann berechtigterweise darauf hoffen, bei weiterer Suche erfolgreich zu sein. Dementsprechend geringer ist die Abwanderung von Jugendlichen, was zu relativ höheren Arbeitslosenquoten führt.

Niedrige Quote im internationalen Vergleich

Deutschlandweit gesehen liegt jedoch die Arbeitslosigkeit unter Jugendlichen fast gleichauf mit der Arbeitslosenquote in der Gesamtbevölkerung. Das ist im internationalen Vergleich ein sensationell guter Wert: In der Europäischen Union insgesamt ist die Arbeitslosenquote der Jugendlichen mehr als doppelt so hoch wie die der Erwachsenen. Viele dieser Jugendlichen haben noch nie einen Arbeitsplatz gehabt und sind von Armut und sozialem Abstieg bedroht.

Dass Deutschland hier traditionell besser abschneidet, liegt zum einen an unserem System der dualen Ausbildung – also der Koppelung von betrieblicher Lehrstelle und staatlicher Berufsschule. Die meisten anderen Staaten verfügen über keine auch nur annähernd vergleichbare Vielfalt von Lehrberufen und Lehrstellen, wodurch den Jugendlichen dort der Start ins Berufsleben wesentlich schwerer fällt.

Ein zweiter Grund ist die vergleichsweise jugendfreundliche Haltung der deutschen Gewerkschaften: In den meisten anderen Staaten agieren die Arbeitervertreter in erster Linie im Interesse der jeweiligen Arbeitsplatzbesitzer, beschützen also die derzeit Beschäftigten davor, von jüngeren Arbeitnehmern abgelöst zu werden; entsprechend hoch ist die Arbeitslosigkeit unter den Jugendlichen. In Deutschland hingegen haben die Gewerkschaften regelmäßig dafür votiert, etwa durch Vorruhestandsprogramme Arbeitsplätze für die kommende Generation zu schaffen.

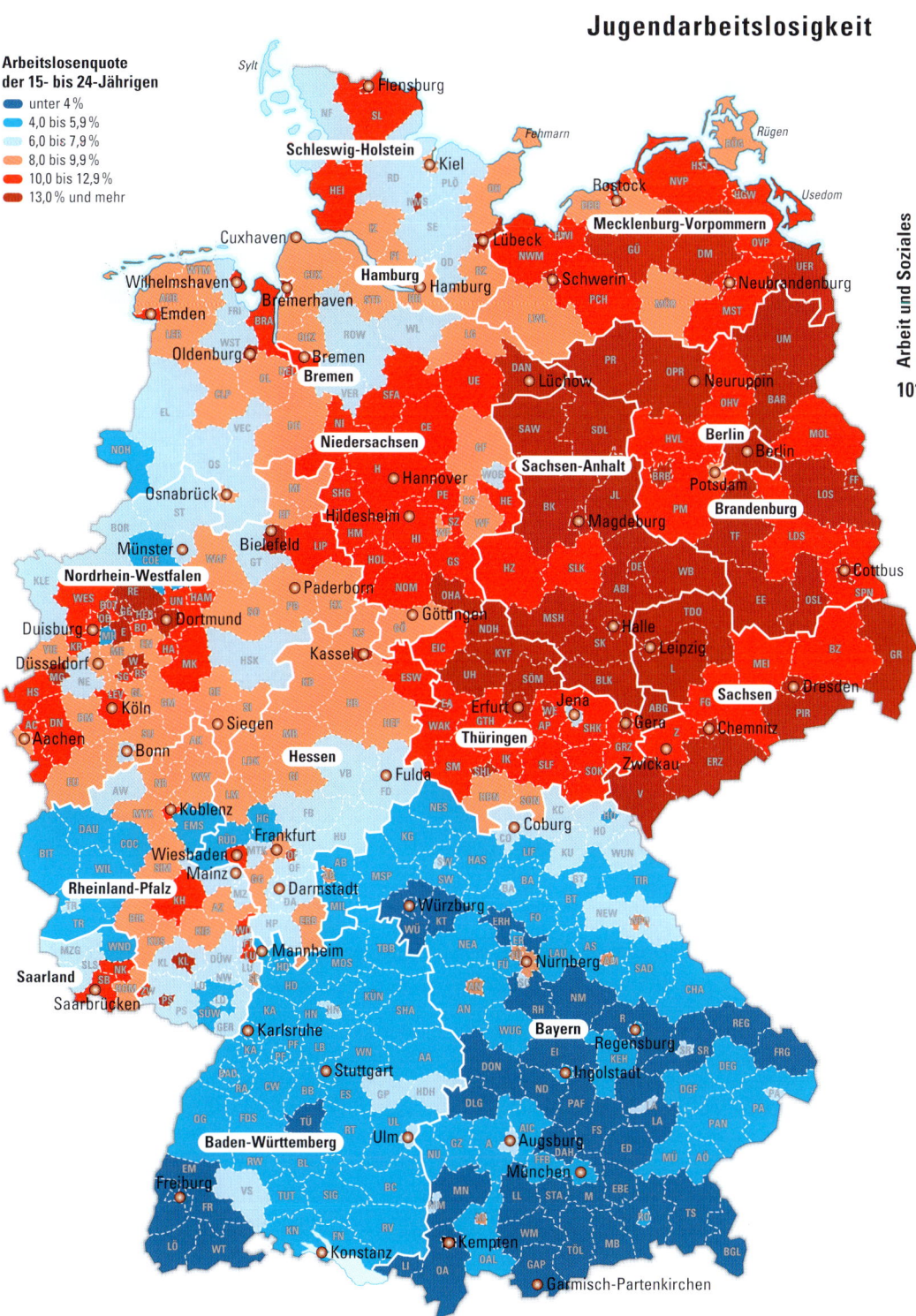

Die Mehrarbeiter

Es wäre eine tückische Rausschmeißerfrage bei «Wer wird Millionär?»: In welchem dieser Bundesländer liegen drei der fünf Landkreise mit der höchsten Beschäftigtenquote?
a) Bayern
b) Thüringen
c) Sachsen-Anhalt
d) Baden-Württemberg

Günther Jauch würde dem Kandidaten noch erklären, dass die Beschäftigtenquote dem Anteil der sozialversicherungspflichtig Beschäftigten an allen 15- bis 64-jährigen Einwohnern des jeweiligen Landkreises entspricht. Und ihn dann fragend anschauen. «Welchen Joker hätten S' denn gern?» Das Publikum weiß so etwas nicht, der Experte am Telefon wohl auch nicht, also 50:50. Und wenn dann nur noch a) und b) übrig bleiben, würde wohl jeder auf a) Bayern tippen – schließlich gibt's da so gut wie keine Arbeitslosen, und in Thüringen jede Menge.

Pech gehabt: Die richtige Antwort lautet nämlich b) Thüringen. Die Landkreise Hildburghausen und Wartburgkreis haben die höchsten Beschäftigtenquoten in ganz Deutschland (mit 56,8 und 56,3 Prozent). Der Landkreis Sonneberg auf Platz fünf rundet die Dominanz Thüringens ab. Die anderen drei zur Auswahl stehenden Bundesländer sind übrigens die einzigen, die ebenfalls noch in den Top Ten der Kreise mit den höchsten Beschäftigtenquoten vertreten sind: Bayern viermal, Baden-Württemberg zweimal und Sachsen-Anhalt einmal.

Gesetzlich verordnete Pflicht zur Arbeit

Dieses Ergebnis widerspricht krass der landläufigen Erwartung. In Ostdeutschland, seit bald zwei Jahrzehnten erst von gewaltigem Arbeitsplatzabbau und dann von entsprechender Arbeitslosigkeit betroffen, soll es Regionen geben, die gemessen an der Zahl der Erwerbstätigen in Relation zu den Erwerbsfähigen an der Spitze in ganz Deutschland liegen? Ja, genau so ist es.

Die wichtigste Ursache dafür liegt in der noch wesentlich höheren Beschäftigtenquote zu DDR-Zeiten. Dort war es nicht nur üblich, sondern sogar festgeschrieben, dass jeder Erwerbsfähige auch tatsächlich arbeitete. «Das Recht auf Arbeit und die Pflicht zur Arbeit bilden eine Einheit», hieß es in der Verfassung der DDR.

Der Unterschied zur BRD bestand dabei vorwiegend in der deutlich höheren Beschäftigtenquote der Frauen. Nur ein kleiner Teil von ihnen verabschiedete sich nach der Wiedervereinigung freudig aus dem Erwerbsleben, um sich endlich ganz der Tätigkeit als Hausfrau und Mutter zu widmen. Die meisten konnten nicht nur arbeiten, sondern wollten es auch. Und wenn sie nicht arbeiten durften, fühlten sie sich logischerweise auch nicht befreit, sondern arbeitslos.

1991 hatte der damalige sächsische Ministerpräsident Kurt Biedenkopf leise gehofft, dass sich mit dem Angleichen der Beschäftigtenquote in den neuen Ländern an die des Westens auch die Arbeitslosenquote angleichen würde. Inzwischen hat sich die Beschäftigtenquote angenähert: Ostdeutsche Kreise sind inzwischen nicht nur mit den höchsten, sondern auch mit den niedrigsten Werten vertreten. Aber die Arbeitslosenquoten liegen immer noch deutlich höher als in den alten Bundesländern.

Pendlereffekt an der Westgrenze

Besonders hoch, so zeigt die Karte, sind in den neuen Ländern die Beschäftigtenquoten entlang der ehemaligen Westgrenze. Hier gibt es jeweils eine große Zahl von Pendlern, nach Hamburg oder Hannover, Wolfsburg oder Göttingen, Kassel, Fulda oder auch Frankfurt. Diese dunkelgrünen Kreise entlang des alten Eisernen Vorhangs lassen vermuten, dass auch heute noch die Erwerbsneigung der Frauen in Ostdeutschland deutlich höher liegt als im Westen – dass es aber vor Ort an den dafür erforderlichen Arbeitsplätzen fehlt.

Die extrem niedrigen Beschäftigtenquoten entlang der Westgrenze der alten Bundesländer haben hingegen nichts mit großer oder geringer Erwerbsneigung der Frauen in Emsland oder Eifel, in Aachen oder Trier zu tun. Dort fallen schlicht die Pendler in die Nachbarstaaten Niederlande, Belgien, Luxemburg oder Frankreich ins Gewicht. Wer in Deutschland wohnt, aber in Holland arbeitet, zählt eben zur erwerbsfähigen Bevölkerung, aber nicht zu den sozialversicherungspflichtig Beschäftigten.

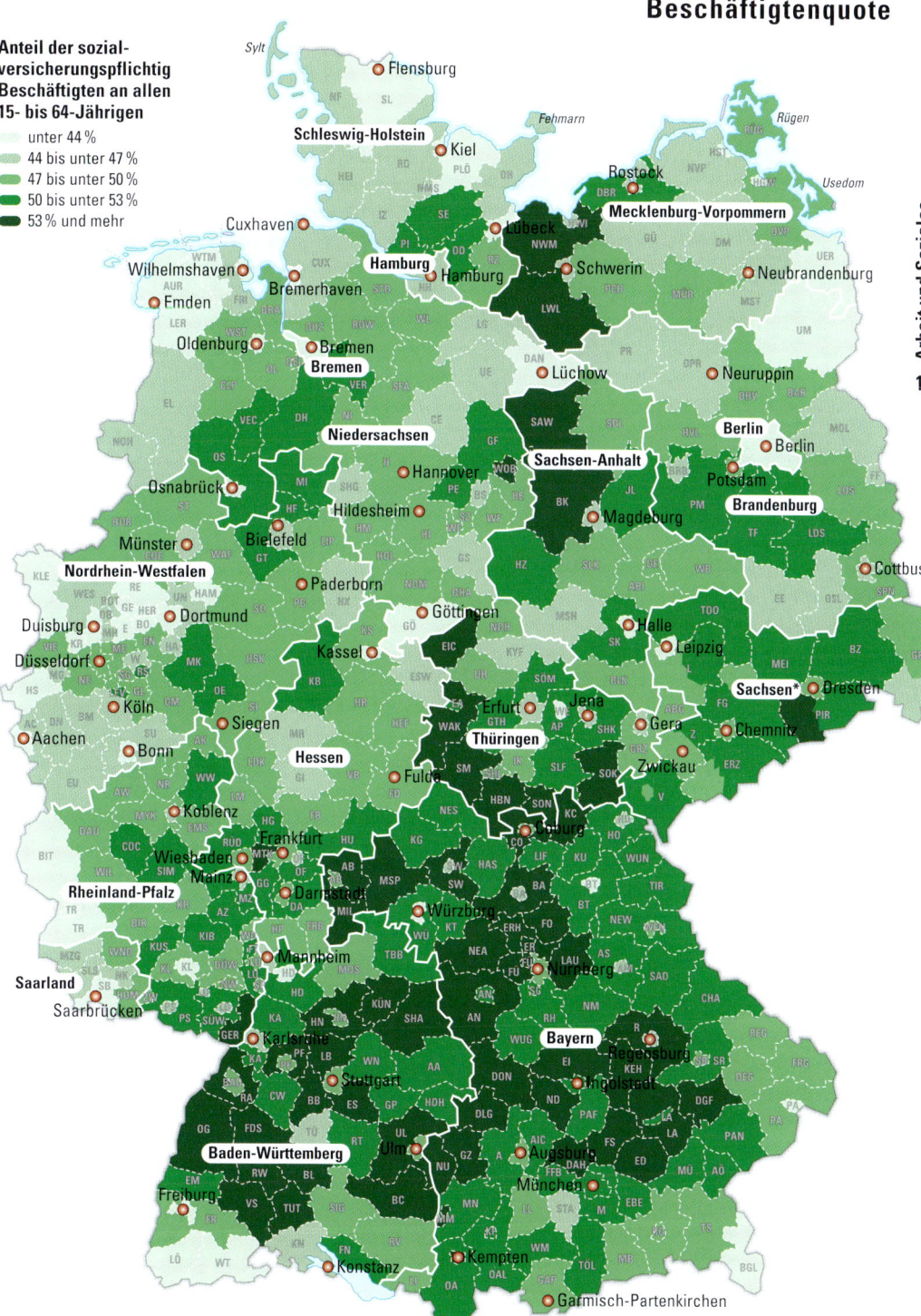

Eine Hartzreise

«Job Revolution» hieß die Vision, mit der 2001 alles begann. Sie stammt von Peter Hartz, zu jener Zeit Personalvorstand bei der Volkswagen AG und kurz darauf Berater von Bundeskanzler Gerhard Schröder. Händeringend suchte der nach einer Lösung für die stetig steigende Arbeitslosigkeit, und da kamen vollmundige Versprechungen gerade recht. Halbieren wollte Hartz die Arbeitslosenzahl innerhalb von einem Jahr mit einer vollgepackten Wundertüte, aus der er nacheinander die Ich-AG, den Job-Floater, die Personalserviceagentur, das Bridgesystem, die Quickvermittlung und eine simple Rechnung zauberte: Wenn sich ein Mensch 40 volle Jahre mit durchschnittlich 1400 Stunden effektiver Jahresarbeitszeit einbringt, so sind das bei einer Lebenserwartung von 80 Jahren mit 8760 Jahresstunden gerade einmal acht Prozent seiner Lebenszeit. Und in diesen acht Prozent, so Hartz, könne ohne Abstriche «gerannt, geackert und auf Biegen und Brechen geleistet werden». Es fielen Begriffe wie Fordern und Fördern – und Zumutbarkeit. Das Feld war bestellt für die größte Sozialreform in der Geschichte der Bundesrepublik, die 2005 in Hartz IV gipfelte, der Zusammenlegung von Arbeitslosenhilfe und Sozialhilfe.

Die Hauptstadt als Hartz-IV-Hochburg

Entgegen der vollmundigen Ankündigung sank die Zahl der Arbeitslosen jedoch keineswegs. Im Gegenteil, sie stieg und durchbrach Anfang 2005 sogar die Fünf-Millionen-Marke. Ein Schock für die Republik, die sich an Weimarer Verhältnisse erinnert fühlte – Hartz IV läutete das Ende der Kanzlerschaft von Gerhard Schröder ein. Viel besser sind die Zahlen bis heute nicht geworden. 4 765 151 Menschen galten im Juli 2009 als «erwerbsfähige Hilfebedürftige» und bezogen deshalb das offiziell niemals Hartz IV genannte «Arbeitslosengeld II». Das bedeutete deutschlandweit im Schnitt 197 Hartz-IV-Empfänger auf 1000 Arbeitsplätze.

Die höchsten Quoten gibt es weiterhin in Ostdeutschland: In den vier nordöstlichen Landkreisen Demmin, Uckermark, Mecklenburg-Strelitz und Uecker-Randow kommen auf jeweils 100 Arbeitsplätze mehr als 50 Hartz-IV-Empfänger! Aber es gibt inzwischen auch einige Regionen in den neuen Ländern, die sich aus dem Hartz-Tal emporgearbeitet haben – insbesondere in Südthüringen und südlich von Berlin. In Potsdam oder Eisenach etwa ist die Hartz-IV-Arbeitsplatz-Relation besser als in Hamburg, Wiesbaden oder Köln. Ganz schlecht sehen hingegen die Zahlen in der Hartz-IV-Hochburg Berlin aus: Auf die Bundeshauptstadt entfallen nur 4,5 Prozent aller deutschen Arbeitsplätze – aber satte 9,0 Prozent aller Bezieher von Arbeitslosengeld II.

Peter Hartz hat es stets abgelehnt, Verantwortung für den Misserfolg seiner Vision zu übernehmen. Sein Konzept sei von Bedenkenträgern verwässert worden. Später kommentierte er Hartz IV abfällig: «Nicht überall, wo Hartz draufsteht, ist auch Hartz drin.»

Steht der Abschied von Hartz IV bevor?

Wie die Menschen mit dem Hartz'schen Leistungspaket klarkommen, hat sich Markus Breitscheidel genauer angesehen. Anderthalb Jahre ist der Wirtschaftswissenschaftler und Journalist in bester Wallraff-Manier in die Haut eines Mannes geschlüpft, der sein Leben als Leiharbeiter, Billiglöhner und Hartz-IV-Empfänger bestreiten muss. In seinem Buch «Arm durch Arbeit» beschreibt Breitscheidel, wie es ist, leere Pfandflaschen aus dem Mülleimer zu kramen oder keine zehn Euro für die Praxisgebühr beim Hausarzt zu haben. Sein Fazit: Mit Hartz IV wiederholt sich Monat für Monat dasselbe Spiel: zu wenig Geld für zu viele Tage.

Ob dies zutrifft – darüber stritten sich auch im Wahljahr 2009 die Geister. Oskar Lafontaines Linkspartei zum Beispiel wollte sich von der Hartz-IV-Logik komplett verabschieden. Aber auch die anderen Parteien zogen mit zahlreichen Änderungsvorschlägen in den Kampf um Wählerstimmen. Die Ideen reichten von einer intensiveren Betreuung der Arbeitslosen bis hin zu deutlich höheren finanziellen Leistungen. Nicht ohne Grund: Mehrere Sozialgerichte machten vor einiger Zeit Druck und forderten die Verfassungsrichter auf zu überprüfen, wie viel ein Mensch in Deutschland mindestens zum Leben braucht. Und was Leben überhaupt bedeutet: Teilhabe an der Gesellschaft oder bloßes Überleben?

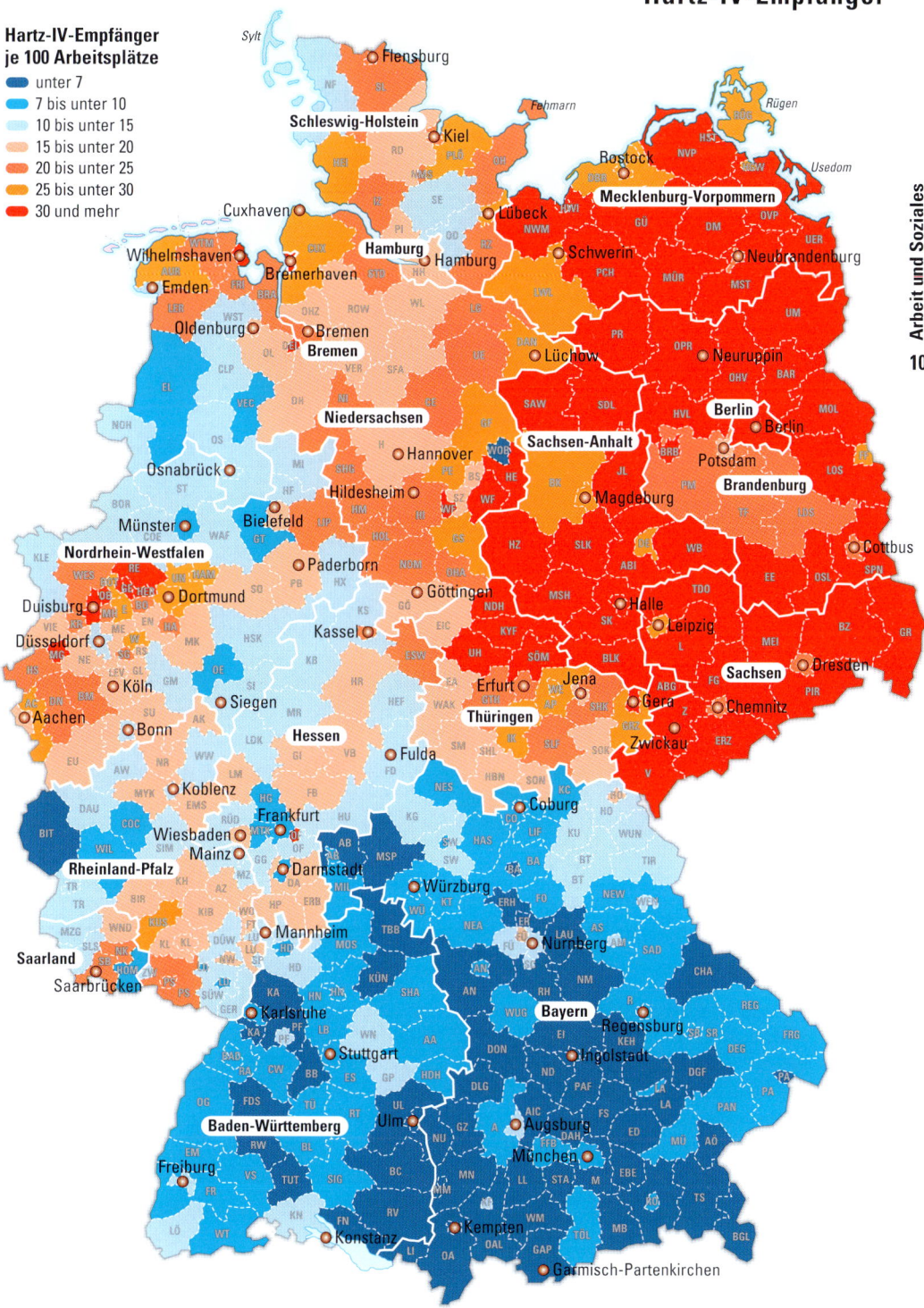

Die Stütze der Gesellschaft

Es gibt manche Karten, in denen die ehemalige Grenze zwischen DDR und BRD entweder nicht mehr oder immer weniger zu sehen ist – diese gehört nicht dazu. Nur eine einzige Karte in diesem Atlas zeigt die Kluft zwischen neuen und alten Bundesländern noch deutlicher – diejenige mit den Betreuungsquoten der Kinder unter drei Jahren.

Ob es um Armut oder Kaufkraft geht, um Arbeitslosigkeit oder um Spitzenverdienste, immer wieder gibt es ein paar ostdeutsche Regionen, die sich vom Rest der ehemaligen DDR positiv abheben, faktisch Westniveau erreichen, und ein paar Regionen in Westdeutschland, die nach unten wegbrechen, sozusagen verosten. Aber hier muss man dieses Verschwimmen der Grenzen mit der Lupe suchen.

Dargestellt ist in dieser Karte die Statistik der Bundesagentur für Arbeit zum prozentualen Anteil der Hilfeempfänger nach SGB II (erwerbsfähig wie nicht erwerbsfähig) an der Gesamtbevölkerung unter 65 Jahre. Eine solche Statistik gab es bis zum Jahr 2004 nicht, weil damals die Bezieher von Arbeitslosenhilfe und Sozialhilfe noch getrennt registriert wurden. Mit dem IV. Gesetz für moderne Dienstleistungen am Arbeitsmarkt wurden diese beiden sozialen Systeme zusammengeführt. Allerdings wird dabei weiterhin unterschieden zwischen erwerbsfähigen Hilfebedürftigen (die Arbeitslosengeld II bzw. Hartz IV beziehen) und nicht Erwerbsfähigen, die Anspruch auf Sozialgeld haben.

Der Osten bleibt rot

In der gesamtdeutschen Champions League, jenen 61 Kreisen mit einer Hilfeempfängerquote von weniger als 4 Prozent, findet sich kein einziger aus Ostdeutschland. Die 40 besten Tabellenplätze werden dabei sämtlich von Kreisen aus Bayern und Baden-Württemberg besetzt. Aber auch in der Liga darunter, den 62 Kreisen mit Quoten zwischen 4,0 und 5,9 Prozent, ist der Osten noch nicht vertreten. Erst in der Dritten Liga, zwischen 6,0 und 7,9 Prozent, spielt unter 62 westdeutschen Kreisen auch ein ostdeutscher mit: Hildburghausen in Südthüringen mit einer Quote von 7,5 Prozent. Fünf weitere Kreise aus den neuen Bundesländern liegen unter 10 Prozent, der Rest des Beitrittsgebiets ist rot.

Fast spiegelbildlich stellt sich die Situation bei den am meisten betroffenen Regionen dar. Unter den 19 Kreisen, in denen mehr als 20 Prozent aller Einwohner als Hilfeempfänger registriert sind, befinden sich nur zwei aus den alten Bundesländern: die Städte Gelsenkirchen und Bremerhaven. Von den insgesamt 61 deutschen Kreisen mit einer Hilfebedürftigenquote von mehr als 16 Prozent liegen lediglich 17 in den alten Bundesländern. Sechs davon gehören zum bevölkerungsreichsten Bundesland Nordrhein-Westfalen, aber gleich danach kommt bereits Schleswig-Holstein mit vier Kreisen – nämlich allen kreisfreien Städten des nördlichsten Bundeslandes.

Schere zwischen Stadt und Land

Denn die Schere tut sich nicht nur zwischen Ost und West auf, sondern auch zwischen Stadt und Land. Die 35 am meisten betroffenen westlichen Kreise sind sämtlich Stadtkreise – erst danach kommt der niedersächsische Kreis Goslar, der mit 13,4 Prozent die höchste Hilfeempfängerquote eines westdeutschen Landkreises aufweist. Umgekehrt sind die 100 Kreise mit den niedrigsten Quoten sämtlich Landkreise, erst dann erscheint mit dem bayerischen Memmingen die erste kreisfreie Stadt.

Die Zusammenlegung von Arbeitslosenhilfe und Sozialhilfe ist die mit Abstand umstrittenste aller noch von Bundeskanzler Gerhard Schröder umgesetzten Sozialreformen. Die massive Ablehnung, insbesondere unter den eigentlich der Sozialdemokratie nahestehenden Bürgern, war der wohl wichtigste Faktor für die beiden Wahlniederlagen der SPD von 2005 und 2009.

Doch hat hier tatsächlich der behauptete massive Sozialabbau stattgefunden? Direkt berechnen lässt sich das kaum: Zu verschieden sind die Systeme, zu unterschiedlich und vielfältig die Töpfe von damals und heute. Einkommenseinbußen mussten vor allem ehemalige Arbeitslosenhilfebezieher hinnehmen, die keine oder weniger Leistungen aus der neuen Grundsicherung erhielten. Profitiert von der Reform haben hingegen Menschen, die im alten System keine Leistungen beantragt haben, obwohl sie darauf einen Anspruch gehabt hätten – die Grundsicherung von heute gilt vielen offenbar als weniger stigmatisierend als die Sozialhilfe von gestern.

Hilfebedürftige

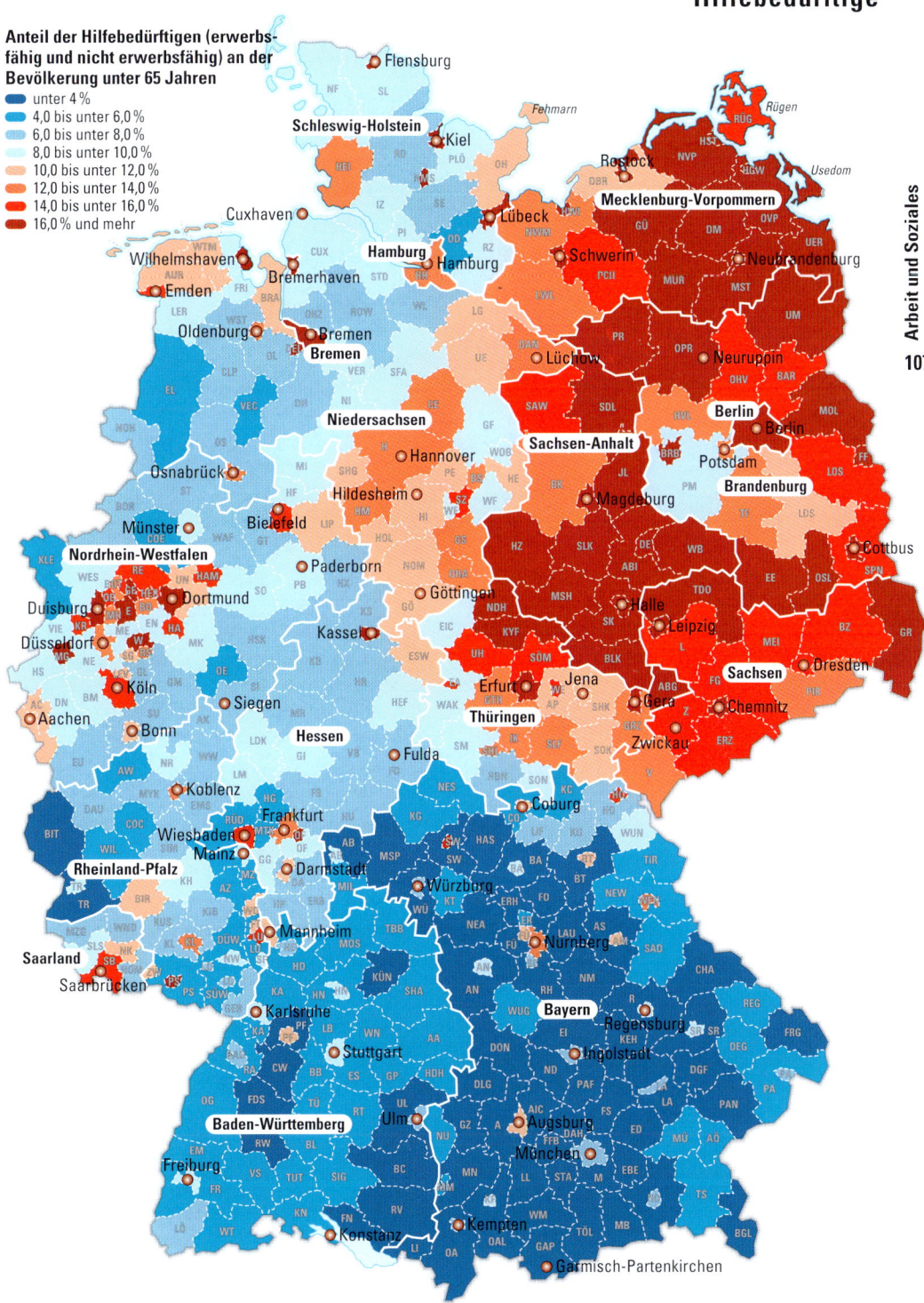

Quelle: Bundesagentur für Arbeit, Daten für April 2009

Millionenfache Geringfügigkeit

Was ist denn hier los? Müssten nicht die östlichen Bundesländer ganz vorne liegen, wenn es um geringfügig entlohnte Beschäftigungen geht, die sogenannten 400-Euro-Jobs? Tun sie aber nicht, ganz im Gegenteil: Die Bundesländer mit dem geringsten Anteil an geringfügig Beschäftigten sind nach Angaben der Bochumer Minijob-Zentrale die fünf neuen Bundesländer sowie Berlin. Bei ihnen gibt es jeweils zwischen 45 und 60 Minijobber je 1000 Einwohner – in den alten Bundesländern liegt dieser Wert zwischen 80 und 100.

Die Daten der Bundesagentur für Arbeit zeigen auf Kreisebene ein etwas nuancierteres Bild. Sie setzen die Zahl der Minijobber nicht in Beziehung zur Zahl der Einwohner, sondern zu derjenigen der vor Ort jeweils vorhandenen Arbeitsplätze. Dann liegen plötzlich einige der reichsten – und arbeitsplatzreichsten – Regionen auf den hintersten Plätzen: Wolfsburg und Frankfurt am Main verfügen über die geringste Minijobber-Dichte in ganz Deutschland, und auch in Städten wie Stuttgart, München und Erlangen gibt es auf jeweils 100 Arbeitsplätze nicht mehr als 11 geringfügig Beschäftigte.

Das entgegengesetzte Extrem zeigt sich in eher abgelegenen Regionen im Westen und Nordwesten Deutschlands. In den Landkreisen Heinsberg, Kusel und Leer, in der Grafschaft Bentheim und in der Stadt Delmenhorst erreicht die Zahl der dort ausschließlich geringfügig entlohnten Beschäftigten mehr als ein Drittel der Gesamtzahl aller Arbeitskräfte.

Unterschiede in der Familienphase

Doch auch in dieser Darstellung bleibt es bei der äußerst geringen Zahl geringfügig entlohnter Beschäftigter in den neuen Bundesländern. Ein einziger Landkreis, Havelland nordwestlich von Berlin, bringt es hier auf eine Minijobber-Quote von mehr als 20 Prozent – genauso wie mehr als die Hälfte aller westdeutschen Kreise. Von den 100 Kreisen mit den geringsten Minijob-Dichten hingegen liegen 77 in Ostdeutschland – von den 100 Kreisen mit den höchsten Minijob-Dichten kein einziger.

Dafür gibt es vor allem einen Grund – der sich hinter zwei anderen Zahlen versteckt. Zum einen sind deutschlandweit etwa zwei Drittel aller geringfügig Beschäftigten Frauen. Und zum anderen geben von diesen etwa die Hälfte an, vor Aufnahme des Minijobs Hausfrau oder in Elternzeit gewesen zu sein. Die typische Minijobberin versucht also, während der «Familienphase» etwas zum Haushaltseinkommen beizutragen und den Kontakt zum Arbeitsmarkt nicht ganz zu verlieren – oder sie versucht wieder einen Einstieg in den Arbeitsmarkt zu finden, wenn die Kinder «aus dem Gröbsten heraus» sind.

Genau dieses Verhalten ist in den neuen Bundesländern geradezu untypisch. Für Frauen war zu DDR-Zeiten auch in der Familienphase eine Vollzeit-Erwerbstätigkeit die Regel, sie wird in Ostdeutschland auch heute noch von wesentlich mehr Frauen angestrebt als in den alten Bundesländern. Zudem sind die Betreuungseinrichtungen für Kinder weit stärker als in Westdeutschland darauf eingerichtet, den Müttern einen Vollzeitjob zu ermöglichen. Nach der Familienphase muss deshalb viel seltener ein Wiedereinstieg in den Arbeitsmarkt versucht werden, weil zuvor meist gar kein Ausstieg passierte.

Aufgebesserte Rente

Dementsprechend unterscheidet sich auch die Altersstruktur der Minijobber in Ost und West deutlich voneinander. In Westdeutschland nutzen die 40- bis 50-Jährigen dieses Segment des Arbeitsmarktes am stärksten: Sie stellen fast 1,5 der insgesamt knapp sechs Millionen geringfügig Beschäftigten in den alten Bundesländern. Bei ihnen ist auch der Frauenanteil mit 73,4 Prozent am höchsten.

In Ostdeutschland ist eine ganz andere Altersklasse am stärksten vertreten: die oberste. 13 Prozent aller ostdeutschen Minijobber sind älter als 64 Jahre, es handelt sich also um Rentner, die ihre Rente aufbessern wollen oder müssen. Allerdings liegt auch in Westdeutschland dieser Anteil bei elf Prozent.

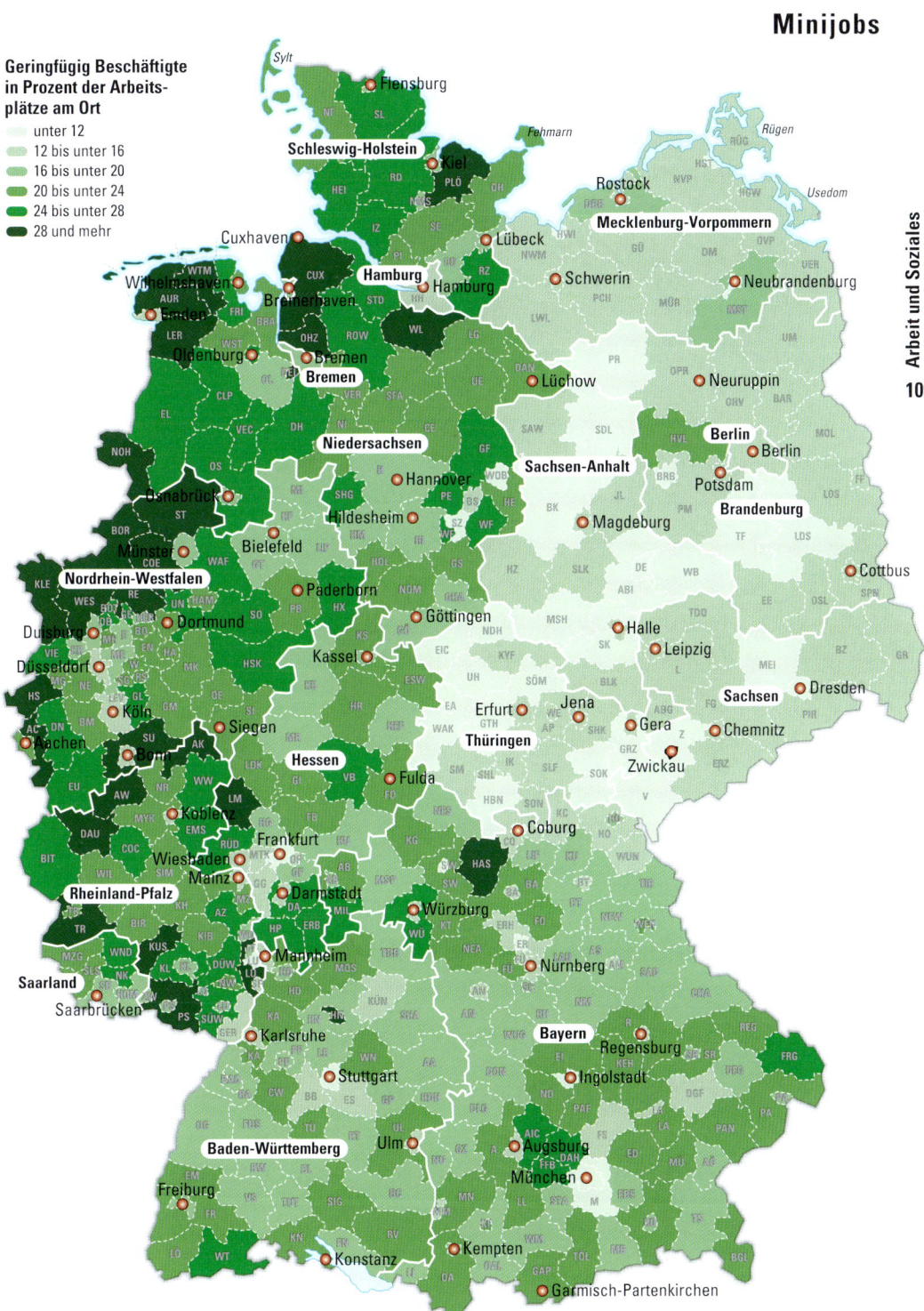

Reformiertes Jobangebot

Es gab eine Zeit, da hatte man den Eindruck, das Arbeitsamt könnte auf die Statistik der offenen Stellen gut verzichten. Das war in der Rezession 2002, nach dem Zusammenbruch des New-Economy-Booms und den Terroranschlägen vom 11. September 2001. Zu groß war die Arbeitslosigkeit, die sogar die Fünf-Millionen-Marke überschritt; und zu gering war die Zahl der bei den Arbeitsagenturen gemeldeten zu besetzenden Arbeitsplätze: in den schlechtesten Monaten nicht mehr als 200 000 für ganz Deutschland – eine einzige offene Stelle auf 25 Arbeitslose.

Allerdings war auch in den düstersten Zeiten jener Rezession das Verhältnis zwischen dem Angebot an Arbeitsplätzen und der Nachfrage längst nicht so schlecht, wie es sich in diesen Zahlen präsentierte. Viele frei werdende Stellen wurden gar nicht erst an die Arbeitsagentur gemeldet. Zum einen, weil die Arbeitgeber auf Empfehlungen aus dem Verwandten- und Bekanntenkreis ihrer Beschäftigten setzen konnten, zum Zweiten, weil eine große Zahl von Arbeitssuchenden sich auch ohne ausgeschriebene Stellen mit Direktbewerbungen an die Personalabteilungen wandten, und zum Dritten, weil viele Arbeitgeber schlechte Erfahrungen mit Bewerbern gemacht hatten, die von den Arbeitsagenturen geschickt worden waren: Oft ging es diesen nicht so sehr darum, einen Job zu bekommen, als vielmehr, dem Amt auf dem Papier nachweisen zu können, dass sie sich um einen Job bemüht hatten. Mit der Absage des Arbeitgebers in der Hand konnten sie dann weiter Arbeitslosengeld beziehen.

Vom Arbeitsamt zur Arbeitsagentur

Doch diese Zeit gehört der Vergangenheit an. Mit einer ganzen Reihe von Reformen der Arbeitsmarktpolitik im Allgemeinen und der Bundesagentur für Arbeit im Besonderen hat sich diese Behörde deutlich von ihrer früheren Tätigkeit der Arbeitslosenverwaltung entfernt und in Richtung eines Arbeitsmarkt-Dienstleisters entwickelt. Die Umwandlung von Arbeitsämtern in Kundenzentren sowie eine weitgehende Dezentralisierung der Kompetenzen in der Mammutbehörde trugen zu einer höheren Service-Orientierung und zu verbesserten Vermittlungsergebnissen bei. Was früher Stellenvermittlung hieß, wird heute Übergangsmanagement genannt. Denn das haben alle «Kunden» der Arbeitsagentur gemeinsam: dass sie sich in einem Übergang befinden – von der Ausbildung in den Beruf, von einem Job zum anderen, vom Erwerbsleben in die Rente oder von Arbeitslosigkeit oder Familienphase zurück in die Arbeitswelt.

Zu den Zielen der Arbeitsamtsreform gehörte es ebenfalls, Arbeitgebern bei der Stellenbesetzung nicht so sehr Probleme zu bereiten als vielmehr Unterstützung zu bieten. In einer Zeit, in der die durchschnittliche Verweildauer in einem Arbeitsverhältnis immer kürzer wird, sollten auch die Arbeitgeber Interesse an Übergangsmanagement haben.

Trendwende im Aufschwung

Der konjunkturelle Aufschwung der Jahre 2006 bis 2008 war natürlich nicht von der Reform der Arbeitsagentur verursacht worden. Aber die Summe aller Arbeitsmarktreformen hat dazu beigetragen, dass ein seit mehr als dreißig Jahren bestehender Trend gebrochen wurde. Seit der ersten Ölkrise von 1972/73 war es in keiner Aufschwungphase mehr gelungen, die Arbeitslosigkeit wieder auf das Niveau vor der jeweiligen Rezession zu senken. Auf schwache Rückgänge der Arbeitslosigkeit in guten Zeiten folgte jeweils ein starker Anstieg in schlechten Jahren. Doch im jüngsten Aufschwung sank die Arbeitslosigkeit deutlich unter die Marke des vorangegangenen – der Sockel der Arbeitslosigkeit schrumpfte.

Und die Statistik der offenen Stellen lohnt auch wieder das Hinschauen. Im Jahr 2008 gab es unter den 176 Arbeitsagenturen in Deutschland immerhin schon wieder 13, in denen auf jeweils 100 Arbeitslose mehr als 25 offene Stellen kamen, in Frankfurt/Main, Rosenheim, Neumünster und Schwäbisch Hall sogar mehr als 30. Und nur noch in zehn Agenturen herrschten Zustände wie in jenen alten Zeiten mit weniger als acht offenen Stellen für jeweils 100 Arbeitslose. Und mehr als 25 Arbeitslose auf eine offene Stelle, das gab es sogar nur noch in einer von 176 Agenturen: in Altenburg/Sachsen.

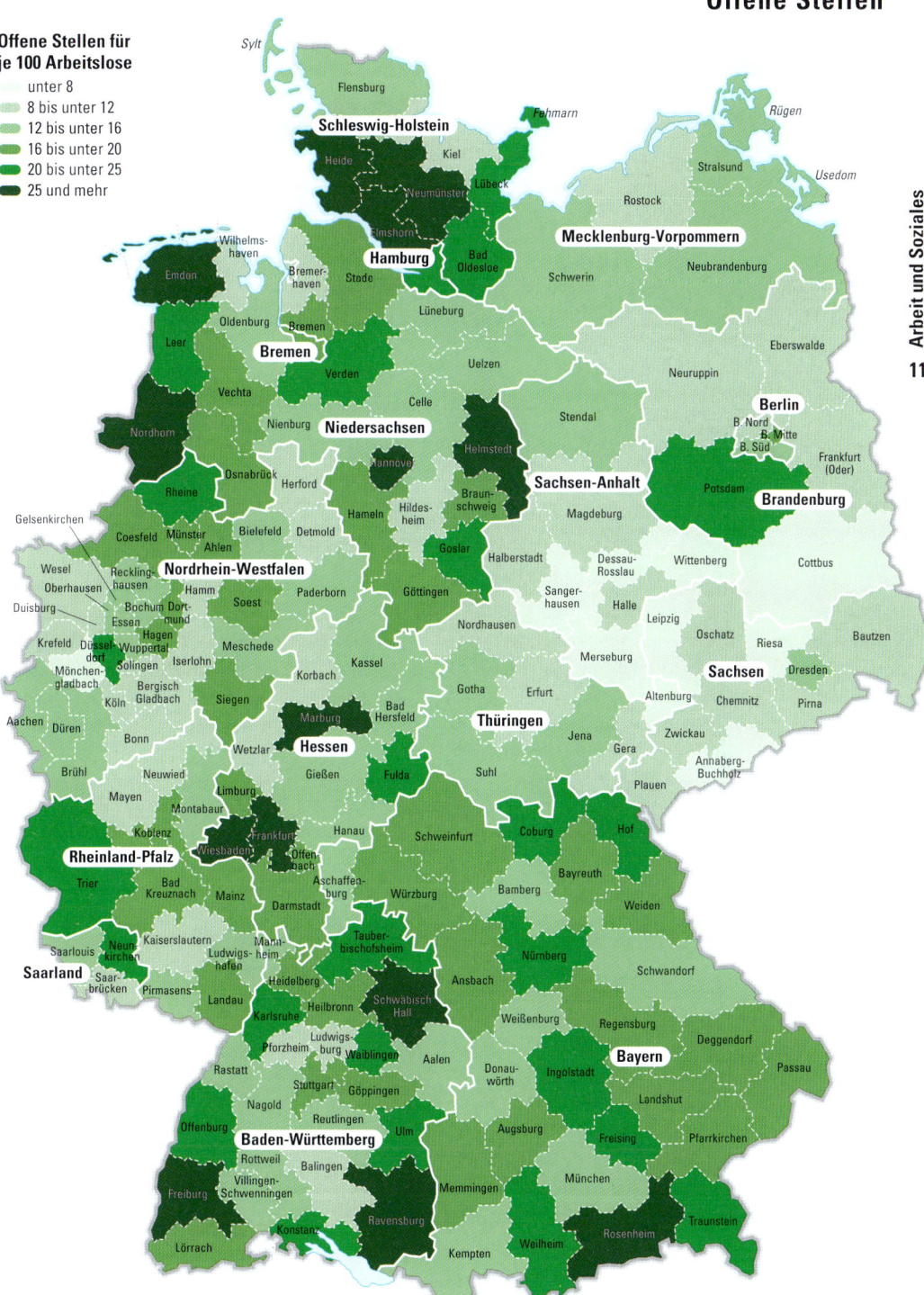

Lehre für fast alle

Jedes Jahr zwischen Mai und September wird in Deutschland die große Lehrstellenschlacht geschlagen. Den Startschuss setzt im Frühjahr die kollektive Sorgenfaltenoffensive: Hunderttausende der diesjährigen Hauptschul- und Realschulabsolventen haben noch keinen Ausbildungsvertrag unterzeichnet. Die Gewerkschaften fordern von den Unternehmen, mehr Lehrstellen bereitzustellen, die wollen dafür mehr Hilfen vom Staat, der Handwerksverband beschwert sich bei den Schulen, dass die Bewerber viel zu schlecht lesen, schreiben und rechnen können, und die Politiker fordern von allen Beteiligten mehr Flexibilität.

Im Frühsommer beginnt der lange Marsch der 1000 kleinen Schritte. Lehrer, Eltern und Arbeitsberater bearbeiten die noch unversorgten Schulabgänger, ziehen an Strippen, trainieren Vorstellungsgespräche und bringen damit Lehrstellenangebot und -nachfrage näher zusammen.

Mehr Lehrstellen als Bewerber

Gegen Ende des Sommers kommt dann auch die Nachhut zum Einsatz. Überbetriebliche Ausbildungseinrichtungen und andere staatlich geförderte Projekte werden all jenen angeboten, die auf dem freien Lehrstellenmarkt leer ausgegangen sind. Jeder, der einen Ausbildungsplatz haben will, soll in Deutschland auch einen bekommen. Was im Umkehrschluss heißt: Alle, die keinen haben, wollten auch keinen.

Und im Frühherbst, wenn Schul- und Lehrjahr neu begonnen haben, können alle Beteiligten feststellen, dass die Lehrstellenkampagne mal wieder erfolgreich war und für (fast) jeden Topf irgendein Deckel gefunden wurde.

In vielen Regionen Deutschlands gab es zuletzt sogar Lehrlingsmangel. Die Karte belegt das für das Lehrjahr 2008/09. In den üblich verdächtigen Boom-Ländern Bayern und Baden-Württemberg gab es in fast allen Arbeitsagenturbezirken mehr Lehrstellen als Bewerber. Aber auch Nordniedersachsen, Westsachsen und sogar fast ganz Sachsen-Anhalt meldeten den gleichen Zustand. Zumindest in den neuen Bundesländern ist dieser Überhang allerdings eher auf einen starken Rückgang der Zahl der Schulabgänger zurückzuführen. Die derzeit Haupt- und Realschule verlassenden Jugendlichen entstammen den Geburtsjahrgängen der frühen Neunziger – und das war die Zeit, in der sich die Geburtenzahl in Ostdeutschland wiedervereinigungsbedingt fast halbierte.

Eine unzureichende Zahl von Ausbildungsplätzen wurde unter anderem gemeldet aus dem Ruhrgebiet, Nordhessen und Ostwestfalen sowie aus Berlin und Umgebung. Bei der Arbeitsagentur Berlin gab es auch die mit Abstand schlechteste Relation zwischen Angebot und Nachfrage. Auf 100 Bewerber um eine Lehrstelle kamen dort im Lehrjahr 2008/09 nicht einmal 91 angebotene Ausbildungsplätze. Das andere Extrem verzeichnete die Arbeitsagentur München: 113,6 Lehrstellen für je 100 Bewerber.

Druck durch den G8-Effekt

Für die kommenden Jahre ist allerdings mit größeren Verwerfungen auf dem Lehrstellenmarkt zu rechnen. Da ist zum einen die deutliche konjunkturelle Abschwächung im Gefolge der Weltrezession; sie hat schon im Jahr 2009 dazu geführt, dass die Zahl der von den Unternehmen angebotenen Lehrstellen um etwa fünf Prozent sank. Und eine schnelle Erholung, die für die kommenden Lehrjahre eine Rückkehr zum Vorkrisen-Angebot bewirken könnte, ist nicht in Sicht.

Zum anderen wird demnächst der G8-Effekt zu einer höheren Nachfrage nach Lehrstellen führen: In vielen Bundesländern drängen dann nämlich einmalig zwei Abschlussjahrgänge der Gymnasien zugleich auf den Arbeits- beziehungsweise Ausbildungsmarkt – eine Folge der Verkürzung der Gymnasialdauer von neun auf acht Jahre.

Auch wenn es viele Abiturienten natürlich eher an die Uni zieht als in die Lehre: einige werden sicher versuchen, dem Ansturm auf die Universitäten auszuweichen und eine Berufsausbildung dazwischenzuschieben. Das wiederum verringert die Zahl der Lehrstellen, die für Schulabgänger aus Haupt- und Realschulen zur Verfügung stehen. Die Lehrstellenkampagnen, die zuletzt fast ein wenig zum Ritual erstarrt waren, werden also wieder ein hartes Stück Arbeit für alle Beteiligten.

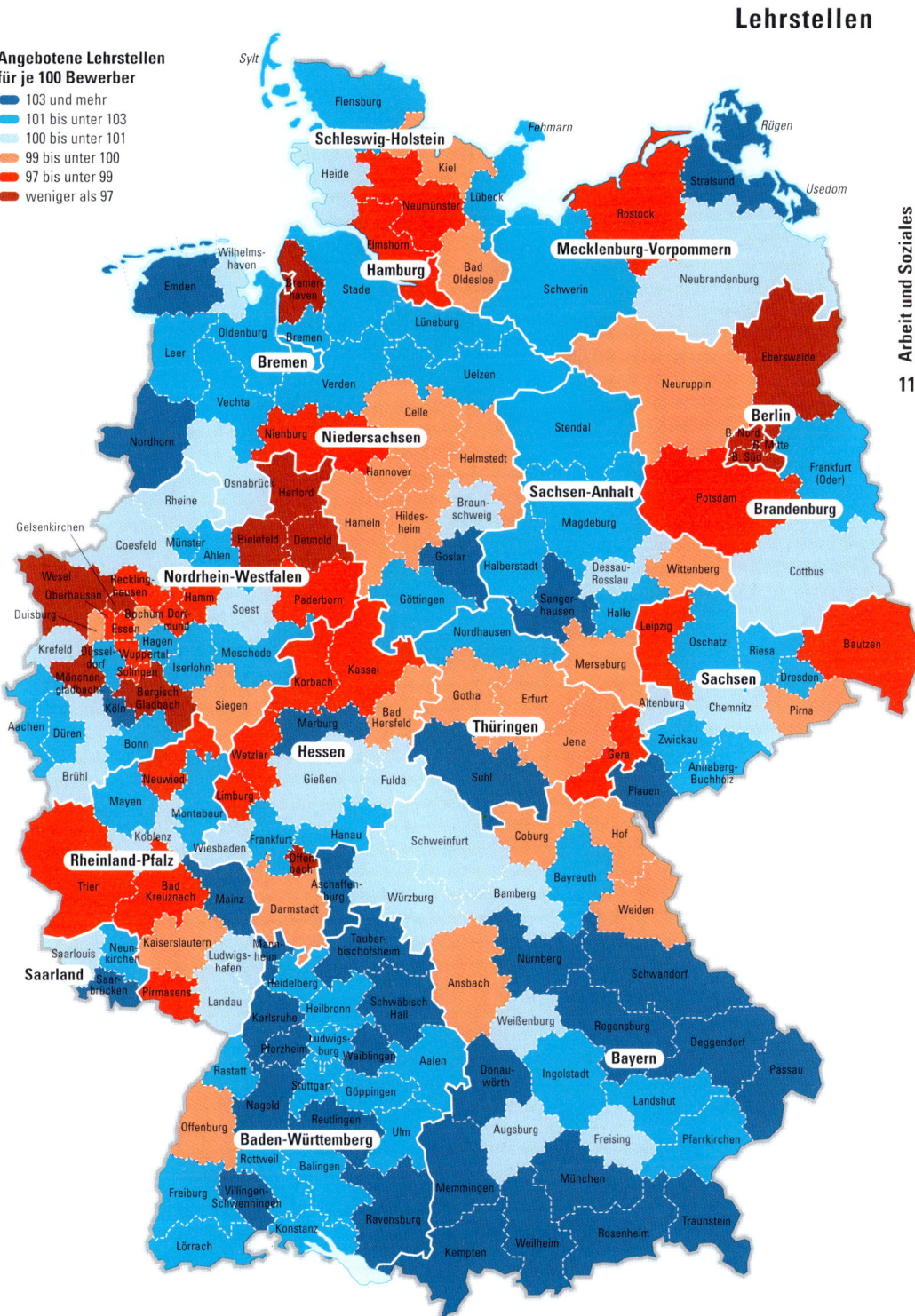

Quelle: Bundesagentur für Arbeit, Daten für 2008

Der lange Weg zum Arbeitsplatz

In Bayern sind die Farben kräftig – also die Extreme groß. Sowohl bei denjenigen Kreisen, die werktäglich den relativ größten Zustrom an Pendlern verzeichnen, als auch bei jenen, bei denen ein besonders hoher Anteil der Erwerbstätigen jenseits der Kreisgrenzen arbeitet, liegen die Bayern ganz vorne: In Erlangen und Regensburg, in Coburg und Bamberg, in Passau und Schweinfurt werden mehr als die Hälfte aller Arbeitsplätze von Pendlern besetzt – im Rest der Republik gilt das ansonsten nur noch für die Bankenmetropole Frankfurt und die VW-Stadt Wolfsburg.

Nun sind Coburg oder Regensburg rein optisch keine solchen Extremfälle wie Frankfurt oder Wolfsburg, sondern ganz normale Städte mit einem ganz normalen Umland. Dass sie in der Pendlerstatistik so extrem abschneiden, hat denn auch einen ganz anderen Grund: die außergewöhnliche Zurückhaltung Bayerns bei Gebietsreformen und Eingemeindungen. Nehmen wir den Extremfall Schweinfurt: In der Stadt wohnen 17 000 Erwerbstätige, aber es gibt etwa 50 000 Arbeitsplätze – im umliegenden Landkreis Schweinfurt hingegen arbeiten 20 000 Beschäftigte, aber es wohnen dort mehr als 40 000 Erwerbstätige. In jedem anderen Bundesland wären diese beiden Einheiten längst zu einem Großkreis Schweinfurt zusammengelegt worden; aber Bayern ist eben anders.

Düsseldorf vor Berlin

Besonders gebietsreformfreudig war in der Vergangenheit dagegen das bevölkerungsstärkste Bundesland Nordrhein-Westfalen. Dort wurden auf Kreisebene deutlich größere Einheiten gebildet als in anderen Bundesländern – dementsprechend tauchen die meisten nordrhein-westfälischen Kreise in der gesamtdeutschen Pendlerstatistik irgendwo im Mittelfeld auf und erscheinen in der Karte in sanften Farben. Bedeutendste Ausnahme: Die Dienstleistungsmetropole Düsseldorf rangiert mit einem Einpendler-Saldo von mehr als 160 000 Beschäftigten auf Platz vier in Deutschland, hinter Frankfurt, Hamburg und München – aber noch vor Berlin.

In der Hauptstadt sind die Pendlerströme in der Tat vergleichsweise schwach: Etwa 230 000 Arbeitnehmer fahren in die Stadt hinein, gut 130 000 fahren aus der Stadt heraus, der Pendlersaldo von knapp 100 000 entspricht nicht einmal zehn Prozent aller in Berlin vorhandenen Arbeitsplätze. Dafür gibt es im Wesentlichen zwei Gründe. Der eine ist ökonomisch: Berlin verfügt über vergleichsweise wenig große Arbeitgeber – in anderen Metropolen türmen sich die Konzernzentralen, drumherum tummeln sich hunderte von kleinen und großen Dienstleistern, in Berlin aber hat lediglich die Politik ihre Zentrale. Der zweite Grund ist stadthistorisch: Berlin hat in wesentlich größerem Ausmaß als andere Städte sein Umland ins Stadtgebiet eingemeindet. Und das schon vor 90 Jahren. 1920 wurden per Gesetz der Stadtgemeinde Berlin sieben weitere Städte (Lichtenberg, Schöneberg, Wilmersdorf, Charlottenburg, Neukölln, Spandau und Köpenick), 59 Landgemeinden und 27 Gutsbezirke angeschlossen. Die Einwohnerzahl Berlins verdoppelte sich, die Fläche wuchs auf mehr als das Zehnfache.

Die Halbstundengrenze der Stadt

Was damals vielen Zeitgenossen wie die Schaffung eines Molochs vorkam, war kaum mehr als eine Anpassung der Stadtgrenzen an das rasante Wachstum des städtischen Einzugsgebiets im Rahmen der Mobilitätsrevolution durch Eisenbahn und Autoverkehr. Denn schon seit der Antike gilt praktisch unverändert eine Faustregel für die Ausdehnung von Städten: Vom Stadtzentrum braucht man bis zur Stadtgrenze eine halbe Stunde mit dem jeweils gängigen Verkehrsmittel – eine weitere halbe Stunde stadtauswärts verläuft die Grenze zwischen dem noch stark von der Stadt geprägten Umland und dem ländlichen Raum. Und sowohl mit der Bahn als auch mit dem Auto stimmt diese Halbstundengrenze weitgehend mit den tatsächlichen Grenzen Berlins überein.

Es sei denn natürlich, man steckt gerade im Berufsverkehr fest – oder die S-Bahnen haben wegen schadhafter Bremsen den Betrieb eingestellt.

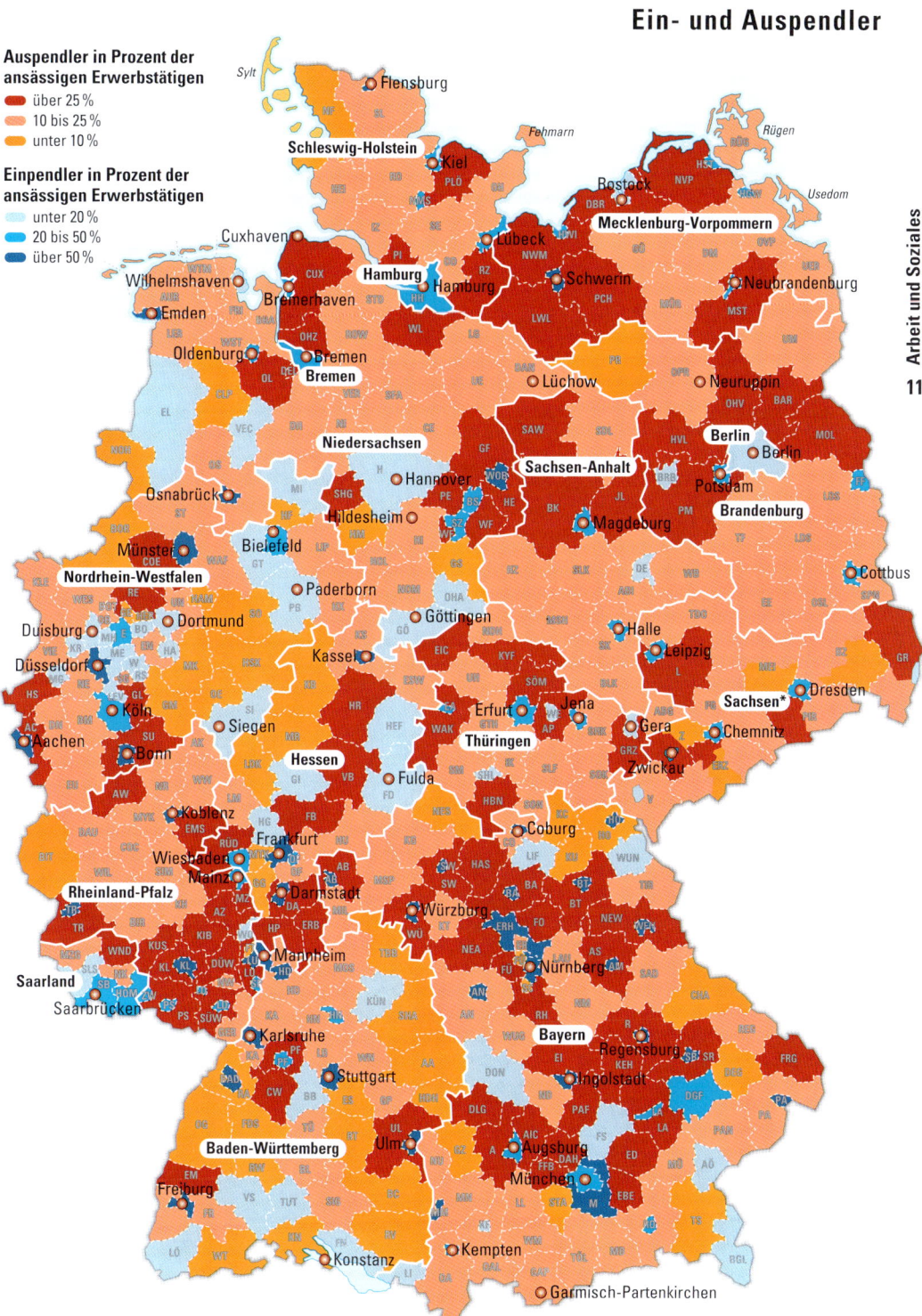

Kindergartenwarten

Wo hier Grün zu sehen ist, wurde dem Gesetz Genüge getan. Für Kinder zwischen 3 und 6 Jahren (große Karte) besteht seit 1996 ein Rechtsanspruch auf einen Kindergartenplatz. Bei einem Angebot von 90 oder mehr Kindergartenplätzen für jeweils 100 Kinder gehen die Behörden von einer faktischen Vollversorgung aus, da nicht alle Eltern alle ihre Kinder in den Kindergarten schicken – was vor allem für die dünn besiedelten Regionen im Norden und Südosten gilt.

Für Kinder unter 3 Jahren liegt der Anspruch noch in der Zukunft. Das Anfang 2009 in Kraft getretene Kinderförderungsgesetz (Kifög) legt fest, dass bis zum Jahr 2013 für 35 Prozent von ihnen ein Betreuungsplatz zur Verfügung stehen muss. Die 89 dunkelgrünen Kreise in der kleinen Karte haben dieses Ziel bereits heute erreicht.

Vorbild Ostdeutschland

Einer davon ist Heidelberg. Alle anderen liegen in den neuen Bundesländern. Dort war es zu DDR-Zeiten die Regel, dass Kinder bereits im Alter von sechs Monaten in eine Krippe kamen und so den Müttern eine frühe Rückkehr in den Beruf ermöglicht wurde. In den alten Bundesländern hingegen blieb und bleibt ein Elternteil – oft die Mutter – nach der Geburt meist wesentlich länger zu Hause. Manche gerne und freiwillig, manche gezwungenermaßen, weil es zu wenig Betreuungsangebote gibt; aber auch in der DDR waren längst nicht alle Eltern begeistert, dass von ihnen erwartet wurde, ihre Kinder so bald nach der Geburt in fremde Hände zu geben.

Das Kinderförderungsgesetz soll es allen Eltern ermöglichen, nach ihren eigenen Wünschen zwischen früher Rückkehr in den Beruf und längerer Betreuungszeit zu Hause zu wählen – man könnte es also auch Elternförderungsgesetz nennen. Ausreichende Betreuungsangebote sind dafür eine notwendige Voraussetzung. Und die Kommunen in den alten Bundesländern stehen in der Aufholpflicht.

Zumindest die Richtung stimmt. Im Jahr 2007 gab es noch 51 Kreise mit einer Betreuungsquote von weniger als fünf Prozent, ein Jahr darauf waren es nur noch 10 der 429 deutschen Kreise. Insgesamt betrug die Quote 17,6 Prozent statt 15,5 Prozent im Vorjahr. Also muss die Zahl der Betreuungsplätze für Kinder unter 3 Jahren bis zum Jahr 2013 nur noch verdoppelt werden.

Kinderbetreuung für Kinder unter 3 Jahren

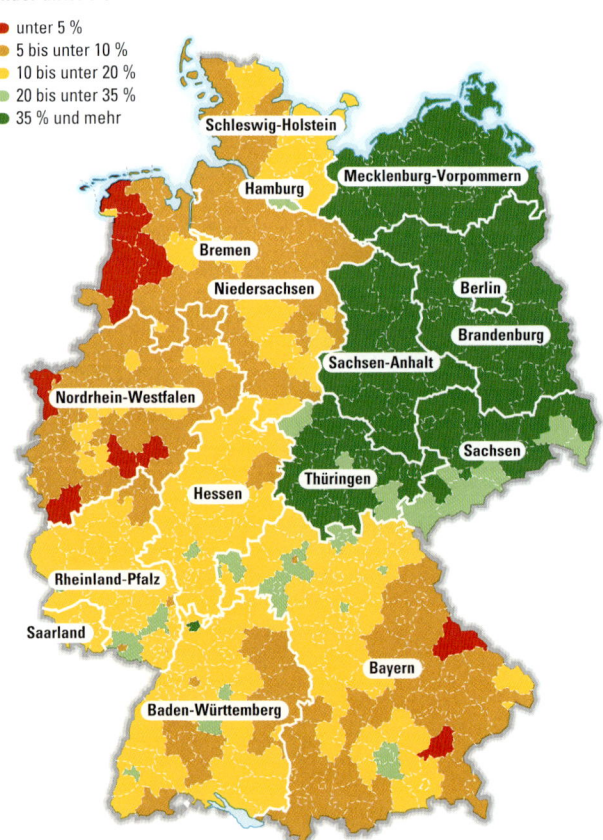

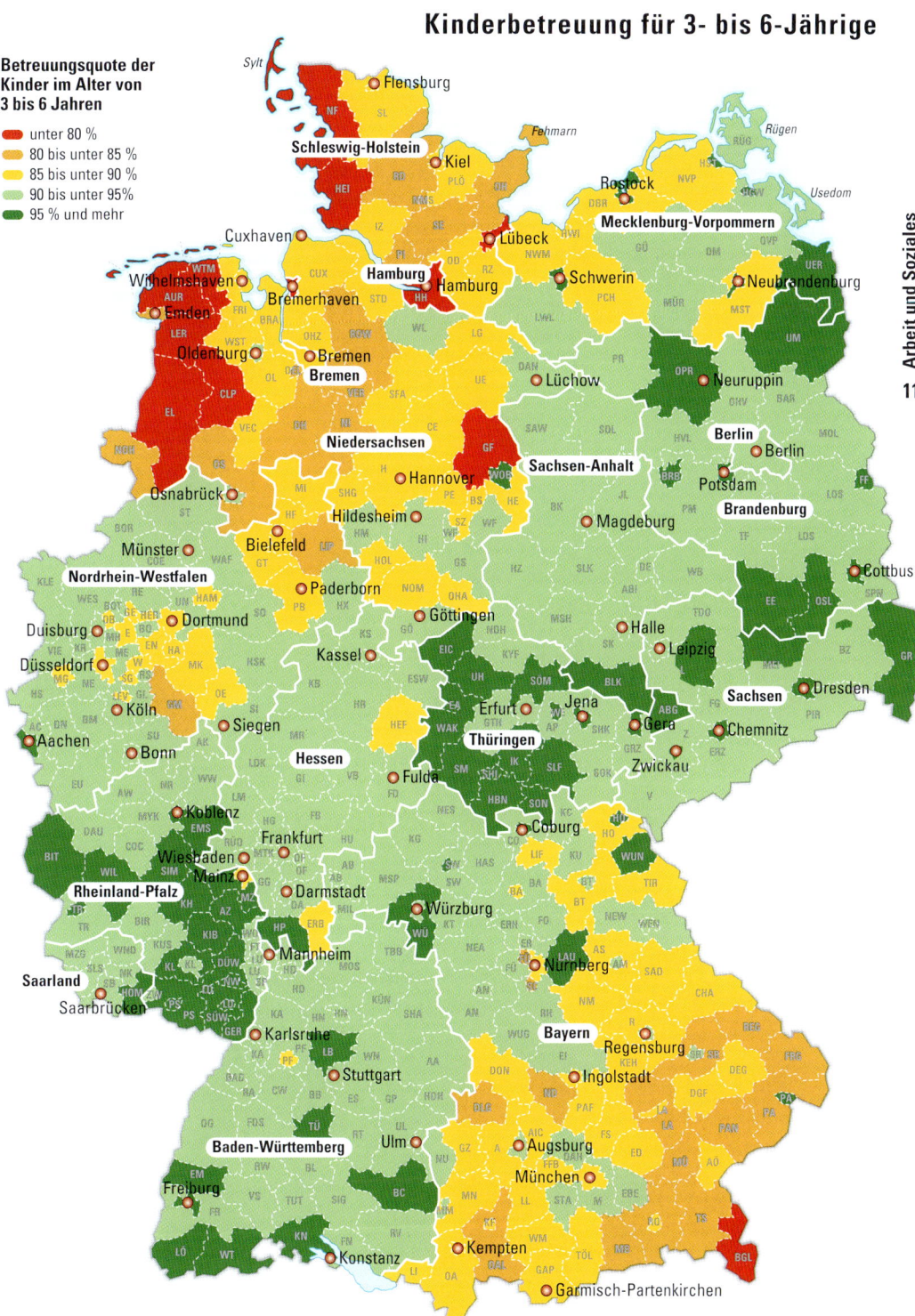

Die beste aller Arbeitswelten

«Arbeit, Arbeit, Arbeit», plakatierte die SPD im Bundestagswahlkampf des Jahres 1998 – den sie deutlich gegen eine CDU gewann, deren Kanzler Helmut Kohl eine Halbierung der Arbeitslosigkeit versprochen, aber dieses Ziel nicht ansatzweise erreicht hatte. Im Wettstreit der Parteien ist der Kampf gegen die Arbeitslosigkeit in allen Industriestaaten eines der wichtigsten Politikfelder.

In den Entwicklungsländern sieht das oft anders aus. Zwar ist es auch dort ein wichtiges politisches Ziel, dass möglichst viele Menschen mit ihrer Arbeit so viel verdienen, dass sie sich und ihre Familien davon ernähren können. Aber der Begriff der Arbeitslosigkeit ist kaum bekannt: Wenn es keinerlei soziale Sicherungssysteme gibt, gibt es auch keine Arbeitslosigkeit in unserem Verständnis – wer keinen regulären Job findet, weicht in die Schatten- oder die Subsistenzwirtschaft aus, um irgendwie überleben zu können. Vielfach beruhen die hier angegebenen Arbeitslosenquoten in Afrika oder Asien deshalb nicht auf offiziellen Angaben, sondern auf Schätzungen über das Ausmaß der Unterbeschäftigung.

Globale Konjunktur

Ein paar Jahre lang sah es so aus, als könnte das Gespenst der Arbeitslosigkeit tatsächlich weltweit gebannt werden. Im Zuge der Globalisierung wurden vor allem in Asien, Lateinamerika und Osteuropa viele Millionen Arbeitsplätze neu geschaffen. Die düstere Prognose der Globalisierungsgegner, dass dadurch entsprechend viele Arbeitsplätze in den reichen Industrieländern vernichtet würden, erfüllte sich hingegen nicht. Zumindest nicht in der Gesamtschau: Branchen wie die Textil- und die Möbelindustrie litten zwar unter der Konkurrenz mit den niedrigen Löhnen, dafür entwickelten sich andere Branchen umso dynamischer, etwa die Autoindustrie und insbesondere der Maschinenbau. In vielen Industriestaaten erreichte die Arbeitslosenquote seit Jahrzehnten nicht mehr für möglich gehaltene Tiefstände, und auch in Deutschland gelang unter der Kanzlerschaft von Angela Merkel jener deutliche Abbau der Arbeitslosigkeit, den zuvor schon Helmut Kohl und Gerhard Schröder versprochen, aber nicht geschafft hatten. Fast die ganze Welt (außer Afrika) ergrünte auf der Karte, d.h. die Arbeitslosenquote lag unter zehn Prozent.

Boom auf Pump

Doch zumindest zum Teil war dies eine Scheinblüte. Denn einige Industriestaaten, allen voran die USA, hatten sich über ihre nachlassende Wettbewerbsfähigkeit durch einen starken Anstieg ihrer Verschuldung hinweggeschwindelt. Von ihrem Boom auf Pump profitierten auch stark exportabhängige Staaten wie Deutschland oder China. Als 2007/08 die Kreditblase platzte und die Schuldenstaaten eine Notbremsung hinlegten, geriet die Weltwirtschaft in heftige Turbulenzen – und in vielen Ländern schnellte die Arbeitslosigkeit geradezu in die Höhe.

Am heftigsten traf es dabei in der ersten Runde jene Länder, die zuvor einen Höhenflug der Immobilienpreise erlebt hatten, etwa die USA, Irland und ganz besonders Spanien – innerhalb von nicht einmal zwei Jahren verdoppelte sich die Arbeitslosenquote und stieß in die Region von 20 Prozent vor.

Nicht direkt von einer Blase betroffene Länder wie Deutschland, Frankreich oder Japan erwischte es in der zweiten Runde.

offizielle Arbeitslosenquote
- 0,0 bis 4,9 %
- 5,0 bis 9,9 %
- 10,0 bis 14,9 %
- 15,0 bis 19,9 %
- 20,0 bis 29,9 %
- 30,0 bis 39,9 %
- 40,0 bis 49,9 %
- 50,0 % und mehr
- keine Angaben

Die Rückkehr der Arbeitslosigkeit

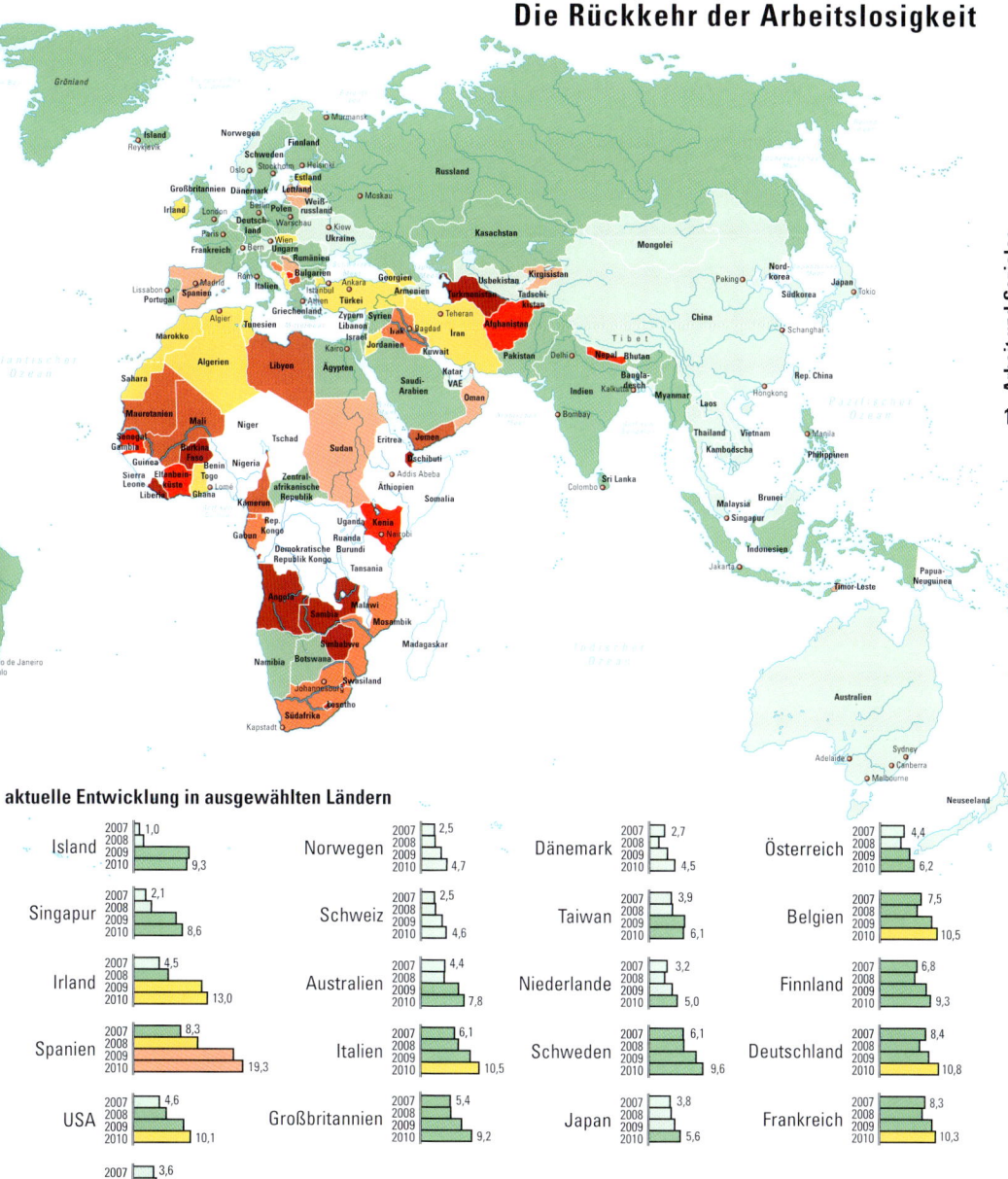

Quelle: CIA World Factbook, Daten i.d.R. für 2008; Diagramme: IWF World Economic Outlook 2009

Weil in den Schuldenstaaten Verbraucher und Unternehmen ihre Ausgaben drastisch zurückfuhren, gingen auch die Exporte dorthin zurück. Und wenn insgesamt weniger verbraucht wird, wird auch weniger produziert – und das natürlich auch mit weniger Arbeitskräften.

Ob die Arbeitslosigkeit im Zuge dieser Krise auf neue Rekordhöhen steigt oder der Anstieg vorher gebremst werden kann, werden wir in zwei Jahren genauer wissen. Eines aber dürfte feststehen: So grün wie in dieser Karte kommen wir so schnell nicht wieder zusammen.

6. Teil
Geld und Konsum

«Mein Haus, mein Auto, mein Boot»: so trumpften in den neunziger Jahren die beiden ehemaligen Klassenkameraden auf, als sie sich im Werbespot wiedersahen. Dieser zackige Dreiklang des Kaufkräftemessens (das damals natürlich der coole Sparkassenkunde gewann) zeigt noch heute, wie sehr Eigentum und Geldbesitz den Status von Menschen bestimmen. Hast du was, dann bist du was – und hast du mehr, dann bist du auch mehr.

Das gilt sogar für diejenigen, die eigentlich keinem noch etwas beweisen müssten: die Superreichen. Während sich vor hundert Jahren die Schlotbarone aus Oberschlesien und dem Ruhrgebiet mit der Pracht ihrer Paläste zu übertreffen suchten, liefern sich die Multimilliardäre von heute einen erbitterten Wettstreit um die luxuriöseste Yacht oder die teuerste Geburtstagsfeier – oder sie gönnen sich gleich einen ganzen Fußballverein (wie Dietmar Hopp mit der SG Hoffenheim).

Der Versuchung, sich im schönen Schein des Konsums zu sonnen, erliegen aber auch viele Menschen, die sich das eigentlich überhaupt nicht leisten können. Knapp zehn Prozent aller Haushalte in Deutschland gelten als überschuldet, pro Jahr beantragen etwa hunderttausend Menschen die Eröffnung eines privaten Insolvenzverfahrens. Zwar können von Überschuldung auch vermeintliche Superreiche betroffen sein, so im Jahr 2009 die Quelle-Erbin Madeleine Schickedanz. Doch am häufigsten und drückendsten sind die privaten Schulden in jenen Regionen Deutschlands, die auch von hoher Arbeitslosigkeit geplagt werden.

Die Grenze verschwindet

Schauen Sie sich diese beiden Deutschlandkarten einmal ganz genau an. Beide zeigen sie die regionalen Unterschiede in der Kaufkraft der Privathaushalte – also wie viel Geld netto und nach Abzug von dicken Posten wie Miete und Versicherungen für den Konsum zur Verfügung steht. In beiden Karten zeigen die hellen Flächen Gebiete mit geringer und die dunklen Flächen Regionen mit hoher Kaufkraft; und in beiden Karten sind die Kreise mit durchschnittlichen Werten in der gleichen Farbe gehalten: Alles, was zwischen plus und minus vier Prozent um den bundesdeutschen Mittelwert liegt, erscheint in Mittelrot.

Kaufkraftvereinigung

Aber trotz dieser Gemeinsamkeiten erwecken sie einen durchaus unterschiedlichen Gesamteindruck. In der kleinen Karte erscheinen die neuen Bundesländer als zusammenhängendes Gebiet mit weit unterdurchschnittlicher Kaufkraft – lediglich in und um Berlin mit einigen Ausreißern in Richtung Mittelfeld. In der größeren Karte hingegen tauchen die Grenzen der ehemaligen DDR überhaupt nicht mehr auf. Dort stechen Gebiete mit geringer Kaufkraft in Mecklenburg-Vorpommern sowie zwischen Erfurt und Magdeburg hervor, doch die übrigen Regionen der neuen Länder befinden sich auf einer Höhe mit großen Teilen der ehemaligen BRD – von Ostbayern bis Südniedersachsen, vom Saarland bis zum Emsland.

Auch bei den besonders kaufkräftigen Landkreisen unterscheiden sich die Kartenbilder. In der großen Karte zeigen sich kleine, aber feine dunkle Flecken in der Nähe der Großstädte Hamburg, Köln, Frankfurt und Stuttgart – dort markieren sie jeweils die bevorzugten Wohngegenden der Besserverdiener – und dazu ein dicker roter Fleck in und um München: da tummeln sich die Kaufkräftigen in besonderem Maß. In der kleinen Karte hingegen werden München und Frankfurt aus dem Kreis der gutsituierten Metropolen noch einmal herausgehoben, die Kaufkraft an Neckar, Rhein und Elbe sinkt ins zweite Glied hinab.

Beide Karten sind «wahr» in dem Sinn, dass sie ein und denselben Datensatz verwenden, um ein Bild von Deutschland zu zeichnen. Der Unterschied liegt einzig in den verwendeten Maßstäben: Die Karte links arbeitet durchgehend mit Abständen von jeweils acht Punkten zwischen den einzelnen Farben, die rechte Karte verwendet nur in der Mitte einen Acht-Punkte-Abstand und verdoppelt ansonsten die Klassenbreiten. Und doch erzählen sie völlig unterschiedliche Geschichten.

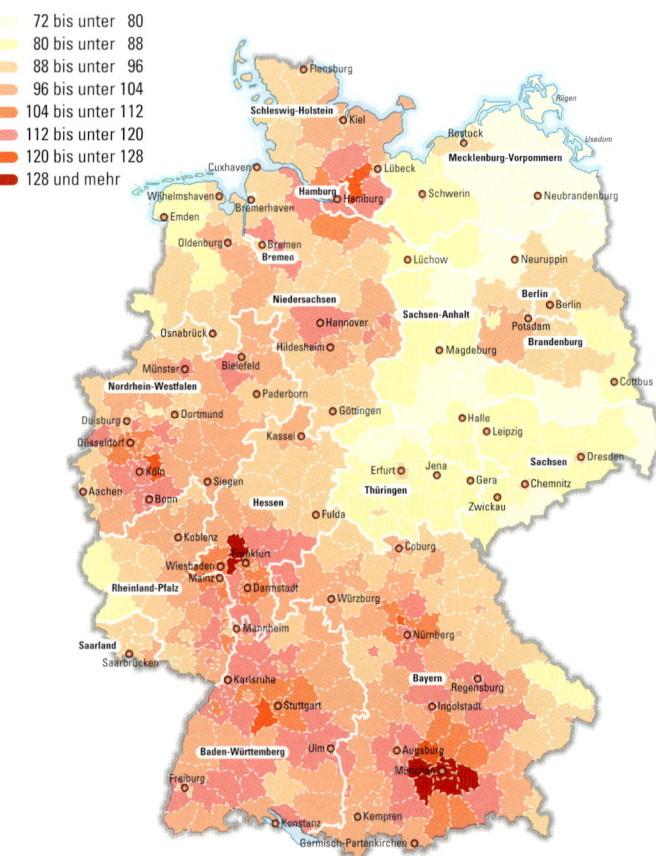

Kaufkraftindex pro Einwohner

- 72 bis unter 80
- 80 bis unter 88
- 88 bis unter 96
- 96 bis unter 104
- 104 bis unter 112
- 112 bis unter 120
- 120 bis unter 128
- 128 und mehr

Quelle: GfK Geomarketing, Daten für 2009

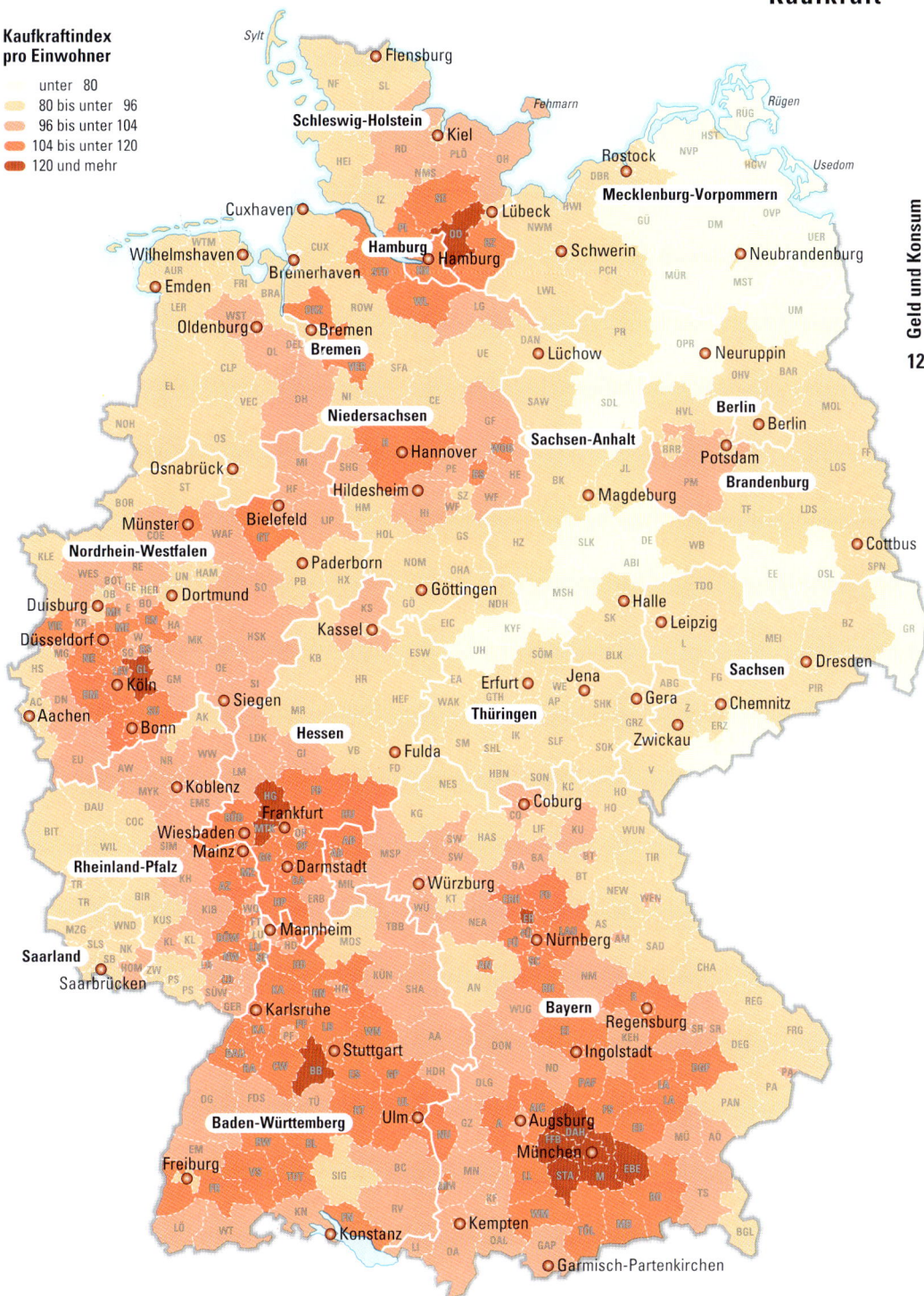

Das Nord-Süd-Schuldengefälle

Die «Schufa Holding AG» ist wohl eines der umstrittensten Unternehmen in Deutschland. Nach ihrer eigenen Meinung schützt sie die Verbraucher vor Überschuldung, indem sie den potenziellen Kreditgebern Auskunft über Sachverhalte gibt, die auf drohende Zahlungsausfälle hinweisen. Das empfinden die Betroffenen logischerweise ganz anders: Sie sehen sich einem mysteriösen Datensammler gegenüber, der alles Mögliche über sie wissen könnte; aber wer weiß, was der wirklich weiß? Jede Information über sogenannte «Zahlungsstörungen» könnte dort landen: nicht nur Offenbarungseide oder private Insolvenzen, sondern auch unpünktliche Ratenzahlungen und Überziehungen des Überziehungskredits.

Und wahrscheinlich landen sie dort auch. Denn die Anteilseigner der Schufa sind Banken, Sparkassen, Kredit- und Genossenschaftsbanken sowie Handelskonzerne. Sie geben Kundendaten in den großen Datenpool ein und bedienen sich aus ihm, wenn sie neue Konten eröffnen oder Kredite vergeben wollen. Eine Klausel, die dies ermöglicht, steht in Deutschland im Kleingedruckten praktisch jedes Kreditvertrags und jedes Antrags auf Eröffnung eines Bankkontos.

Dementsprechend groß ist der Schufa-Datenbestand. Er enthält mehr als 400 Millionen Informationen von etwa 65 Millionen Bürgern in Deutschland. Ständig werden alte Daten gelöscht (ohne dass uns so genau verraten wird, wann unsere Zahlungssünden aus der Datenbank verschwinden), und ebenso stetig kommen neue dazu.

Ein Index für die private Verschuldung

Die Geheimniskrämerei der Schufa setzt sich auch bei der Veröffentlichung statistischer Auswertungen fort. So wird seit 2006 jährlich ein «Privatverschuldungsindex» (PVI) auf Kreisebene berechnet, auf dem auch diese Karte beruht. Dieser Index, so die Schufa selbst, «gibt einen Überblick, in welchen Regionen Deutschlands die private Verschuldung kritische Anzeichen aufweist. Je geringer der PVI eines Bundeslandes oder Kreises, desto besser stellt sich die Situation der privaten Ver- und Überschuldung in dieser Region dar.»

Das Ergebnis dieser PVI-Berechnung ist ein deutliches Nord-Süd-Gefälle in der Schuldensituation der privaten Haushalte. In den Südstaaten Bayern und Baden-Württemberg sowie im südlichen Teil Hessens überwiegt eindeutig beruhigendes Grün. Aber auch im Süden der neuen Bundesländer, in Sachsen und Thüringen, trifft man in der Regel auf niedrige PVI-Werte. Ebenfalls klar zu erkennen ist ein Gefälle zwischen Stadt und Land. Zu den 31 Kreisen im roten Bereich mit einem PVI von 1400 oder mehr zählen nur zwei Landkreise: Soltau-Fallingbostel und Dithmarschen, der Rest sind kreisfreie Städte und das Land Berlin.

Was die PVI-Werte konkret bedeuten, gibt das Unternehmen jedoch nicht preis. Wie wird der Index überhaupt berechnet? Was macht den Unterschied zwischen dem Landkreis Starnberg (bester PVI-Wert mit 523 Punkten) und der Stadt Pirmasens (Schlusslicht mit 2118 Punkten) aus? Und wie lässt sich überhaupt aus den vorhandenen Schufa-Daten eine Prognose für die Verschuldungskennziffern im kommenden Jahr ermitteln? Die Schufa prognostiziert – und schweigt.

Der Teufel im Datendetail

Dass die Auskünfte, die die Schufa über Einzelpersonen erhebt und an ihre Kunden weitergibt, mit Vorsicht zu betrachten sind, hat im Sommer 2009 eine Untersuchung des Verbraucherministeriums ergeben: In 45 Prozent der untersuchten Fälle basierten die Schufa-Angaben über die jeweiligen Personen auf falschen Daten.

Und selbst wenn die PVI-Daten ein durchaus plausibles Bild des Verschuldungsstands in Deutschland zeichnen, dürfte im Datendetail gleich eine ganze Reihe von Teufeln stecken. Das zeigt sich, wenn man die entsprechende Schufa-Tabelle nach dem Ausmaß der Veränderung zwischen Mitte 2008 und Ende 2009 sortiert. Für fast alle Kreise liegen die Veränderungswerte des PVI zwischen plus und minus fünf Prozent. Nur drei bayerische Kreise stechen hervor. Landkreis Neuburg-Schrobenhausen: – 16,2 Prozent. Stadt Bamberg: – 19,1 Prozent. Landkreis Bamberg: – 30,9 Prozent. Damit dort die private Verschuldung innerhalb von nur 18 Monaten derart abgenommen hat, müssten eigentlich die Bewohner dieser Kreise kollektiv Lotto gespielt und jede Woche den Jackpot geknackt haben.

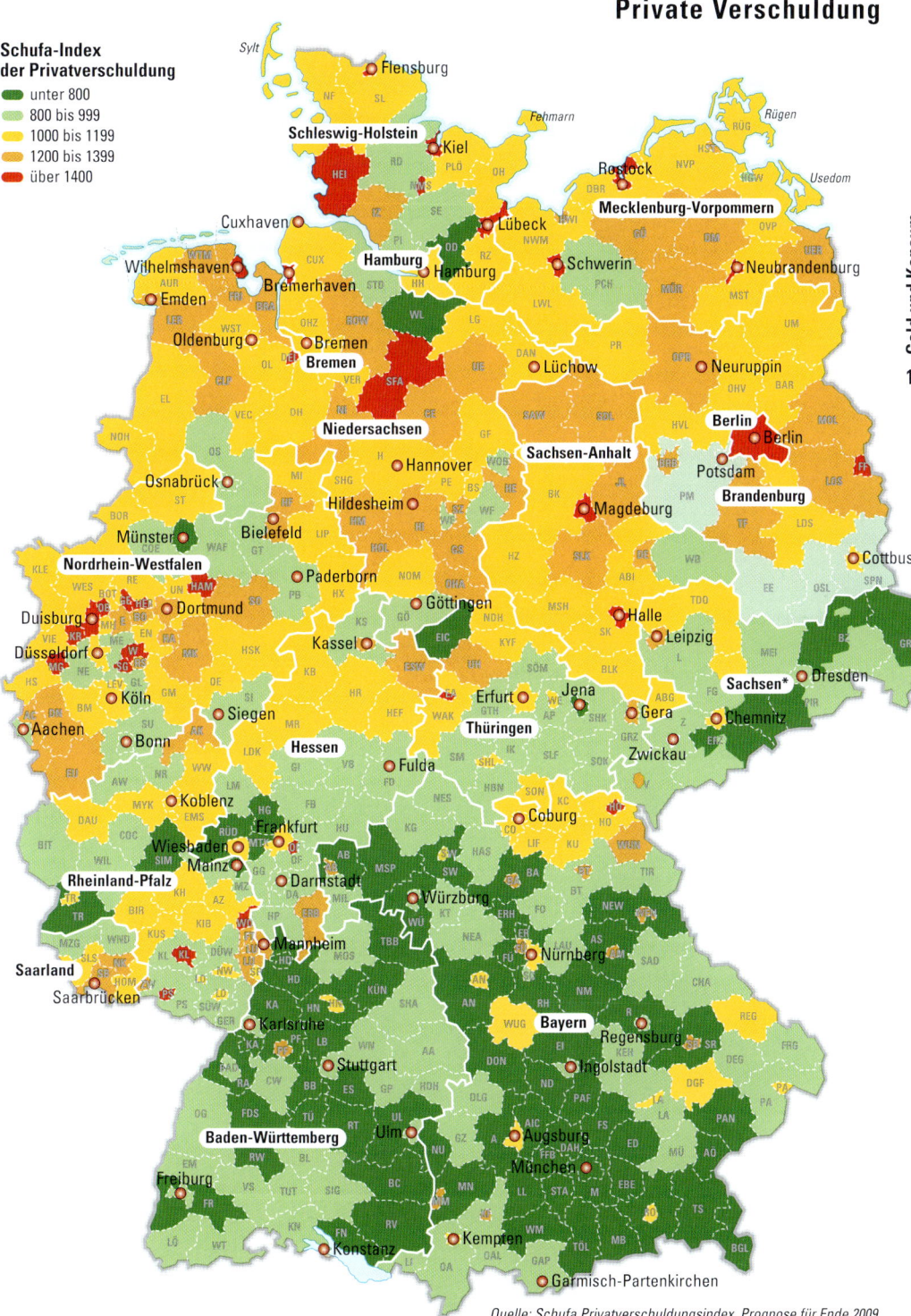

Wo das Geld zu Hause ist

Ein merkwürdiges Buch erschien vor 98 Jahren in Berlin: «Jahrbuch des Vermögens und Einkommens der Millionäre in Preußen» hieß es, und es lieferte das Vorbild für alle heutigen Reichen-Rankings: Die Superreichen Preußens, auf die Million genau – und mit Adresse!

Dieses Buch zeigt uns, wo damals die Vermögen des Landes (nicht Deutschlands, aber immerhin Preußens) konzentriert waren. Und zwar: an erster Stelle in Berlin, und danach etwa gleichauf in Oberschlesien, dem Ruhrgebiet und Frankfurt. Zwei dieser Zentren, Oberschlesien und das Ruhrgebiet, schöpften aus derselben Vermögensquelle: Kohle und Eisen. Doch es gab einen großen Unterschied: An der Ruhr waren es Unternehmer, die sich nach oben gearbeitet hatten: Krupp, Haniel, Stinnes, Thyssen. In Oberschlesien hingegen waren es Adlige: Großgrundbesitzer, unter deren Ländereien die Rohstoffe lagerten.

In Berlin saß die Macht, saßen die Banken und die Medien. Und in Frankfurt? Die Rothschilds. Sie allein stellten fünf der acht damaligen Superreichen der Stadt.

Im heutigen Deutschland ist der Reichtum breiter verteilt. Die Bankenstadt Frankfurt ist in der Forbes-Milliardärs-Rangliste am stärksten vertreten, gefolgt von Hamburg und – der Schweiz. Die gehört zwar nicht zu Deutschland, zieht aber aufgrund steuerlicher (und landschaftlicher) Vorzüge viele deutsche Superreiche an.

Berlin ist genauso abgestiegen wie die Fürsten, von denen nur einer übrig blieb: der Fürst von Thurn und Taxis. Der heißt heute, genau wie damals, Albert – Adel verpflichtet.

NAME	WOHNORT	Vermögen in Mrd. Euro	UNTERNEHMEN
Karl Albrecht	Mülheim/Ruhr	15,4	Aldi Süd
Theo Albrecht	Föhr	13,4	Aldi Nord
Michael Otto	Hamburg	9,4	Otto
Susanne Klatten	Bad Homburg	7,1	BMW
August von Finck	Thurgau/Schweiz	4,8	Ex-Merck Finck
Curt Engelhorn	Gstaad/Schweiz	4,5	Ex-Boehringer
Erivan Haub	Mülheim/Ruhr	3,9	Tengelmann
Reinhold Würth	Künzelsau	3,7	Würth
Karl-Heinz Kipp	Arosa/Schweiz	3,7	Metro
Klaus-Michael Kühne	Schindellegi/Schweiz	3,4	Kühne&Nagel
Stefan Quandt	Frankfurt	3,3	BMW
Hasso Plattner	Heidelberg	3,2	SAP
Johanna Quandt	Bad Homburg	2,9	BMW
Anton Schlecker	Ehingen	2,6	Schlecker
Thomas u. Andreas Strüngmann	Tegernsee	je 2,6	Ex-Hexal
Aloys Wobben	Aurich	2,5	Enercon
Maria-Elisabeth Schaeffler	Herzogenaurach	2,5	Schaeffler
Heinz-Horst Deichmann	Essen	2,4	Deichmann
Heinz Hermann Thiele	München	2,1	Knorr Bremse
Michael Herz	Hamburg	2,0	Tchibo
Hermann Schnabel	Hamburg	2,0	Helm AG
Wolfgang Herz	Hamburg	2,0	Tchibo
Otto Happel	Luzern/Schweiz	1,9	MG Technologies
Otto Beisheim	Zug/Schweiz	1,9	Metro
Michael Schmidt-Ruthenbeck	Duisburg	1,9	Metro
Reinhard Mohn	Gütersloh	1,8	Bertelsmann
Bernard Broermann	Königstein	1,7	Asklepios
Albert von Thurn und Taxis	Regensburg	1,5	
Daniela und Günter Herz	Hamburg	je 1,4	Tchibo
Alexandra Schörghuber	München	1,4	Paulaner
Eugen Viehof	Mönchengladbach	1,4	Ex-Allkauf
Dieter Schnabel	Hamburg	1,3	Helm AG
Sylvia Ströher	Darmstadt	1,3	Ex-Wella
Hubert Burda	München	1,2	Burda
Axel Oberwelland	Berlin	1,2	Storck
Friede Springer	Berlin	1,1	Springer
Klaus Tschira	Heidelberg	1,1	SAP
Hans-Werner Hector	Weinheim	1,1	SAP
Rolf Gerling	Zürich/Schweiz	1,1	Ex-Gerling
Andreas v. Bechtolsheim	Palo Alto/USA	1,0	Sun Microsystems
Hans und Paul Riegel	Bonn	je 1,0	Haribo

Die reichsten Deutschen einst und jetzt

Quelle: Forbes (für 2009), Jahrbuch des Vermögens und Einkommens der Millionäre in Preußen (für 1910)

— Grenze von Deutschland 2009
■ Preußen 1910

Geld und Konsum

127

NAME	WOHNORT	Vermögen in Mio. Mark
Bertha Krupp v. Bohlen und Halbach	Essen	187
Fürst Henckel v. Donnersmarck	Schloss Neudeck / Oppeln	177
Christian Kraft, Herzog von Ujest	Schloss Slawentzitz / Oppeln	151
Max von Goldschmidt-Rothschild	Frankfurt	107
Hans-Heinrich Fürst von Pleß	Schloss Fürstenstein / Breslau	84
Hans-Ulrich Graf von Schaffgotsch	Koppitz / Oppeln	79
Mathilde von Rothschild	Frankfurt	76
Eduard Beit von Speyer	Frankfurt	76
Franz-Hubert Graf Tiele-Winckler	Schloss Moschen / Oppeln	74
Engelbert Herzog von Arenberg	Schloss Nordkirchen / Münster	59
Franz von Ballestrem	Plawniowitz / Oppeln	56
August Thyssen	Schloss Landsberg bei Kettwig	55
Carl Henschel	Kassel	49
Ingenieur Ziese	Elbing / Danzig	47
Franz Haniel	Düsseldorf	46
Franziska Speyer	Frankfurt	45
Ernst v. Mendelssohn-Bartholdy	Berlin	43
Adeline Böninger	Duisburg	42
Fritz von Friedländer-Fuld	Berlin	40
Rudolf Mosse	Berlin	40
Julius Schottländer	Schloss Hartlieb / Breslau	38

NAME	WOHNORT	Vermögen in Mio. Mark
Albert von Goldschmidt-Rothschild	Frankfurt	38
Rudolf von Goldschmidt-Rothschild	Frankfurt	37
Kommerzienrat Arnold	Berlin	35
Lucy Fleischer	Wiesbaden	35
Ludwig von Knoop	Wiesbaden	34
Eugen von Kulmiz	Laasan / Breslau	32
Freifrau von Stumm-Halberg	Halberg / Trier	32
Hans von Bleichröder	Berlin	31
James Simon	Berlin	30
Emil vom Rath	Köln	29
Kommerzienrat Selve	Bonn	29
Hugo Stinnes	Mülheim / Ruhr	28
Willi v. Dirksen	Gröditzberg / Liegnitz	28
Christian-Ernst Fürst zu Stolberg-Wernigerode	Schloss Wernigerode / Magdeburg	27
Herbert v. Meister	Sindlingen / Wiesbaden	27
Wilhelm v. Siemens	Charlottenburg	26
Louis Ravené	Berlin	25
Fritz von Dippe	Quedlinburg	25
Oskar Huldschinsky	Berlin	25
Albert von Oppenheim	Köln	24
Eduard von Oppenheim	Köln	24
James von Bleichröder	Berlin	23
Eduard Simon	Berlin	23
Lucy von Goldschmidt-Rothschild	Frankfurt	23
Eduard Carp	Düsseldorf	23
Georg Haase	Breslau	23
Ferdinand vom Stumm	Schloss Holzhausen / Kassel	23
August Haniel	Düsseldorf	22
Ernst von Borsig	Tegel	22
Conrad von Borsig	Tegel	21
Robert von Mendelssohn	Berlin	21
Leopold Koppel	Berlin	21
Emmi von Dippe	Quedlinburg	21
Julius Bölkow	Berlin	20
Albert von Thurn und Taxis	Regensburg	20
Friedrich von Schaffgotsch	Warmbrunn / Liegnitz	20
Lazarus Graf Henckel von Donnersmark	Naklo / Oppeln	20
Viktor Herzog von Ratibor	Schloss Rauden / Oppeln	20
Erich von Goldschmidt-Rothschild	Frankfurt	20

Die Am-besten-Verdiener

Nein, diese Karte sagt nichts darüber aus, ob in den neuen Bundesländern die Tariflöhne immer noch niedriger sind als in Westdeutschland. Denn um zu den Topverdienern gezählt zu werden, von denen diese Karte handelt, muss ein Haushalt mindestens 7500 Euro netto im Monat verdienen – und das schafft man mit keinem Tariflohn.

Hier geht es um die absolute Spitze der Einkommenspyramide. Und diese setzt sich vorwiegend aus vier Gruppen zusammen:
- Geschäftsführer und andere Topmanager
- Unternehmer
- Freiberufler wie Anwälte oder Ärzte
- Erben und andere Besitzer großer Vermögen.

Insbesondere Letztere sind in Ostdeutschland teilungsbedingt sehr dünn gesät: In der DDR war kein Vermögen zu verdienen, und wer eines besaß, wurde meist enteignet. Aber auch die besonders hoch dotierten Managementjobs findet man in den neuen Bundesländern selten, da dort nur wenige Konzerne ihren Sitz haben – und in den Konzernzentralen ist die Topverdiener-Dichte nun mal höher als an den Produktionsstandorten und den Vertriebsniederlassungen, die auch in Ostdeutschland reichlich vertreten sind.

Reichtum draußen vor der Stadt

Der Umkehrschluss, dass an den Standorten der großen Konzerne die meisten Topverdiener zu finden sein müssten, ist hingegen auch nicht ganz richtig. Zwar sind die dunklen Farben, die Regionen mit den meisten Besserverdienern, vorwiegend dort zu finden, wo in den vergangenen Jahrzehnten die höchste wirtschaftliche Dynamik herrschte: in Bayern, an Rhein, Main, Neckar und Elbe.

Aber dort, wo die meisten großen Konzerne sitzen, in den großen Städten, sind die Farben heller: Mit Ausnahme von München gehört keine der deutschen Metropolen zur Spitzengruppe jener Kreise mit einem Topverdiener-Anteil von mehr als 4,0 Prozent, nicht einmal die als besonders wohlhabend geltenden Städte Düsseldorf, Frankfurt oder Hamburg. Dafür gibt es jedoch einen einfachen Grund: Wer viel verdient, wohnt besonders häufig draußen vor der Stadt – in den Regionen rund um die großen Städte ist denn auch der Anteil der Besserverdienenden überdurchschnittlich hoch.

Dieses Speckgürtel-Muster beginnt sich zaghaft auch in Ostdeutschland abzuzeichnen. In den meisten Kreisen rund um Berlin sowie im Umfeld von Rostock, Halle und Magdeburg ist der Anteil der Haushalte mit einem monatlichen Nettoeinkommen von mehr als 7500 Euro inzwischen größer als 1,0 Prozent.

Uni- und Industriestädte abgeschlagen

Sind denn, umgekehrt, jene Regionen mit besonders geringer Besserverdiener-Dichte auch Stiefkinder der wirtschaftlichen Entwicklung? Nicht unbedingt. In Ostdeutschland ist dieser Anteil wenig aussagekräftig: Die geringe Zahl gut verdienender Haushalte ist immer noch auf 44 Jahre deutsche Teilung zurückzuführen. Bis dort neue Großkonzerne wachsen, werden noch weitere Jahrzehnte vergehen, auch große Vermögen entstehen nur in längeren Zeiträumen – mit der wirtschaftlichen Leistungskraft einer Region hat das nichts zu tun.

Und unter den Schlusslichtern in den alten Bundesländern gibt es drei Typen:
- Regionen fernab aller wirtschaftlichen Zentren wie Ostfriesland oder das Berchtesgadener Land
- Industriestädte mit hoher Arbeitslosigkeit und geringer Attraktivität als Wohnlage wie Duisburg, Gelsenkirchen oder Recklinghausen
- Universitätsstädte mit einem hohen Anteil von Studentenhaushalten wie Freiburg, Bamberg oder Heidelberg.

Für die ersten beiden Typen lässt sich in der Tat sagen, dass sie eher Stiefkinder der ökonomischen Entwicklung sind, aber für Universitätsstädte gilt das sicher nicht. Hier sind ganz im Gegenteil jene Menschen besonders stark konzentriert, die intensiv daran arbeiten, die Topverdiener von morgen zu werden.

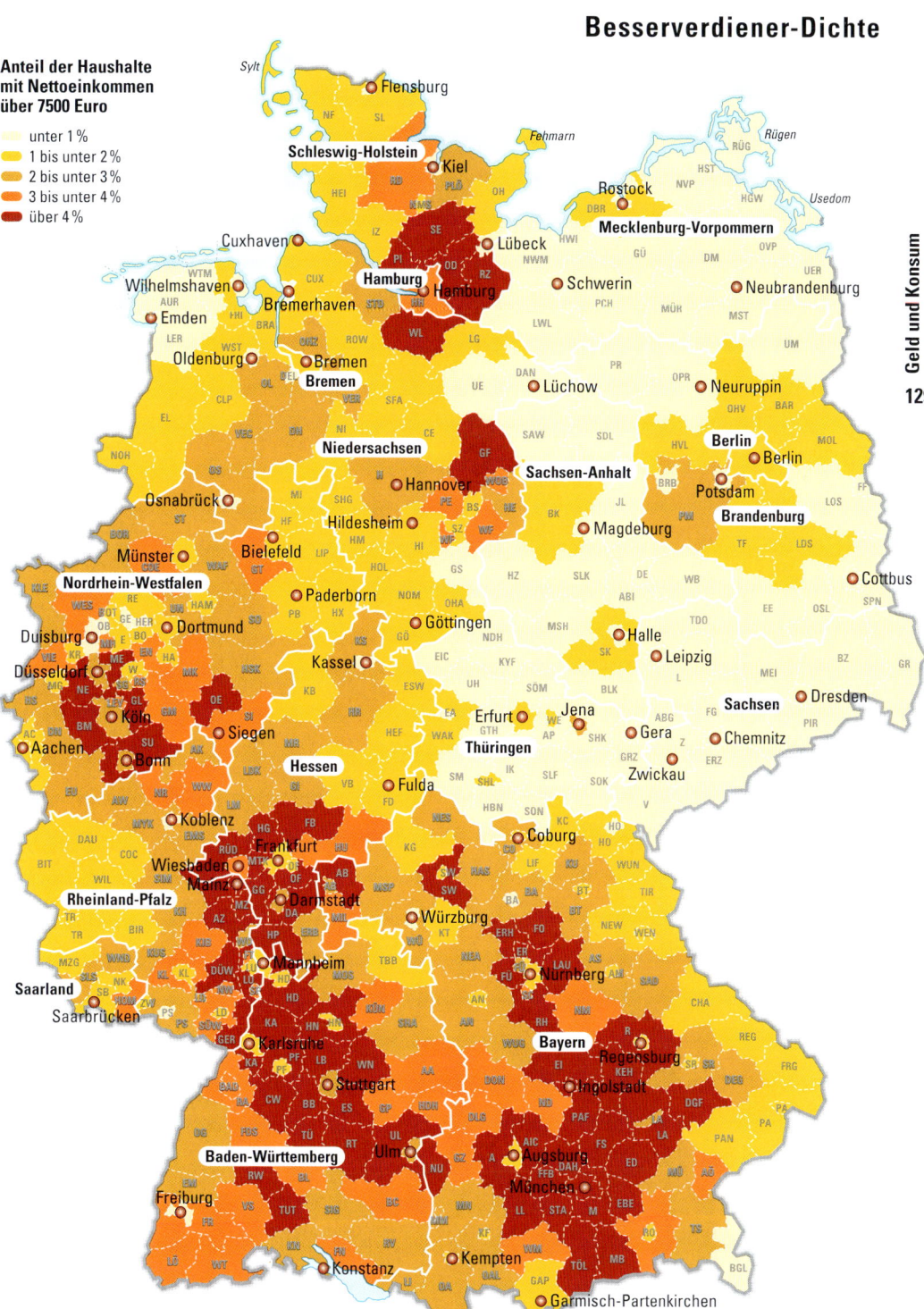

Kaufkraftlosigkeit

«Frankens gemütliche Ecke» nennt der Werbespruch die Region Westmittelfranken. Zwischen Würzburg und Nürnberg gelegen, ist die Gegend stark bäuerlich geprägt, hat ein paar Kurbäder, eine Touristenattraktion (Rothenburg ob der Tauber), viel Landschaft – und viele Geringverdiener. Ein großer roter Fleck zeigt sich auf dieser Karte mitten in den prosperierenden Ländern Bayern und Baden-Württemberg: Im bayerischen Westmittelfranken und in den angrenzenden, ebenfalls fränkischen Kreisen Baden-Württembergs verfügen mehr als 15 Prozent der Haushalte über ein Nettomonatseinkommen von weniger als 1100 Euro.

Wie kommt eine solche Häufung zustande? An der Arbeitslosigkeit kann es nicht liegen, die ist in dieser Region weit niedriger als im Bundesdurchschnitt. Und auch mit den traditionellen Armutsbegriffen ist dieses Phänomen nicht zu erklären: Ob man Hartz-IV-Empfänger im Besonderen oder Hilfsempfänger im Allgemeinen betrachtet, immer sind die Franken unauffällig. Und trotzdem haben sie auffällig viele Geringverdienerhaushalte.

In anderen ländlichen Regionen zeigt sich ein ähnliches Bild. Sowohl im Bayerischen Wald als auch im Alpenraum und in der Eifel misst die «Gesellschaft für Konsumforschung» (GfK), von der die Daten in dieser Karte stammen, eine besonders hohe Zahl an Geringverdienerhaushalten, ohne dass es dort hohe Ausschläge von Armutskennziffern gäbe.

Rentnerhaushalte mit geringem Einkommen

Der entscheidende Grund dafür liegt in der betrachteten Einheit: dem Haushalt. Eine Familie mit nur einem Kind erzielt bereits ein Nettoeinkommen von mehr als 1100 Euro, selbst wenn sie von Hartz IV lebt (Mietzahlung mit eingerechnet). Die von der GfK gefundenen Geringverdienerhaushalte dürften also zum überwiegenden Teil nur aus einem oder zwei Menschen bestehen.

Deshalb zeichnen sich zum Beispiel die Kreise im Umland großer Städte durch eine sehr geringe Zahl von Haushalten mit derart niedrigem Einkommen aus: Hier ist schlicht die Zahl der Singlehaushalte besonders klein. In den Städten wiederum ist deren Anteil hoch, genau wie der von Alleinerziehenden mit einem Kind, die häufig über ein besonders geringes Einkommen verfügen.

Aber auch das erklärt noch nicht die hohe Zahl der Geringverdienerhaushalte im Bayerischen Wald und in «Frankens gemütlicher Ecke». Dafür muss man auf eine andere Art von Haushalten zurückgreifen, die in Deutschland im Allgemeinen und in ländlichen Regionen im Besonderen weit verbreitet sind: Die Einkünfte der Rentner liegen oft um oder unter jenen 1100 Euro pro Monat, die von der GfK als Grenze der untersten von insgesamt sieben Einkommensklassen festgelegt wurden.

Das in den ländlichen Regionen Westdeutschlands seit Jahrzehnten besonders niedrige Lohnniveau führt dann auch dazu, dass dort die Renten relativ niedrig ausfallen. Anders in Ostdeutschland: Dort unterscheiden sich die Lohnhöhen zwischen Stadt und Land kaum – und die Durchschnittsrenten liegen deutlich höher als in den alten Bundesländern.

Hochburg Berlin – Tiefburg München

Unter den größten deutschen Städten ragt Berlin mit einer besonders hohen Geringverdienerdichte heraus: 26 Prozent der Haushalte müssen mit einem Nettoeinkommen von unter 1100 Euro pro Monat auskommen. In Hamburg hingegen ermittelten die GfK-Forscher eine weitgehend ausgewogene Verteilung auf alle Einkommensgruppen. In Bremen oder Stuttgart überwiegen Haushalte mit mittleren Einkommen, von wenigen Ausreißern nach oben und unten abgesehen. München hingegen ist das genaue Gegenstück zu Berlin: hohe Anteile der oberen Einkommensklassen, kaum Haushalte im unteren Bereich – was allein schon an den hohen Mieten liegen dürfte, die man in München zahlen muss.

Eine Sonderstellung beim Kriterium der Haushaltseinkommen nehmen wiederum die Universitätsstädte wie etwa Heidelberg ein. Dort gibt es naturgemäß einen objektiv hohen Anteil von Geringverdienern – die Studenten eben. Doch subjektiv gesehen dürfte dieser Anteil wesentlich niedriger liegen: Mit 1000 Euro im Monat würden sich die meisten Studenten wohl schon als Großverdiener fühlen.

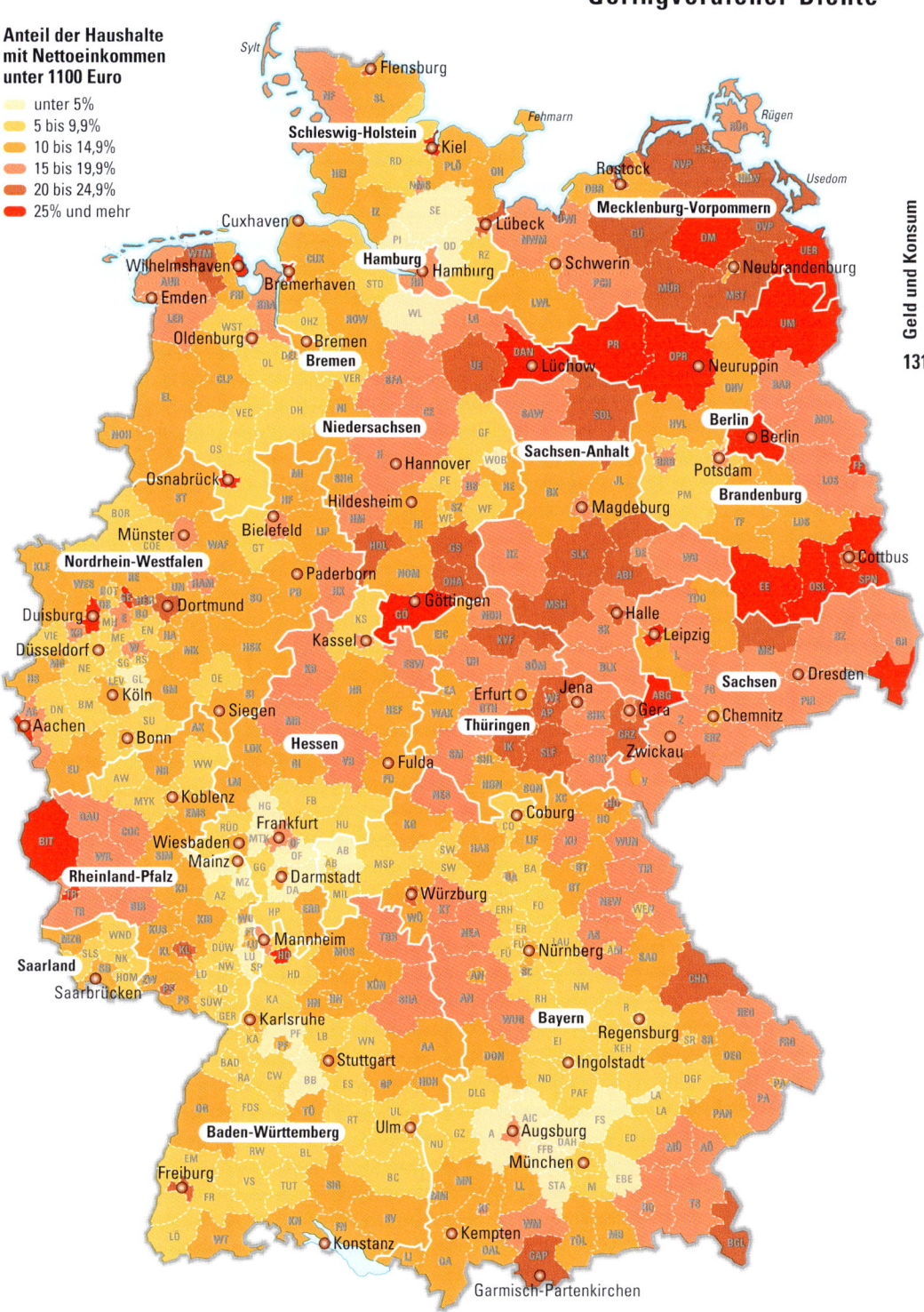

Bretter, die viel Geld bedeuten

Kultur und Wirtschaft vertragen sich nicht, finden viele Kulturschaffende. Bürgermeister und Ministerpräsidenten sehen das allerdings oft genau umgekehrt: Für sie sind kulturelle Einrichtungen und Aktivitäten ein wichtiger Standort- und Wirtschaftsfaktor. Das gilt nicht nur für Höchstkultur-Festspiele wie in Bayreuth oder Salzburg, die Geld-, Blut- und Machtadel anziehen, sondern auch für das ganz normale Opern-, Theater- und Konzertangebot einer Stadt: Welcher internationale Konzern würde sich schon in einer Stadt ansiedeln, die kein Opernhaus hat? Und aufstrebende Führungskräfte fühlen sich an ihrem Arbeitsplatz besonders wohl, wenn ihr Töchterchen abends begeistert vom Jugendtheater-Workshop der Städtischen Bühne erzählt.

Auch wenn mit Initiativen wie dem «Schleswig-Holstein Musik-Festival» klassische Musik und andere Hochkultur aufs platte Land geholt werden soll – in erster Linie findet Kultur in den Großstädten statt. So liegen die Stadtstaaten Berlin, Hamburg und Bremen denn auch bei den Theaterbesuchen (und Berlin und Bremen auch bei den Museumsbesuchen) ganz vorne: Etwa 500 Besucher je 1000 Einwohner verzeichnen sie pro Jahr, wobei ein großer Teil davon auch auf (Kultur-)Touristen entfällt.

100 Euro Zuschuss je Theaterbesucher

Schon erstaunlicher ist hingegen, dass nur ein einziger Flächenstaat mit den drei Stadtstaaten mithalten kann: Sachsen – 462 Theaterbesuche je 1000 Einwohner bedeuten Platz zwei unter allen Bundesländern, 185 Museumsbesuche je 100 Einwohner Platz drei und 7,0 Theatersitzplätze je 1000 Einwohner ebenfalls Platz drei der Bundesländer-Rangliste. Sachsen hat nach 1990 stärker als jedes andere der neuen Bundesländer auf den Standortfaktor Kultur gesetzt – mit überregional ausstrahlenden Institutionen wie der Semper-Oper in Dresden oder dem Gewandhaus-Orchester in Leipzig, aber auch mit Erhalt und Modernisierung vieler lokaler und regionaler Museen und Spielstätten.

Der Preis dafür: Gemessen an den Kulturausgaben je Einwohner liegt Sachsen im Ländervergleich ganz vorne, sogar noch vor den drei Stadtstaaten – für einen Sachsen wird etwa dreimal so viel Kulturgeld ausgegeben wie für einen Saarländer. In einer anderen Kategorie schneidet Sachsen allerdings wesentlich besser ab: bei den Subventionen je Theaterbesucher. Da stehen die sächsischen 100 Euro je Besucher gerade mal im Mittelfeld des Subventionsrankings. Am billigsten macht es Bayern mit 85 Euro je Theaterbesucher, am teuersten Hessen mit 133 Euro.

Die übrigen neuen Bundesländer lassen sich so gerechnet ihre Theater mehr kosten als die kulturbeflissenen Sachsen. Was auch daran liegt, dass dort die Auslastung der Theater wesentlich niedriger ist: Ein Theaterstuhl in Sachsen ist 66-mal pro Jahr besetzt, etwa so oft wie auch in den westdeutschen Flächenstaaten. In Thüringen und Sachsen-Anhalt hingegen ist jeder Platz pro Jahr nur etwa 40-mal besetzt, in Mecklenburg-Vorpommern sogar nicht einmal 30-mal.

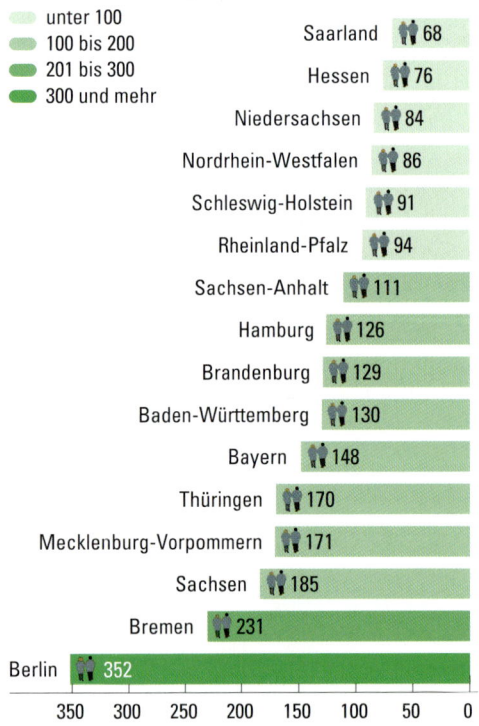

Museumsbesuche je 100 Einwohner

- unter 100
- 100 bis 200
- 201 bis 300
- 300 und mehr

Saarland	68
Hessen	76
Niedersachsen	84
Nordrhein-Westfalen	86
Schleswig-Holstein	91
Rheinland-Pfalz	94
Sachsen-Anhalt	111
Hamburg	126
Brandenburg	129
Baden-Württemberg	130
Bayern	148
Thüringen	170
Mecklenburg-Vorpommern	171
Sachsen	185
Bremen	231
Berlin	352

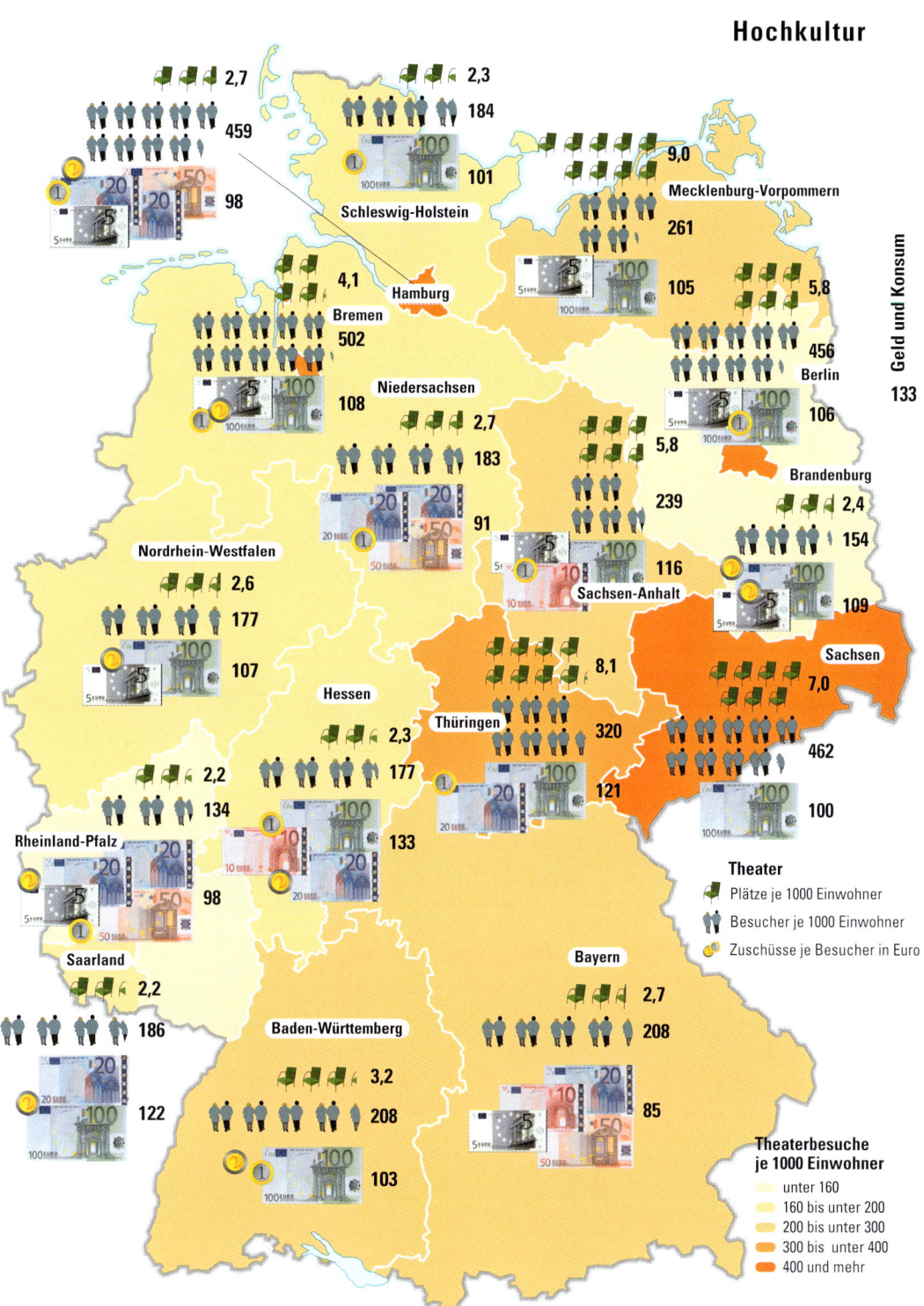

Gerädertes Land

Deutschland ist «die» Autonation Europas, wenn nicht gar der Welt. Kein Tempolimit, kraftstrotzende Autokonzerne, der größte Automobilklub der Welt und der beste Formel-1-Rennfahrer aller Zeiten: alles deutsch. Die Pkw-Dichte, also die Zahl der Autos in Relation zur Einwohnerzahl wächst weiter, trotz steigender Energiepreise bleibt auch die Fahrleistung auf hohem Niveau – und die erfolgreichste Maßnahme zur Ankurbelung der Konjunktur im Krisenjahr 2009 subventionierte den Kauf von Neuwagen.

Dennoch: Eine hohe Pkw-Dichte ist keinesfalls nur eine Erfolgsmeldung. Zum einen wegen der hohen Umweltbelastung, die der Autoverkehr verursacht, zum anderen aber auch, weil sie nicht gerade ein Kennzeichen für besonders fortschrittliche Regionen ist. Im ländlichen Raum mit einer geringeren Zahl an Arbeitsplätzen und einem schlechteren Angebot im öffentlichen Personennahverkehr ist die Abhängigkeit vom Auto hoch. Hier und im unmittelbaren Umland der Städte fällt die Pkw-Dichte am höchsten aus, während in den größeren Städten mit tendenziell höherer Arbeitsplatzdichte und besserem Infrastrukturangebot die Pkw-Dichte geringer ist.

Mit 555 Pkw pro 1000 Einwohner liegt das kleinste Flächenland, das Saarland, vor Rheinland-Pfalz, wo 543 Autos auf 1000 Einwohner kommen; Rang 3 halten die Bayern mit 541 Pkw. Die wenigsten Autos je 1000 Einwohner gibt es mit 319 Fahrzeugen in Berlin, gefolgt von den anderen Stadtstaaten. Der Bundesdurchschnitt liegt bei 503 Pkw pro 1000 Einwohner.

Vom Lebenstraum zum Verkehrs-Alptraum

Auch der Blick über die Grenzen lässt weitere Zweifel an einer direkten Beziehung zwischen Wohlstand und/oder Fortschrittlichkeit und automobiler Ausstattung aufkommen. Zwar gilt in sich entwickelnden Ländern wie Indien oder China das eigene Auto genauso als Lebenstraum, wie es schon im Europa der Nachkriegszeit und im Amerika der Zwischenkriegszeit der Fall war. Aber in den entwickelten Ländern funktioniert diese Gleichung nicht mehr. Reiche Länder wie Dänemark, Irland, Schweden, Großbritannien, die Niederlande und Finnland weisen eine geringere Pkw-Dichte auf als die ärmeren EU-Staaten Portugal, Spanien und Italien.

Dafür gibt es viele Gründe. Dänemark besteuert den Autokauf erheblich, auch in anderen Staaten werden bei vielen Kraftfahrzeugen besonders hohe Luxussteuern fällig. In den Niederlanden und Großbritannien ist der Anteil der städtischen Bevölkerung hoch, die wiederum tendenziell mit weniger Pkw auskommt als die Menschen auf dem Land. Ausnahme in Deutschland ist die VW-Stadt Wolfsburg, die einzige Region, in der es mehr Autos als Menschen gibt. Ein weiterer wichtiger Grund, sich für oder gegen ein eigenes Auto zu entscheiden, ist der Zustand des öffentlichen Verkehrssystems. Und der ist nun mal in den Südstaaten der EU traditionell jämmerlich.

Greis am Steuer

Wenn es wahr ist, dass die fortschrittlichsten Regionen den Trend setzen, dürfte die Pkw-Dichte in Deutschland in Zukunft eher abnehmen. Das belegt die Prognose des Statistischen Landesamts Baden-Württemberg für Heidelberg. Die Zahl der Autos wird dort bis 2025 deutlich sinken. Am 1. Januar 2006 waren 50 600 Pkw zugelassen, das entspricht 411 auf 1000 Einwohner. Bis zum Jahr 2025 wird ein Absinken auf 45 800 prognostiziert, umgerechnet 375 Autos auf 1000 Einwohner – ein Rückgang von 9,5 Prozent. Heidelberg wird dann die niedrigste Pkw-Dichte aller Stadt- und Landkreise Baden-Württembergs haben.

Nach Auffassung des Statistischen Landesamts basiert dieser Rückgang unter anderem auf der überdurchschnittlich guten Ausstattung mit öffentlichen Verkehrsmitteln und Radwegen, einer konsequenten Umweltpolitik und einer Verkehrspolitik, die tatsächlich zu weniger Autoverkehr führt. Wer in Heidelberg mit dem Wagen der offiziellen Ausschilderung in Richtung «Zentrum» folgt, hat keine Chance, auch nur in die Nähe seines Ziels zu gelangen – und versucht das nie wieder.

Der Rückgang der Pkw-Dichte könnte aber auch darauf zurückzuführen sein, dass Heidelberg eine vergleichsweise junge Stadt ist und als Uni-Standort auch bleiben wird. Denn bundesweit ist die Motorisierung der unter 35-Jährigen leicht rückläufig. Der Anteil der über 50-Jährigen an der gesamten Pkw-Fahrleistung wird bis 2030 auf 35 Prozent steigen. Mit der wachsenden Bedeutung von älteren Autofahrern könnte also die Pkw-Dichte in Deutschland auch weiterhin steigen. Nur eben in Heidelberg nicht.

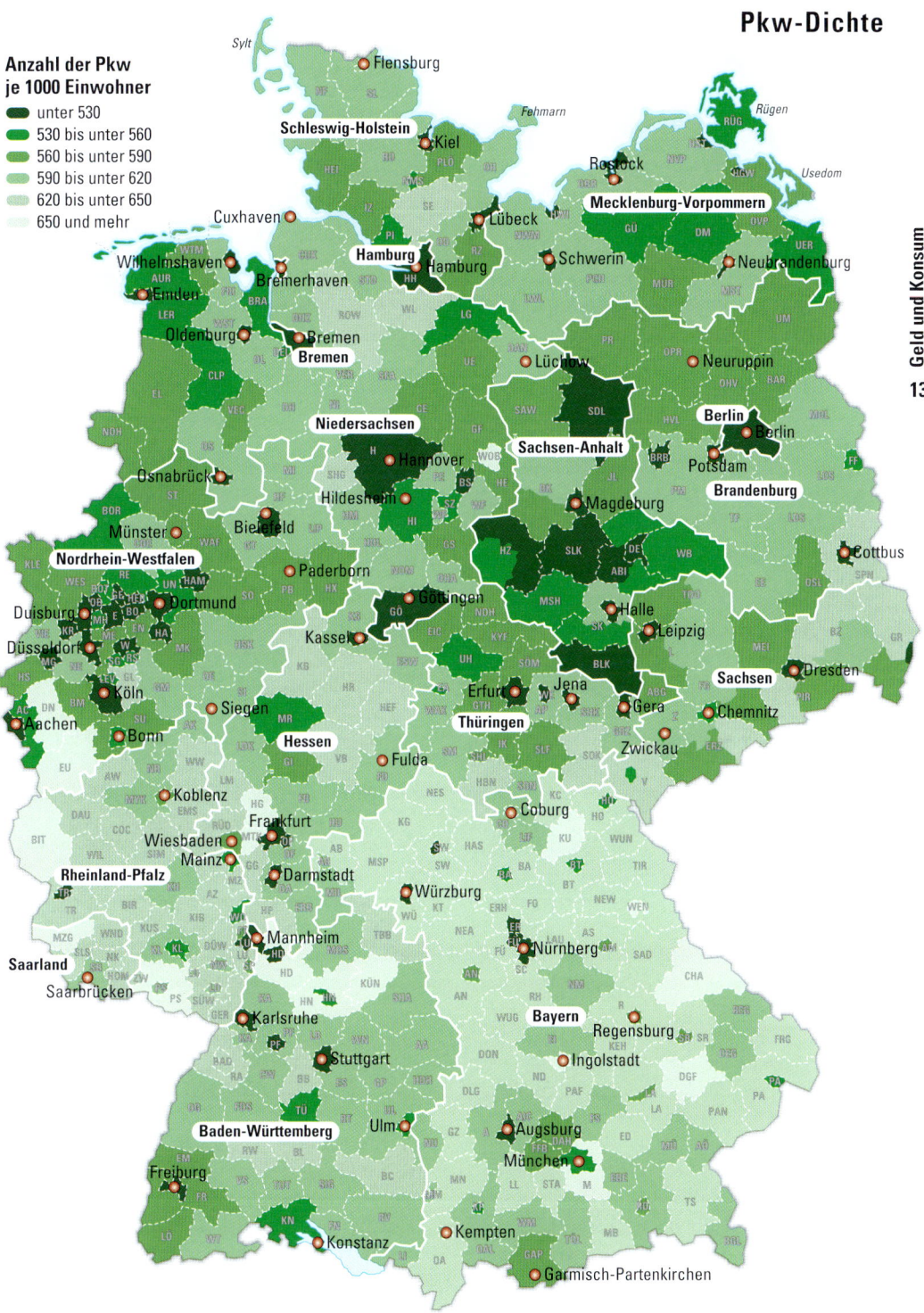

Enger wohnen

Das Erkennungszeichen der Stadt ist das Gedränge. Viele Menschen auf engem Raum, das zeichnete die Stadt schon aus, als sie noch von einer Mauer umgeben war, und das hat sich bis heute nicht geändert. Aber dass es auf den Straßen und Plätzen so voll ist, muss nicht automatisch bedeuten, dass das Gleiche auch für die Wohnungen gilt. Sicher, in jeder Stadt gibt es Wohnungen, die an Hasenställe erinnern, aber es gibt auch Villen und großzügig geschnittene Wohnungen, da könnten die Bürger sich doch in ihrem Zuhause jenen Platz gönnen, den sie in der U-Bahn vermissen.

Aber sie tun es nicht. Die zehn westdeutschen Kreise mit der geringsten Wohnfläche je Einwohner sind allesamt Stadtkreise; auch unter den 50 Kreisen mit der schlechtesten Wohnraumversorgung finden sich gerade einmal zehn Landkreise – die hingegen stellen 47 der 50 Kreise mit der höchsten Wohnfläche je Einwohner. In den neuen Bundesländern zeigt sich die gleiche Tendenz, allerdings nicht ganz so ausgeprägt: Auf den untersten zehn Plätzen liegen sechs Stadt- und vier Landkreise, unter den obersten zehn sind nur drei Städte vertreten.

Viel Platz in der Provinz

Die größere Enge in den Stadtwohnungen ist vor allem auf einen Faktor zurückzuführen: den Preis. Sowohl die Mieten als auch die Kaufpreise für Wohnungen liegen in den meisten Städten deutlich höher als im Umland. Für das gleiche Geld gibt es also draußen vor der Stadt mehr Platz – einer der wichtigsten Gründe, die Menschen aufs Land locken.

Doch was den Preis angeht, ist Land nicht gleich Land. Je näher eine Region an einer Großstadt liegt, desto höher sind auch dort die Immobilienpreise. Rund um besonders attraktive Städte wie München, Frankfurt, Hamburg, Stuttgart oder Freiburg sind dementsprechend nur relativ geringe Wohnflächen je Einwohner zu verzeichnen. Die Orte sind dort eher von Reihenhäusern mit Handtuchgarten geprägt als von Villen.

So richtig viel Platz gönnen sich die Einwohner tatsächlich nur dort, wo weit und breit keine Metropole in der Nähe ist. Eifel, Hunsrück, Wendland, Friesland, Fichtelgebirge und Bayerischer Wald, so heißen die deutschen Regionen mit der größten Wohnfläche je Einwohner.

In Ostdeutschland zeichnet sich diese Struktur (noch) nicht so deutlich ab. Das liegt zum einen an der komplett unterschiedlichen Struktur in der DDR-Zeit und zum anderen an der Entwicklung seit der Wiedervereinigung. In beiden Fällen ist der entscheidende Faktor der Preis – oder besser gesagt: der Nicht-Preis.

– In der DDR hing die einem Haushalt zur Verfügung stehende Wohnfläche nicht von dessen finanzieller Leistungsfähigkeit ab (also von der Miete), sondern von der Zahl der zum Haushalt gehörenden Menschen. Ein Paar mit Kind hatte Anspruch auf eine 3-Raum-Wohnung, und die war überall gleich: Typ WBS 70: 61 Quadratmeter. Große Unterschiede zwischen Stadt und Land konnten da gar nicht erst aufkommen.

– In den neuen Ländern ist Wohnraum fast durchweg so günstig, dass es kaum zu Stadt-Land-Differenzierungen über den Mietpreis kommt. Manchmal ist die Stadt billiger: In Leipzig gibt es in einigen Wohnblocks sogar negative Mieten – die Bewohner werden dafür bezahlt, dass sie dort wohnen.

Freiraum zieht Künstler an

Doch auch dort, wo es in Deutschlands Städten besonders eng ist, ist man noch weit von den Verhältnissen entfernt, die in vielen ausländischen Metropolen herrschen. In Tokio beispielsweise entfallen auf jeden Einwohner gerade einmal zehn Quadratmeter – noch in den beengtesten deutschen Städten sind es mehr als dreimal so viel. Und in Paris, einer jener Metropolen, mit denen sich Berlin besonders gerne vergleicht, stehen den Bürgern nur etwa halb so viel Quadratmeter Wohnraum pro Person zur Verfügung wie in der deutschen Hauptstadt.

Für Städte wie Berlin und Leipzig ist das ein wichtiges Argument im Standortwettbewerb. So ist der Aufschwung, den die Berliner Kunstszene im vergangenen Jahrzehnt verzeichnen konnte, nicht zuletzt auf die komfortablen Platzverhältnisse zurückzuführen: Fotografen, Maler und Designer brauchen nun mal Studios und Ateliers – und in der europäischen Szene-Hauptstadt London waren die wegen des dortigen Immobilienbooms entweder gar nicht mehr zu bekommen oder für die meisten Künstler unbezahlbar. Da bot und bietet Berlin ganz andere Möglichkeiten.

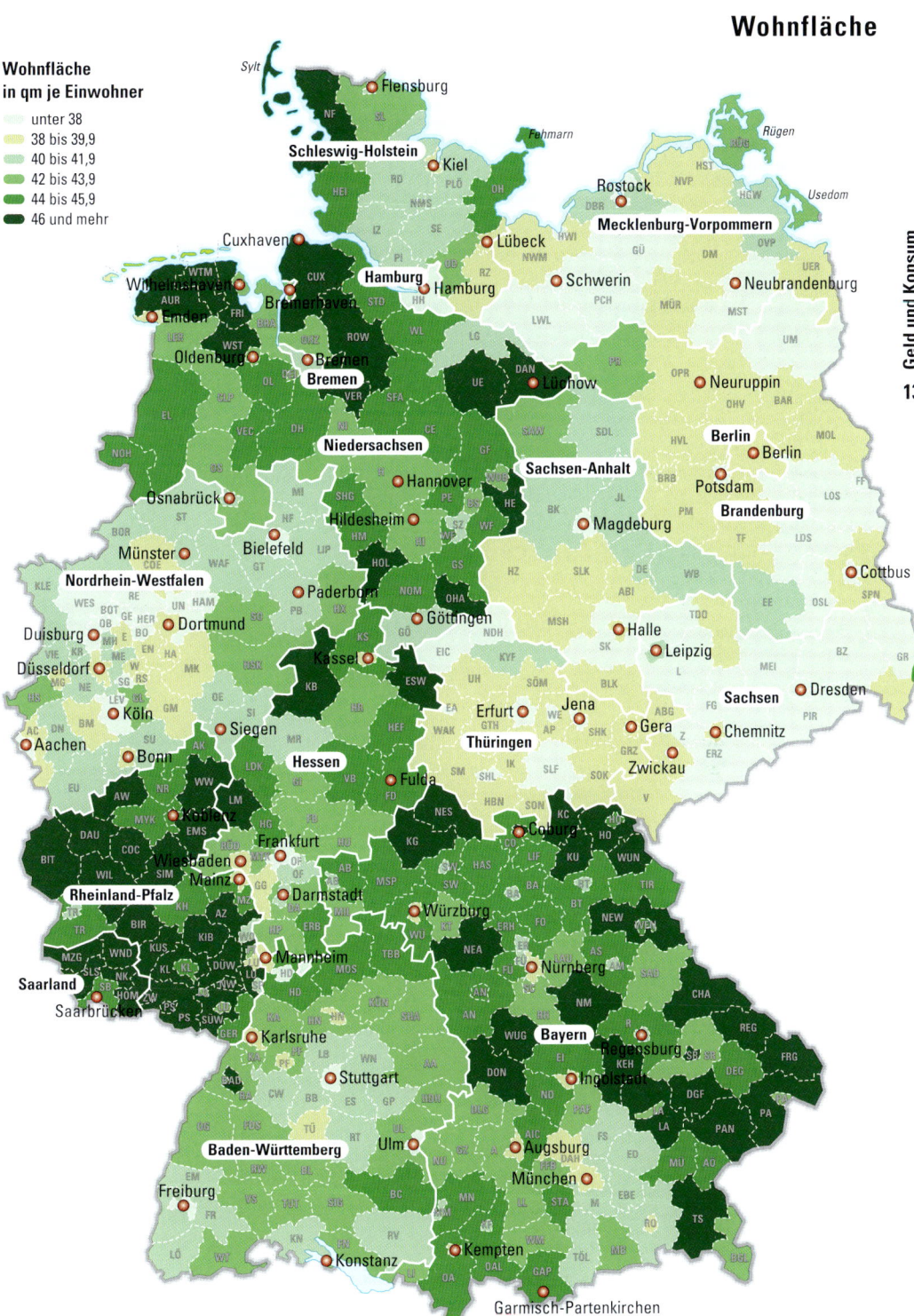

Wenn 489 Millionen eine Reise tun …

Europa ist der mit Abstand beliebteste aller Kontinente. Nach Angaben der Welttourismusorganisation gingen 53,1 Prozent aller touristischen Reisen im Jahr 2008 nach Europa – 489 von insgesamt 922 Millionen Trips. Sechseinhalb der zehn beliebtesten Reiseziele der Welt liegen in Europa, nämlich (in dieser Reihenfolge) Frankreich, Spanien, Italien, Großbritannien, die Ukraine und Deutschland sowie die sowohl zu Europa als auch zu Asien gehörende Türkei, mit 25 Millionen Gästen im Jahr 2008 knapp vor Deutschland. Nur die USA, China und Mexiko schafften es, in diese europäische Phalanx einzudringen.

Und auf diesem touristisch bedeutenden Kontinent gibt es wiederum eine besonders gut besuchte Region: das Mittelmeer. Die europäischen Mittelmeerstaaten alleine vereinigen über die Hälfte des europäischen Tourismus und mehr als ein Viertel des Welttourismus auf sich. Zwar geht, wie die Karte zeigt, längst nicht jede Reise, die nach Spanien oder Frankreich führt, auch tatsächlich ans Mittelmeer, dennoch sind die mediterrane Sonne und die dortigen Strände die weltweit wichtigsten Reisemotive.

Rückschläge für aufstrebende Reiseziele

Doch der Rest der Welt holt auf. Insbesondere in Asien und in Afrika sind die Wachstumsraten der Tourismusbranche in den vergangenen Jahren stärker gestiegen als in Europa – und im Krisenjahr 2009 ist der Rückgang des Geschäfts auf diesen Kontinenten geringer ausgefallen. Nur eine Region wurde zuletzt noch stärker gebeutelt als die europäischen Reiseziele: der Nahe Osten und dort insbesondere die Vereinigten Arabischen Emirate, bei denen sich Dubai als neues Luxusreiseziel etablieren wollte und zuletzt massive Rückschläge zu verzeichnen hatte.

Dämpfer für aufstrebende touristische Ziele gab es auch in Europa. In den Jahren 2000 bis 2006 lagen gemessen an den prozentualen Veränderungen osteuropäische Destinationen ganz vorne. Die drei baltischen Staaten, Bulgarien und Polen waren die einzigen EU-Länder, die in diesem Zeitraum jährliche Wachstumsraten der touristischen Übernachtungen von mehr als fünf Prozent schafften. Die Wachstumsraten der traditionellen Marktführer im Westen und Süden, von Großbritannien bis Spanien, stiegen mit maximal drei Prozent pro Jahr langsamer, aber auf wesentlich höherem Niveau. Doch in der Krise hielten sich die Klassiker stabiler: Osteuropa verzeichnete im Jahr 2009 die stärksten Rückgänge von allen europäischen Tourismusregionen – im Baltikum und in Polen lag die Zahl der Reisenden jeweils um deutlich mehr als zehn Prozent unter dem Wert des Vorjahres. Auch die Urlaubsländer in Westeuropa erlitten Einbrüche, allerdings «nur» in der Größenordnung von fünf bis zehn Prozent gegenüber den Zahlen aus dem Jahr 2008. An einem der klassischen Urlaubsländer ist der Abschwung des Jahres 2009 allerdings fast unbemerkt vorbeigegangen: an der Türkei. Sie konnte ziemlich genau gleich viele Besucher begrüßen wie im Vorjahr.

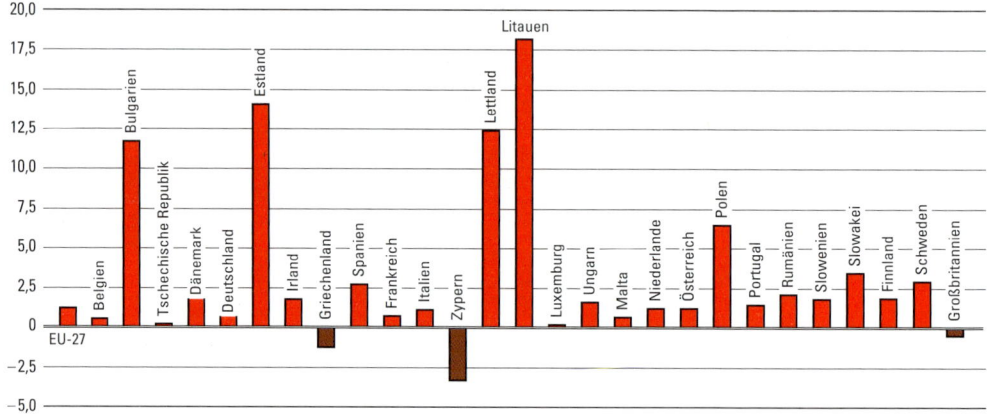

Zu- bzw. Abnahme touristischer Übernachtungen in Prozent pro Jahr von 2000 bis 2006

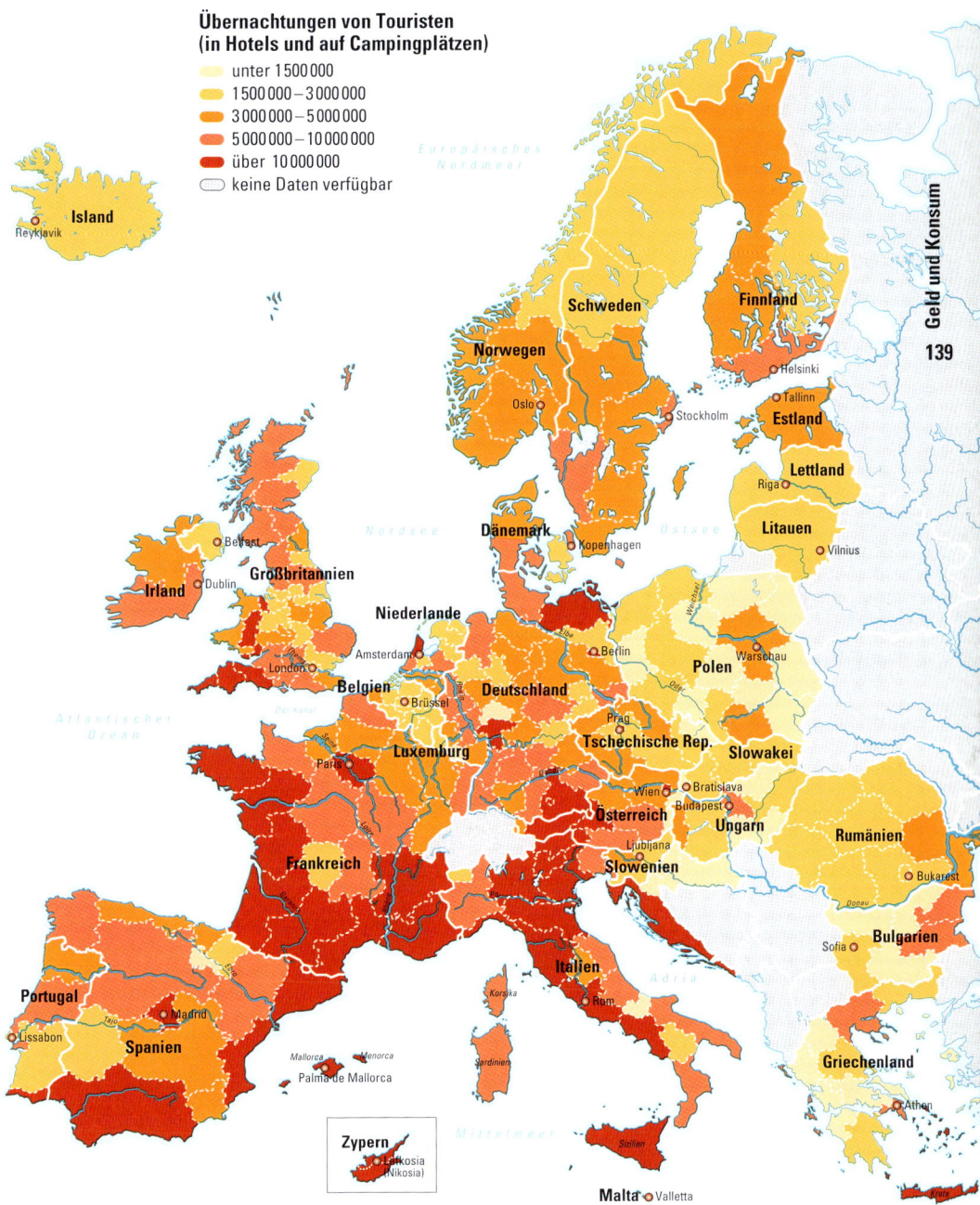

Der Osten bleibt rot

Auf dieser Karte zeigt sich, dass ein statistischer Mittelwert manchmal nicht weiterhilft. Wie in jenem alten Witz vom Menschen, der den Kopf in der Kühltruhe und die Füße im Backofen hat, aber im Durchschnitt in einer angenehmen Temperatur lebt, gibt es auch in Europa ein durchaus ordentliches verfügbares Durchschnittseinkommen von 12 500 Euro pro Jahr – aber mit weit auseinanderklaffenden Extremwerten.

Vergleicht man die absoluten Extreme miteinander, verfügen die Bürger des reichsten europäischen Landes Liechtenstein über mehr als 50-mal so viel Kaufkraft wie die Einwohner des europäischen Armenhauses Moldawien. Innerhalb der Europäischen Union ist die Schere etwas kleiner – aber auch dort ist die Kaufkraft des Spitzenreiters Luxemburg zehnmal so hoch wie die des Schlusslichts Bulgarien.

Ein Vorhang als Grenze

Auf den ersten Blick fällt auf, wo die wichtigste Trennlinie verläuft: zwischen Ost und West. Kein einziges der Länder, die einstmals hinter dem Eisernen Vorhang lagen, hat bisher den europäischen Durchschnittswert erreicht; am besten schneidet Slowenien mit knapp 10 000 Euro verfügbarem Einkommen pro Jahr ab. Umgekehrt liegen nur zwei Staaten, die früher zum westlichen Lager zählten, deutlich unterhalb des Durchschnitts – nämlich Portugal und Malta. Selbst ehemals als besonders rückständig (und förderungswürdig) geltende EU-Regionen wie das südspanische Andalusien oder Italiens Stiefelspitze sind in dieser Darstellung im europäischen Mittelfeld gelandet.

In den vergangenen Jahren verringerte sich der Abstand zwar deutlich: Die Kaufkraft-Wachstumsraten der osteuropäischen Reformstaaten lagen weit über denen westlich der ehemaligen Systemgrenze. Von den Folgen der Finanzkrise seit 2008 wurden aber einige der dynamischsten Oststaaten besonders hart getroffen, etwa Ungarn oder das Baltikum. Politische Barrieren scheinen doch schneller überwindbar als ökonomische.

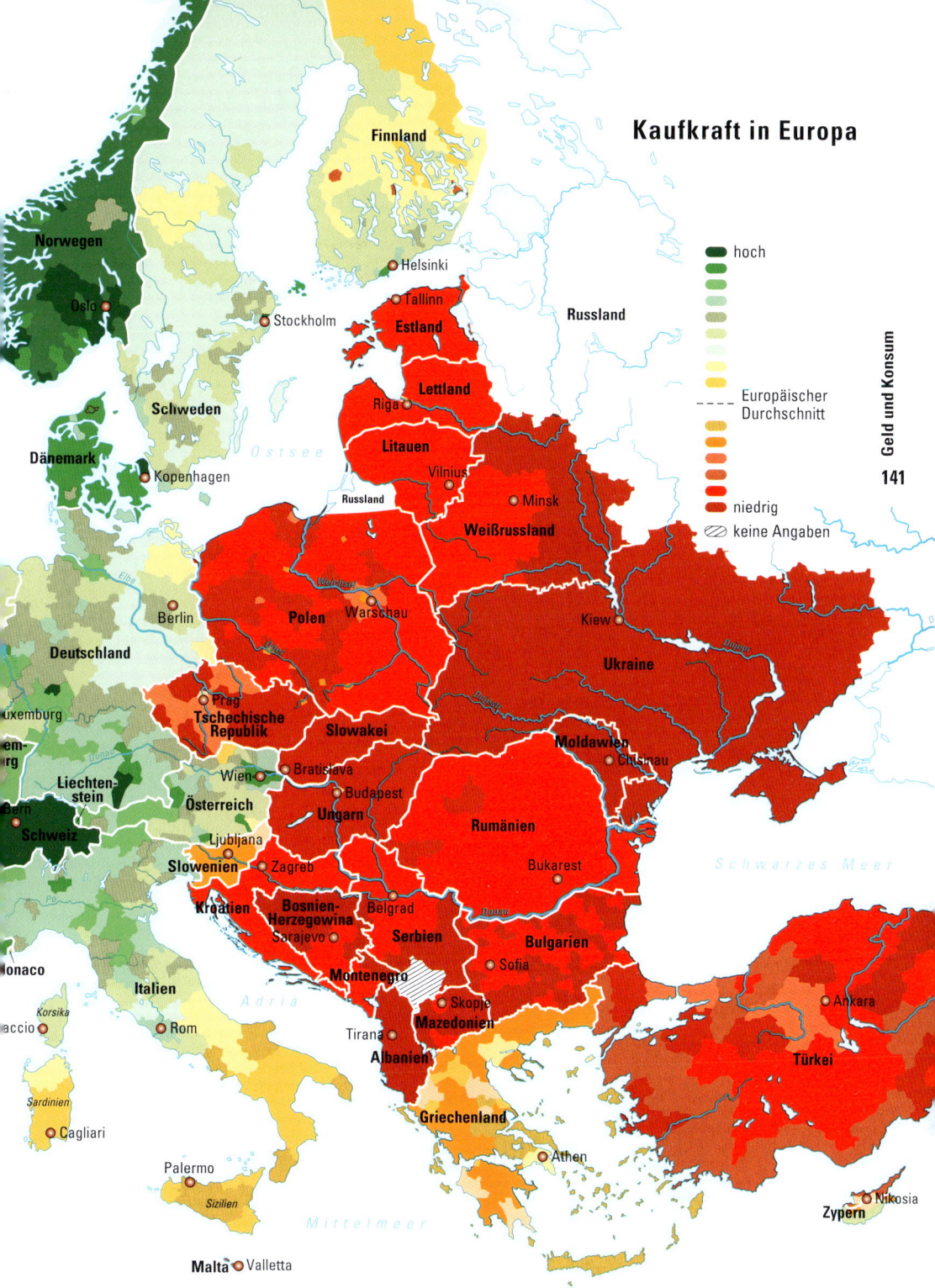

7. Teil
20 Jahre deutsche Einheit

Wir sind ein Volk, und das seit 20 Jahren. Doch die staatliche Einheit zu verwirklichen war weit einfacher, als für annähernd gleiche ökonomische Verhältnisse im West- und Ostteil des Landes zu sorgen.

Ob Haushaltseinkommen oder Industrieproduktivität, Wohnfläche oder Sparguthaben – in den allermeisten ökonomischen Kategorien rangieren die (nicht mehr ganz so) neuen noch deutlich hinter den alten Bundesländern. So weit die schlechte Nachricht. Doch, und das ist die gute, im Vergleich zur Lage in den letzten Jahren der DDR stehen sie schon glänzend da. Staatliche Transferzahlungen in Billionenhöhe, aber auch die Anstrengungen der ostdeutschen Bürger und Unternehmen haben dafür gesorgt, dass in den neuen Bundesländern kaum noch etwas an die graue Vergangenheit des Sozialismus erinnert.

Doch die Angleichung zwischen Ost und West findet nicht nur mittels Investitionen und Subventionen statt – sondern auch durch Abwanderung. Von Regionen mit hohem Wohlstand und geringer Arbeitslosigkeit geht immer ein Sog aus, und dort, wo die ökonomischen Perspektiven am schlechtesten sind, hat er die stärkste Wirkung. Immerhin aber gibt es solche Sogkräfte inzwischen nicht nur in Richtung München oder Stuttgart, sondern auch in Richtung Dresden oder Weimar: Ein paar Landschaften blühen auch in Ostdeutschland.

Fabriken auf Westkurs

Als die neuen Bundesländer noch DDR hießen, sahen sie in Bezug auf ihre Industriestandorte aus wie von Adidas designt: ein Land mit drei Streifen. Die drei Nordbezirke Schwerin, Rostock und Neubrandenburg waren industrielle Diaspora: Weniger als ein Viertel aller Beschäftigten war dort in der Industrie tätig. Die vier südlich angrenzenden Bezirke Magdeburg, Potsdam, Frankfurt und Berlin bildeten einen geschlossenen Mittelstreifen mit 25 bis 32 Prozent Industriebeschäftigten. Und die acht südlichen Bezirke waren das industrielle Kernland der DDR, mit einem Industrieanteil an der gesamten Zahl der Erwerbstätigen zwischen 40,0 (Leipzig) und 48,4 Prozent (Suhl).

Dort im Süden lagen die Zentren des Automobilbaus (Zwickau, Eisenach), der Chemieindustrie (Buna, Leuna, Bitterfeld), des Braunkohleabbaus (Cottbus, Leipzig), der Textilindustrie (Karl-Marx-Stadt, heute Chemnitz), der Informationstechnik (Dresden, Sömmerda) und der Optischen Industrie (Jena). Im Mittelstreifen waren der Maschinenbau (Magdeburg), die Elektroindustrie (Berlin) und die Stahlindustrie (Eisenhüttenstadt) stark vertreten – und für den Norden blieben einzig die Werften.

Industriestruktur wie vor dem Krieg

Auch nach vierzig Jahren Planwirtschaft zeigte die DDR-Industrielandschaft damit immer noch das gleiche räumliche Bild, das sich seit der Industriellen Revolution bis zum Zweiten Weltkrieg entwickelt hatte. Gewerbefleiß und Unternehmergeist hatten Sachsen und Thüringen schon früh zu Zentren der deutschen Industrie gemacht, Sachsen-Anhalt war gemeinsam mit Ludwigshafen und Leverkusen führend in der Großchemie, Berlin war durch Siemens Elektro-Territorium, das dünn besiedelte Mecklenburg hingegen glänzte allein mit weißen Ostseestränden und einer hohen Dichte an Gutshöfen und Herrenhäusern.

Nur zwei Industriestandorte wurden von der DDR völlig neu aus dem Boden gestampft: das Stahlwerk von Eisenhüttenstadt, ursprünglich als «Stalinstadt» gegründet, und das Petrolchemische Kombinat in Schwedt, am Endpunkt der Druschba-Ölpipeline. Beide Standorte lagen an der Ostgrenze der DDR und damit möglichst weit entfernt vom kapitalistischen Klassenfeind sowie möglichst nah an der Bruder- oder auch Besatzungsmacht UdSSR.

In den zwanzig Jahren seit dem Mauerfall wurde aus dieser Bewegung Richtung Osten eine gen Westen. Von den zehn Kreisen mit dem höchsten Anteil an Industriebeschäftigten, allesamt in Thüringen oder Sachsen gelegen, grenzen sieben an die alten Bundesländer. In Mecklenburg sind die beiden Landkreise mit Westgrenze diejenigen mit der höchsten Industriedichte, und in Sachsen-Anhalt liegt der (an Niedersachsen grenzende) traditionell landwirtschaftlich geprägte Börde-Kreis beim Anteil der Industriebeschäftigten nur knapp hinter den traditionellen Zentren des Chemiedreiecks um Bitterfeld.

Höhere Industriedichte als in NRW

Ausschlaggebend für diese Westverschiebung war in erster Linie die entsprechende Verschiebung der Absatzmärkte. Wurde bis 1990 von den DDR-Unternehmen vor allem für den Bedarf in Osteuropa, der Sowjetunion und in erster Linie natürlich der DDR selbst produziert, änderte sich mit der Währungsunion schlagartig die Orientierung: Die Ostmärkte brachen weg, dafür vervielfachte sich der nationale Absatzmarkt vom Gebiet der ehemaligen DDR auf Gesamtdeutschland – auch wenn es in den ersten Jahren nur wenige ostdeutsche Unternehmen tatsächlich schafften, auf diesem Markt Fuß zu fassen.

Die Folge war ein dramatischer Arbeitsplatzabbau in der ostdeutschen Industrie. Verzeichnete die DDR-Statistik noch mehr als drei Millionen Industriebeschäftigte, sind es derzeit weniger als eine Million. Von einer völligen De-Industrialisierung der neuen Bundesländer kann allerdings keine Rede sein: In Thüringen ist die Industriedichte, also die Zahl der Industriearbeiter pro 1000 Einwohner, sogar höher als in Nordrhein-Westfalen.

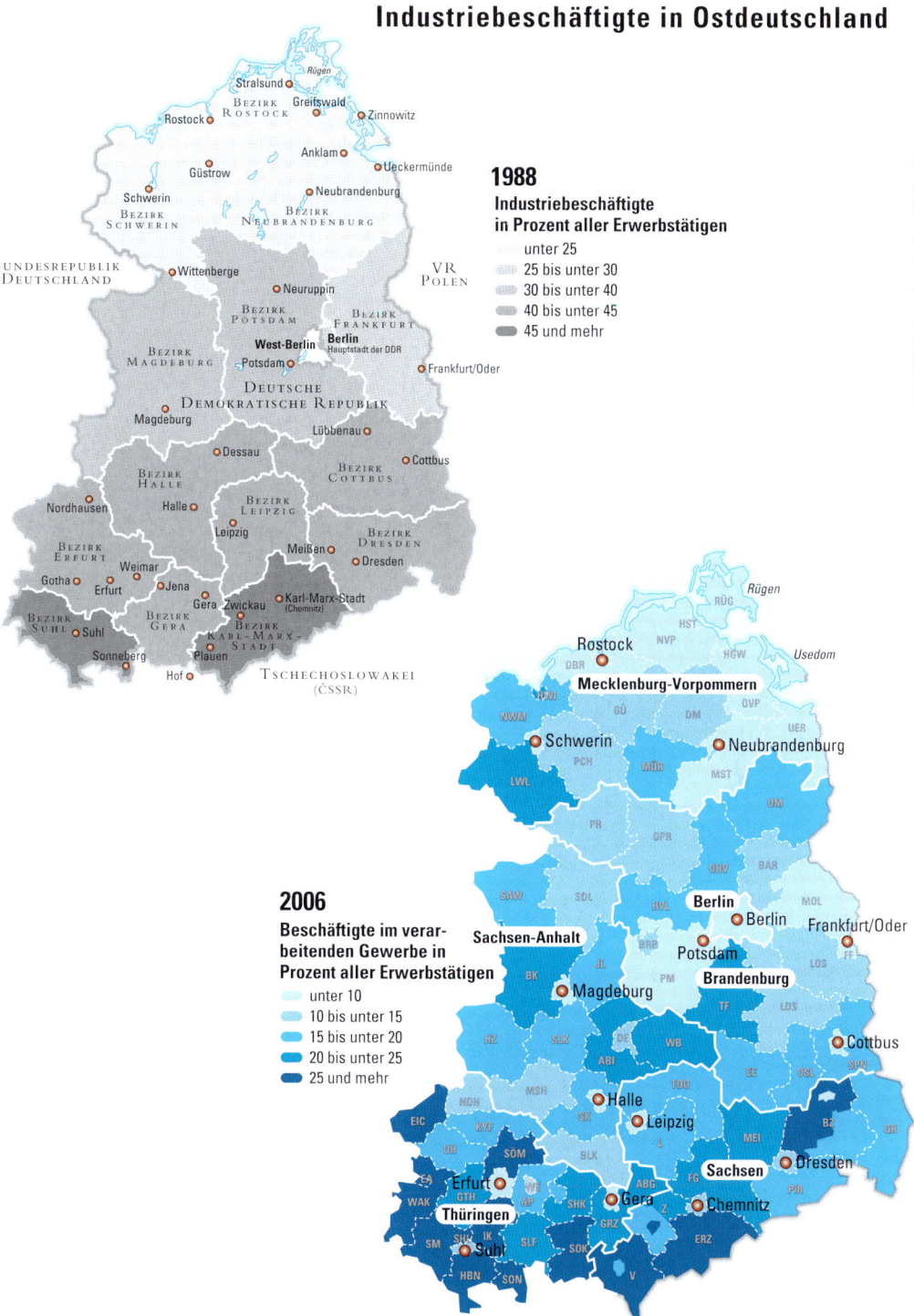

Kein Schalck mehr im Nacken

Wenn in der Planwirtschaft die Produktionsergebnisse mal nicht so aussehen, wie sie sollten, kann der Verantwortliche schon mal die Zahlen der harten Realität durch seine Wunschergebnisse ersetzen. Das machte Günter Mittag, der oberste Planwirtschaftler der DDR, in den 80er Jahren mehrfach. Wer hätte ihm den Betrug nachweisen sollen – es gab ja keine anderen Zahlen als seine. Allerdings stoßen solche Manipulationen an ihre Grenzen, wenn es um die Geschäfte jenseits der Grenzen geht. Wer im Ausland einkaufen will, kann nicht mit Planzahlen bezahlen, sondern braucht Geld. Und beim Einkauf im westlichen Ausland half der DDR das eigene Geld nicht weiter. Sie brauchte dafür harte Währung. Ob D-Mark oder US-Dollar war egal, Hauptsache Devisen.

Devisen: das war die Spezialität der «Abteilung Kommerzielle Koordinierung» von Alexander Schalck-Golodkowski, gleichzeitig enger Vertrauter von Günter Mittag und Stasi-Chef Erich Mielke. Devisen mussten herangeschafft werden, auf welche Weise auch immer. Eine Einnahmequelle bestand darin, sich von der BRD Häftlinge und ausreisewillige Bürger abkaufen zu lassen, eine andere im Verkauf von Kunstschätzen und Antiquitäten, eine dritte im Zwangsumtausch, den westliche Touristen auf DDR-Reise nachweisen mussten: 25 D-Mark pro Tag zum Kurs von 1 : 1. Und natürlich gab es auch regulären Export, bei dem Waren aus DDR-Produktion ins westliche Ausland verkauft wurden.

4 DDR-Mark Kosten = 1 D-Mark Exporterlös

Doch da machte sich in den letzten Jahren der DDR die nachlassende Wettbewerbsfähigkeit der eigenen Industrie immer stärker bemerkbar. Immer höherer Aufwand (in DDR-Mark gerechnet) musste betrieben werden, um auf dem Weltmarkt Devisen zu erwirtschaften: Am Ende waren für jede im Export eingenommene D-Mark (von den Statistikern verschämt Valuta-Mark genannt) mehr als vier DDR-Mark Produktionsaufwand vonnöten.

Nimmt man die jeweilige Valuta-Mark-Rendite als Maßstab für die Wettbewerbsfähigkeit der Industrie der jeweiligen Bezirke, so zeigt sich ein deutliches Nord-Süd-Gefälle: Von den acht südlichen Bezirken der DDR lagen sieben besser als der Landesdurchschnitt von 246 Valuta-Mark je 1000 DDR-Mark Produktionsaufwand, von den sieben nördlichen Bezirken nur einer. Zum relativ guten Ergebnis im Süden trugen Traditionsunternehmen wie die Zeiss-Werke in Jena bei, aber auch eher handwerklich orientierte Produktionszweige wie die Jagdwaffenherstellung in Suhl, die Holzspielzeug-Fabrikation im Erzgebirge und im Vogtland und natürlich das Meißener Porzellan.

Doch ein großer Teil der DDR-Produktion war im westlichen Ausland überhaupt nicht absetzbar. So blieb der West-Export nicht nur eine teure, sondern auch eine seltene Angelegenheit. Insgesamt wurden im Jahr 1988 nicht einmal 15 Milliarden Valuta-Mark durch Exporte ins westliche Ausland erwirtschaftet, etwa 1700 Valuta-Mark je Beschäftigten und Jahr; in heutige Währung umgerechnet: nicht einmal 1000 Euro.

Kompletter Wechsel der Exportpalette

Das hat sich in den vergangenen zwanzig Jahren drastisch geändert. Im Jahr 2008 lagen die Exporterlöse je Beschäftigten zwischen 6800 Euro (in Berlin und Mecklenburg-Vorpommern) und 10700 Euro. Bis auf das Porzellan aus Meißen und die Räuchermännchen und Weihnachtspyramiden aus dem Erzgebirge sind aber praktisch keine Produkte aus der Exportpalette zu DDR-Zeiten übrig geblieben: Was auf dem Weltmarkt nur zu einem De-facto-Wechselkurs von 1 : 4 absetzbar war, war mit der seit Juli 1990 geltenden Währungsunion mit einem Umtauschkurs von 1 : 1 schlicht nicht mehr konkurrenzfähig. Auch dort, wo Unternehmen bestehen geblieben sind, wie bei Jenoptik in Jena, hat sich das Produktangebot komplett verändert.

Bis zur starken Einbindung in den Weltmarkt, die typisch ist für die westdeutsche Wirtschaft, ist es für die ostdeutschen Unternehmen jedoch noch ein weiter Weg. Aus den neuen Bundesländern kommen nur etwa acht Prozent aller deutschen Exporte, obwohl dort mehr als 20 Prozent aller deutschen Arbeitskräfte beschäftigt sind – der Exporterlös je Beschäftigten ist also in den alten Bundesländern etwa dreimal so hoch wie in den neuen.

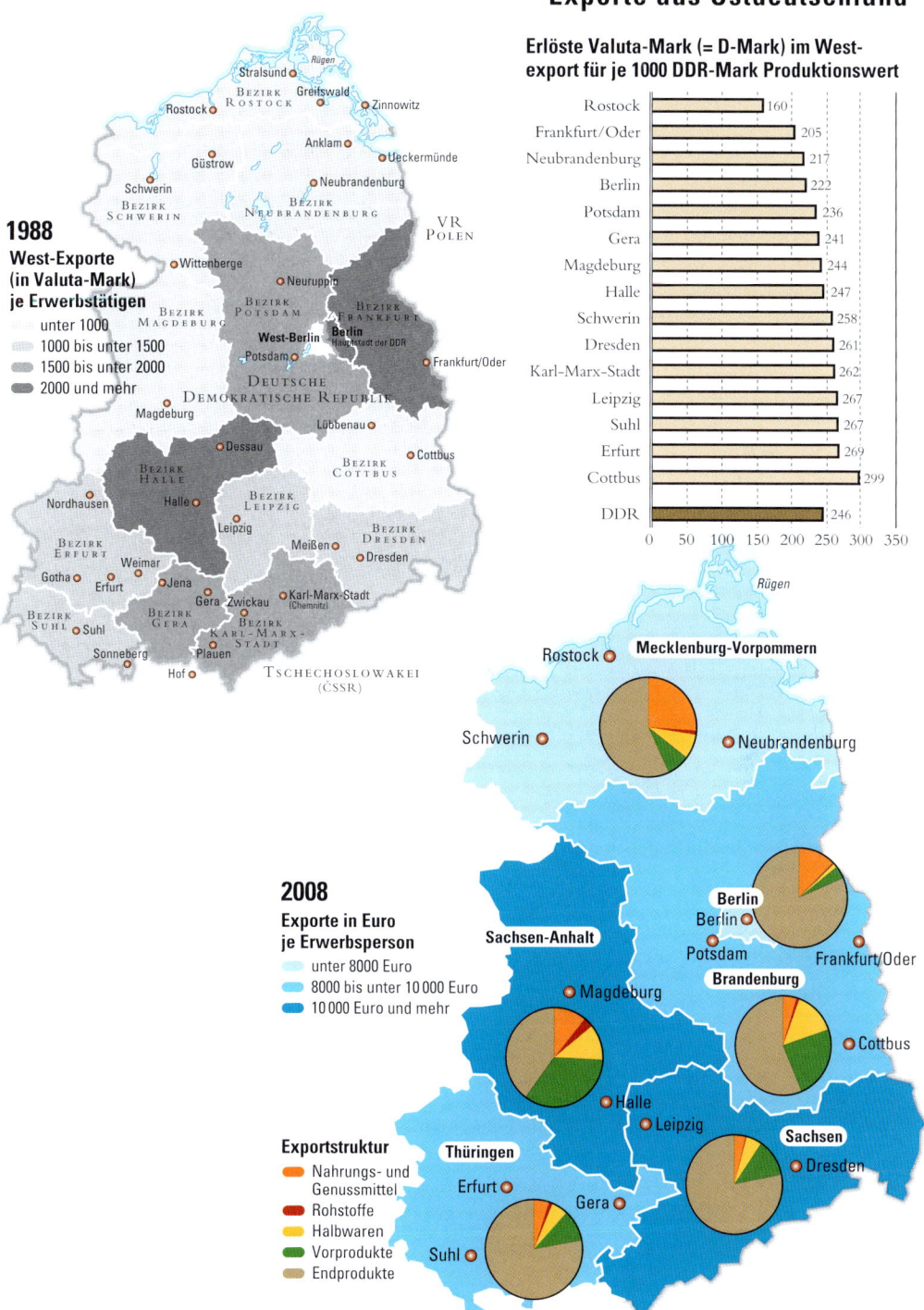

Der Rattenfänger-Effekt

«Die Pyramide steht kopf» heißt ein 2001 erschienenes Buch, das sich mit den politischen und sozialen Herausforderungen beschäftigt, die durch die Alterung der Bevölkerung auf Deutschland zukommen. Was der Autor Roland Tichy damals für die Zeit um 2030 prognostizierte, hat Sachsen-Anhalt bereits 2010 erreicht. Denn die Bevölkerungs-«Pyramide» sieht aus, als sei der Rattenfänger von Hameln zurückgekehrt und durch das ganze Bundesland gezogen: keine Kinder, keine Jugendlichen mehr da – ein einzig Volk von Rentnern.

Doch in den 20 Jahren seit der Wiedervereinigung trat dieser Effekt auch ganz ohne Rattenfänger ein. Dabei kamen vor allem zwei Ursachen zusammen. Die erste ist verantwortlich für die Wespentaille des Bevölkerungs-Diagramms zwischen dem 10. und 20. Lebensjahr: ein dramatischer Rückgang, praktisch eine Halbierung der Geburtenzahlen in den Jahren nach dem Mauerfall. Dieser Einschnitt hinterlässt im Diagramm einen so starken Eindruck wie sonst nur der Zweite Weltkrieg.

Verwestlichte Familienphase

In den Jahren dieses «Gebärstreiks» wurde oft gemutmaßt, er beruhe auf der ökonomischen Unsicherheit der Nachwendezeit. Doch tatsächlich handelte es sich eher um eine Verwestlichung der Familienplanung in Ostdeutschland. Die DDR förderte frühe Mutterschaft durch soziale Vergünstigungen, etwa bevorzugte Wohnungszuteilung, und bot optimale Kinderbetreuungsmöglichkeiten. In der alten BRD gab es nichts dergleichen, die Familiengründung begann deshalb wesentlich später. Daran glichen sich die Ostdeutschen an, als mit der DDR auch ihre Familienpolitik verschwand. Ein Jahrzehnt lang wurden deshalb deutlich weniger Kinder geboren; heute liegen Gebäralter und Geburtenrate im Osten und im Westen fast gleichauf.

Die zweite Urdsache: Wo weniger junge Menschen sind, werden auch weniger Kinder geboren – da macht sich der Aderlass der Abwanderung bemerkbar, unter dem Sachsen-Anhalt ganz besonders leidet. Dabei gab es bis zur Jahrtausendwende noch eine ganze Reihe von wachsenden Gemeinden im Umland der schrumpfenden Städte.

Vor-Wende-Schrumpfung

Das war übrigens in Sachsen-Anhalt keine Folge der politischen Wende: Viele Städte verzeichneten bereits in den Jahrzehnten vor dem Mauerfall einen Bevölkerungsrückgang. Besonders ausgeprägt war dieser in den Chemiestädten Bitterfeld und Wolfen (inzwischen fusioniert), nicht zuletzt wegen der massiven Umweltschäden, sowie in Eisleben – dort wurde noch zu DDR-Zeiten der Kupferbergbau eingestellt, weil die Lagerstätten erschöpft waren.

Doch für die Jahre seit 2000 zeigt die Karte praktisch keine jener grünen Flecken mehr, die Bevölkerungszunahme signalisieren: Stadt und Land schrumpfen gleichermaßen; und das ist ausschließlich auf die weiterhin trostlose wirtschaftliche Lage zurückzuführen.

Die meisten, die wegen fehlender beruflicher Perspektive abwandern, sind Jugendliche auf der Suche nach einer Lehrstelle oder einem ersten Job sowie junge Erwachsene. Dementsprechend sind viele Jahrgänge der unter 30-Jährigen heute in Sachsen-Anhalt nur noch halb so stark besetzt wie im Vergleichsjahr 1981. Die Zahl der über 35-Jährigen hat sich hingegen kaum verändert – und die Zahl der über 60-Jährigen hat sich deutlich erhöht.

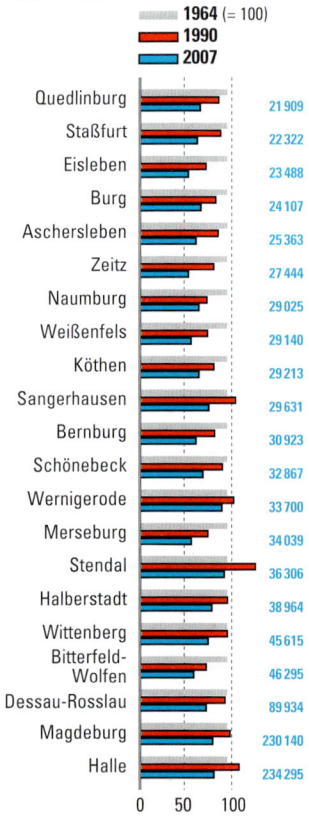

Einwohnerzahlen der größten Städte Sachsen-Anhalts 1964–2007

1964 (= 100)
1990
2007

Stadt	2007
Quedlinburg	21 909
Staßfurt	22 322
Eisleben	23 488
Burg	24 107
Aschersleben	25 363
Zeitz	27 444
Naumburg	29 025
Weißenfels	29 140
Köthen	29 213
Sangerhausen	29 631
Bernburg	30 923
Schönebeck	32 867
Wernigerode	33 700
Merseburg	34 039
Stendal	36 306
Halberstadt	38 964
Wittenberg	45 615
Bitterfeld-Wolfen	46 295
Dessau-Rosslau	89 934
Magdeburg	230 140
Halle	234 295

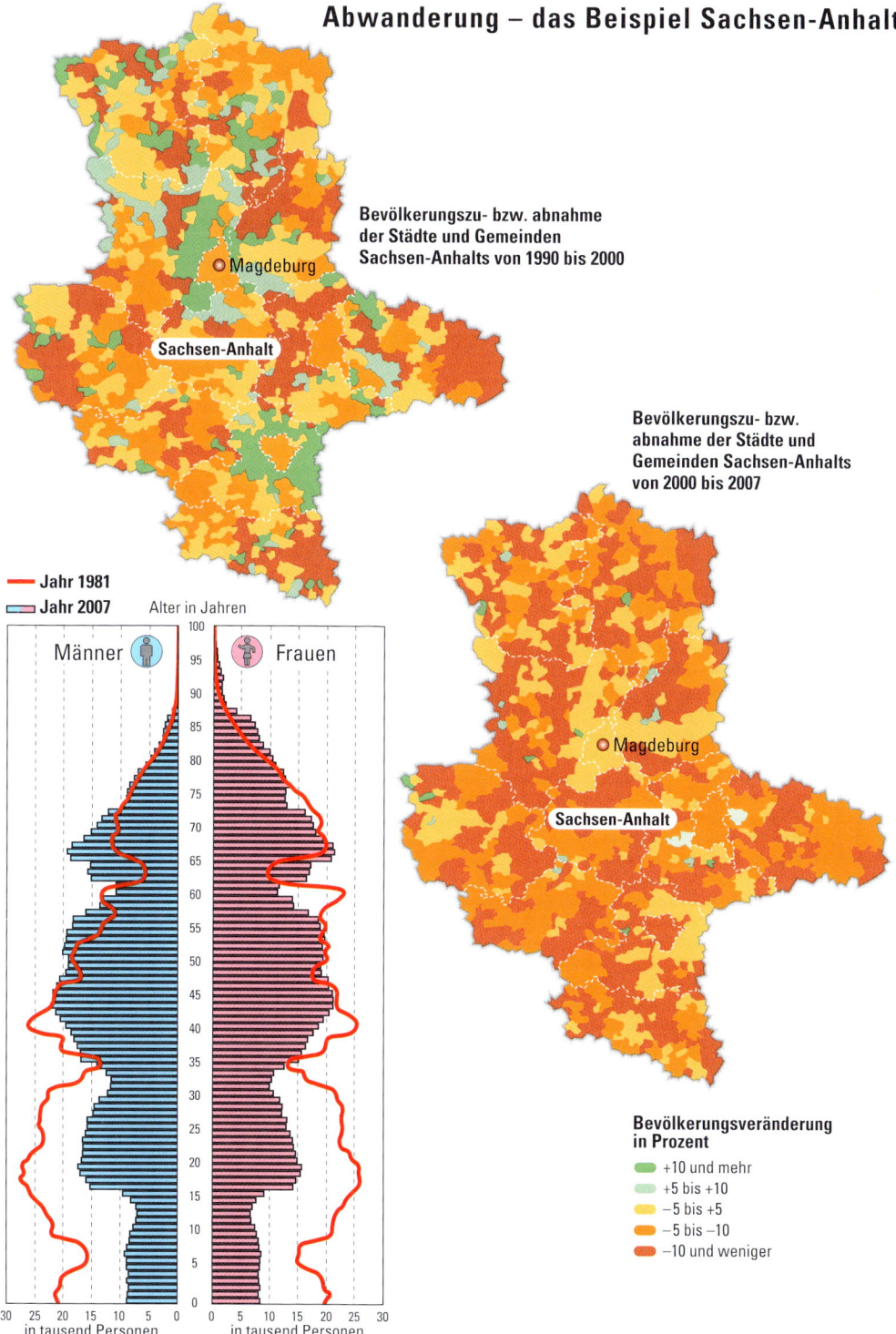

Viel Renovierung, kaum Innovation

Die gute Nachricht vorweg: Städte können sich neu erfinden. Ganz im Süden Europas beispielsweise jenes Industriestädtchen, in dem Ende des 19. Jahrhunderts der erste spanische Hochofen gebaut wurde. Als die nahe gelegenen Eisenerzvorkommen erschöpft waren, geriet die Stadt in eine tiefe Krise – aus der sie sich rettete, indem sie auf eine ganz neue Branche setzte. Die Branche hieß Tourismus, die Stadt heißt Marbella, und wo einst der Hochofen stand, befindet sich heute der Luxusyachthafen Puerto Banus.

Die schlechte Nachricht: So etwas klappt nicht immer. Und schon gar nicht nahtlos. In eine schwere Krise geraten sind nach der Wiedervereinigung eigentlich alle ostdeutschen Städte. Überall brachen große Arbeitgeber weg, überall war die Bausubstanz in den Innenstädten von 40 Jahren Mangelwirtschaft stark angegriffen. Und längst nicht überall gelang bisher ein Neuanfang.

Streng genommen ist davon eigentlich nur eine Stadt nicht betroffen, ja sie konnte ihre zu DDR-Zeiten führende Branche noch ausbauen: Weimar mit dem krisensicheren Produkt «Goethe», das zu einem wachsenden Zustrom von Kulturtouristen führt. Die Einwohnerzahl hat seit 1988 von 63 000 auf 65 000 zugenommen. Alle anderen ostdeutschen Städte mit Bevölkerungszuwachs sind eher Vorstädte: Potsdam, Falkensee, Hennigsdorf, Oranienburg, Neuruppin und Bernau im Einzugsgebiet des wiedervereinigten Berlin sowie Radebeul vor den Toren Dresdens.

Ost-West-Gefälle der Schrumpfung

Sieht man vom Sonderfall Berlin ab, zeigt sich ein doppeltes Gefälle in der Bevölkerungsentwicklung der Städte: Von Süd nach Nord, vor allem aber von West nach Ost nimmt der Rückgang der Einwohnerzahlen zu. Alle Städte an der deutschen Ostgrenze, von Schwedt bis Zittau, gehören zu den zehn ostdeutschen Städten mit dem höchsten prozentualen Einwohnerschwund. Entlang der ehemaligen Westgrenze des kommunistischen Blocks liegen hingegen besonders viele glimpflich davongekommene Städte: Jena, Erfurt, Eisenach und Wernigerode haben jeweils weniger als zehn Prozent ihrer Bevölkerungszahl von 1988 verloren.

Das hat natürlich nicht nur mit dem jeweiligen Abstand zu den alten Bundesländern zu tun: Jena beispielsweise hat es geschafft, den Kern der ehemaligen Zeiss-Werke in die Jenoptik AG hinüberzuretten, in Eisenach wurde nach der Stilllegung der Wartburg-Automobilproduktion ein modernes Opel-Werk gebaut. Aber auch in Cottbus hat die Braunkohle-Industrie die Wende gut überstanden, und in Zwickau werden statt Trabants jetzt VWs montiert – trotzdem sind diese Städte deutlich stärker geschrumpft als ihre Pendants ein paar hundert Kilometer weiter westlich. Und dass eine schöne Altstadt allein eine Stadt nicht vor der Ausblutung schützt, zeigt das Beispiel Görlitz.

High-Tech-Strohfeuer

Der ökonomische Neuaufbau nach dem Einheits-Zusammenbruch folgte weitgehend den bereits (oder noch) vorhandenen Ansätzen. Diese wiederum entsprechen im Wesentlichen den wirtschaftlichen Schwerpunkten der Vorkriegszeit, da die DDR die vorgefundene Industriestruktur weitgehend übernahm. Auf diese Weise können die heutigen Stadtväter zwar darauf hoffen, den Einbruch zu begrenzen und eine neue Basis zu finden – aber daraus wird kein neuer Boom.

Eine richtige Neuerfindung, mit einem Neuanfang in einem neuen Wirtschaftszweig, ist ansatzweise nur zwei ostdeutschen Städten gelungen: Dresden mit der Ansiedlung der High-Tech-Branche Halbleiterindustrie und Bitterfeld mit dem «Solar Valley», dem Bau mehrerer großer Solarzellen-Fabriken im Stadtteil Thalheim. Doch diese hoch subventionierten Hoffnungsträger stehen konjunkturbedingt bereits wieder vor großen Problemen: Die extreme Schnelllebigkeit der Halbleiterbranche hat die eben noch so modernen Dresdner Fabriken veralten lassen, und die Herstellung von Solarzellen in Deutschland ist etwa 30 Prozent teurer als die Produktion der Wettbewerber in China.

Aber in vielen anderen Städten der neuen Bundesländer brennen nicht einmal solche Strohfeuer. Es mag ja sein, dass nur eine Neuerfindung auf den Wachstumspfad zurückführt – aber wie soll man Städte wie Neubrandenburg, Gera oder Eisleben neu erfinden?

Ostdeutschlands Städte

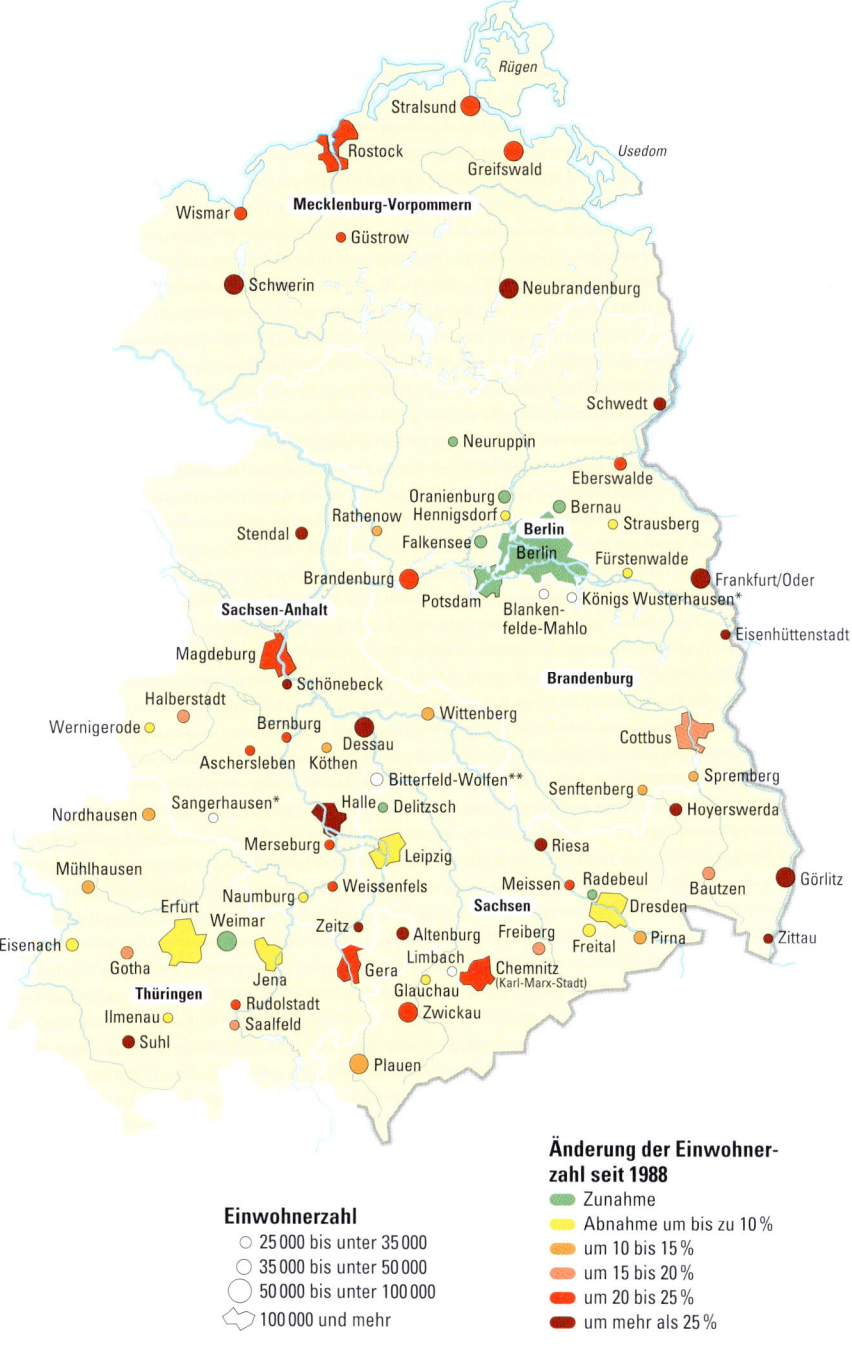

Schöner sparen

Geld regiert die Welt, sagt man. Die DDR allerdings gehörte einer anderen Welt an: «Das Geld ist im Sozialismus nicht Ziel der Wirtschaftstätigkeit, sondern Mittel bei der planmäßigen Realisierung des Zieles der sozialistischen Gesellschaft», hieß es beispielsweise im DDR-«Lexikon der Wirtschaft» aus dem Jahr 1986 – die «bewusste Ausnutzung des Geldes durch den Staat» spiele dabei eine große Rolle. Derart politisch instrumentalisiert, schaffte es das Geld in der «entwickelten sozialistischen Gesellschaft» nicht mehr, seine eigentliche Aufgabe zu erfüllen: gegen Ware getauscht zu werden. Manche Waren, nämlich die in den Intershop-Läden, konnte man für DDR-Mark schlicht nicht kaufen, und viele Waren, die man dafür hätte theoretisch kaufen können, waren praktisch nicht verfügbar: «Hamwanich» war wohl der meistgebrauchte Satz in den Geschäften.

Gespart wurde trotzdem. Zum Teil, weil man sein Einkommen gar nicht sinnvoll ausgeben konnte, zum Teil, weil man Geld verfügbar haben musste, wenn zufällig doch einmal ein begehrtes Produkt zu haben war, und zum Teil, weil man lange im Voraus wusste, wann man etwas kaufen konnte – zwölf Jahre Lieferfrist für das Volksauto Trabant gaben viel Zeit, um die benötigte Kaufsumme anzusparen. Und gespart wurde wohl auch, weil sogar vierzig Jahre Sozialismus den Deutschen die Spareigung nicht austreiben konnten.

Umgerubelter Sockelbetrag

Am Ende, zwei Jahre vor dem Verschwinden der DDR und ihrer Mark, hatte der durchschnittliche Bürger 9091 Mark auf seinem Sparkonto, mit immer gleichen 3,25 Prozent verzinst. Überdurchschnittlich hoch waren die Guthaben der Sachsen und Thüringer: Die vier Bezirke mit einem Sparguthaben von mehr als 10 000 DDR-Mark pro Kopf lagen alle im tiefen Süden des Landes. Sämtlich unter dem Landesschnitt hingegen lagen jene Bezirke, die später in den Ländern Mecklenburg-Vorpommern und Brandenburg aufgingen. Über die Menge von D-Mark im Besitz der Ostdeutschen gibt es leider keine Statistiken – die heimliche Leitwährung der DDR wurde ja auch nicht auf Sparkonten deponiert, sondern in bar und zu Hause.

In den Wochen vor der deutsch-deutschen Währungsunion am 1. Juli 1990 gab es auf fast allen DDR-Sparkonten heftige Bewegungen. Das lag am gespaltenen Umtauschkurs, der für die Guthaben der DDR-Bürger vereinbart worden war. Im Prinzip galt für sie ein Kurs von 1:2, aber pro Erwachsenen wurden Spareinlagen bis zu einem Betrag von 4000 DDR-Mark 1:1 in D-Mark umgetauscht. Deshalb litten dicke Sparkonten kurzzeitig unter starken Abflüssen, während sich notorisch klamme Zeitgenossen plötzlich vorübergehend eines gut gefüllten Sparbuchs erfreuten – dessen in D-Mark umgerubelter Betrag kurz nach der Währungsunion, gegen entsprechende finanzielle Anerkennung, an den früheren Besitzer zurückging.

Langjähriger Vermögensaufholprozess

Seit diesem Einstieg ins Hartwährungszeitalter hat das Geld auch in Ostdeutschland jenen weltregierenden Stellenwert. Allerdings gingen die Neu-Bundesbürger mit deutlichem Rückstand an den Start: Ihre Geldvermögen lagen vor zwanzig Jahren etwa bei einem Drittel des westdeutschen Wertes. In den Gesamtvermögen, also inklusive Immobilien- und Unternehmensbesitz, war der Abstand sogar noch wesentlich deutlicher.

Doch der Osten hat aufgeholt. 1998 hatten die Geldvermögen je Haushalt knapp die Hälfte des Westniveaus erreicht, im Jahr 2008 waren es bereits fast zwei Drittel. In diesen zehn Jahren legten die Vermögen in den neuen Ländern zwischen 73,7 und 99,9 Prozent zu, während in Deutschland insgesamt eine Steigerung von 44 Prozent erreicht wurde. Da in diesen Zahlen die Inflationsrate nicht abgezogen wurde, ist die reale Steigerung der Vermögen deutlich niedriger – am Aufholeffekt des Ostens gegenüber dem Westen ändert das jedoch nichts.

Auffällig am Vergleich der Daten von 1998 und 2008 ist auch eine Verringerung der Unterschiede zwischen den neuen Bundesländern untereinander. 1998 lagen die Vermögen der Sachsen deutlich höher als die von Thüringen und Brandenburg; Mecklenburg-Vorpommern und Sachsen-Anhalt rangierten wie zu DDR-Zeiten am Spartabellenende. Doch im Jahr 2008 lagen vier der fünf Bundesländer bei den Geldvermögen praktisch gleichauf, die Haushalte des Sorgenlandes Mecklenburg-Vorpommern kamen bis auf 300 Euro an die Musterknaben aus Sachsen heran. Einzig Sachsen-Anhalt scheint den Anschluss verloren zu haben. Dort liegen die Geldvermögen etwa 15 Prozent unter denen der übrigen Länder.

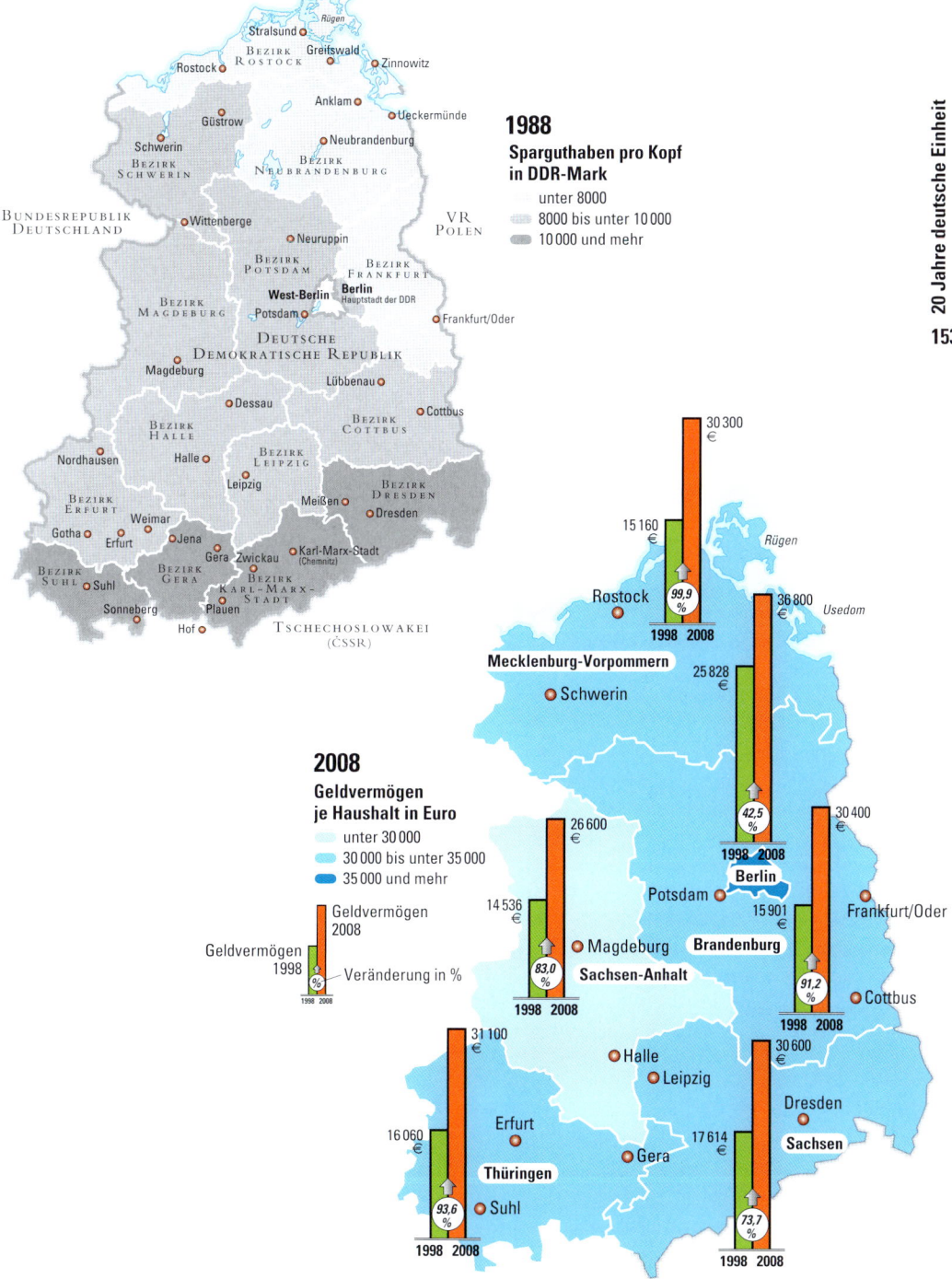

Ein Bauboom und seine Folgen

«Der Worte sind genug gewechselt, ich will jetzt endlich Kräne sehen!» So machte der Dresdner Oberbürgermeister Herbert Wagner im Sommer 1991 seinem Unmut über den schleppenden Neuaufbau der Stadt Luft. Dresden sah noch genauso aus wie zur Zeit des Mauerfalls, vom Aufschwung Ost war nichts zu spüren – die Wirren des Systemwechsels behinderten den Neustart. Insbesondere ungeklärte Eigentumsverhältnisse lasteten auf vielen Grundstücken, selbst bestwillige Investoren hatten Schwierigkeiten, ihr Kapital einzusetzen.

Doch diese Startprobleme waren nur kurzfristig. Schon bald nach Wagners Verzweiflungsschrei setzte überall in den neuen Bundesländern ein Bauboom ein, wie ihn Deutschland zuletzt in der Gründerzeit Ende des 19. Jahrhunderts erlebt hatte. Befeuert wurde dieser beispiellose Boom durch ebenso beispiellose staatliche Subventionen: Bauherren konnten ihre gesamten Aufwendungen noch im gleichen Jahr von der Steuer absetzen, für (westdeutsche) Besserverdiener bedeutete das, dass ihnen ihr gesamter Einsatz vom Finanzamt bezahlt wurde. Eine regelrechte Steuersparbranche entstand – und in Ostdeutschland schossen die Neubauten hunderttausendfach aus dem Boden.

Ebenfalls stark bezuschusst wurde die Renovierung von Altbauten. Die DDR hatte die Altbausubstanz aus der Zeit vor dem Zweiten Weltkrieg sträflich vernachlässigt; zum einen, weil es billiger war, mit industriell gefertigten Plattenbauten neuen Wohnraum zu schaffen als den alten zu erhalten, zum Zweiten, weil für die Renovierung eine große Zahl von Handwerkern benötigt worden wäre – und die passten weniger gut zur Ideologie des Arbeiter- und Bauernstaates als die Arbeiter in den Wohnungsbaukombinaten. 1989 waren deshalb viele ostdeutsche Innenstädte so verfallen, als wäre der Krieg gerade erst zu Ende gegangen. Doch heute strahlen die meisten von ihnen in frisch restauriertem Glanz.

Wohnraumversorgung auf Westniveau

Das Ergebnis dieser Bau- und Renovierungswelle ist nicht nur in den Städten selbst zu besichtigen, sondern auch in der Karte abzulesen: Die Wohnfläche je Einwohner ist seit dem Ende der DDR geradezu sprunghaft angestiegen. Selbst der Schlusslicht-Kreis von 2007, die Stadt Wismar, lag mit 33,3 Quadratmetern je Einwohner deutlich vor dem bestversorgten Bezirk von 1988. Das war damals Berlin mit einer Wohnfläche von 29,8 Quadratmetern pro Person. Die heutigen Spitzenwerte, 45,1 Quadratmeter in Görlitz und 43,2 Quadratmeter im Altmarkkreis Salzwedel, würden in den alten Bundesländern für einen guten Platz im Mittelfeld reichen.

Zu diesem rapiden Wachstum der durchschnittlichen Wohnfläche trug allerdings nicht nur der Bau von neuen Wohnungen bei, sondern auch die gesunkene Einwohnerzahl. Wenn die Bevölkerungszahl eines Landes um 15 Prozent abnimmt, stehen den verbleibenden Bürgern bei konstant bleibender Gesamtwohnfläche knapp 18 Prozent mehr Quadratmeter pro Person zur Verfügung. Kommt außerdem eine Vergrößerung des Wohnungsangebots hinzu, fällt die Steigerung pro Person naturgemäß noch drastischer aus.

Schrott-Immobilien und Stadtrückbau

Dieser rapide Anstieg der verfügbaren Wohnfläche in Ostdeutschland hatte allerdings auch negative Folgen. So ging für viele der westdeutschen Steuerspar-Investoren aus den 90er Jahren die Rechnung nicht auf: Die Kaufpreise, die sie im Subventionsrausch gezahlt hatten, waren oft drastisch überhöht, zudem waren viele Finanzkonstruktionen so wacklig, dass die Bauherren auf einem Schuldenberg sitzen blieben, der den Marktwert ihres Immobilieneigentums deutlich überstieg. Prominente von Thomas Gottschalk bis Grit Böttcher, aber auch Zehntausende von Normalbürgern mussten ihre Investments abschreiben und konnten noch froh sein, wenn sie keine Nachzahlungen leisten mussten. Das hässliche Wort «Schrott-Immobilien» machte die Runde.

Und viele Bürgermeister in den neuen Bundesländern stellte die Kombination aus Bauboom und Abwanderung vor eine in Deutschland bis dahin praktisch unbekannte Herausforderung: den Stadtrückbau. Ob in Hoyerswerda oder Frankfurt/Oder, Rostock oder Suhl, überall stieg die Zahl der leerstehenden Wohnungen in den einst so begehrten Plattenbausiedlungen so stark an, dass gar keine andere Wahl blieb, als einzelne Hochhäuser, ganze Straßenzüge oder gar Wohngebiete abzureißen – auch das wieder staatlich subventioniert.

Wohnraum in Ostdeutschland

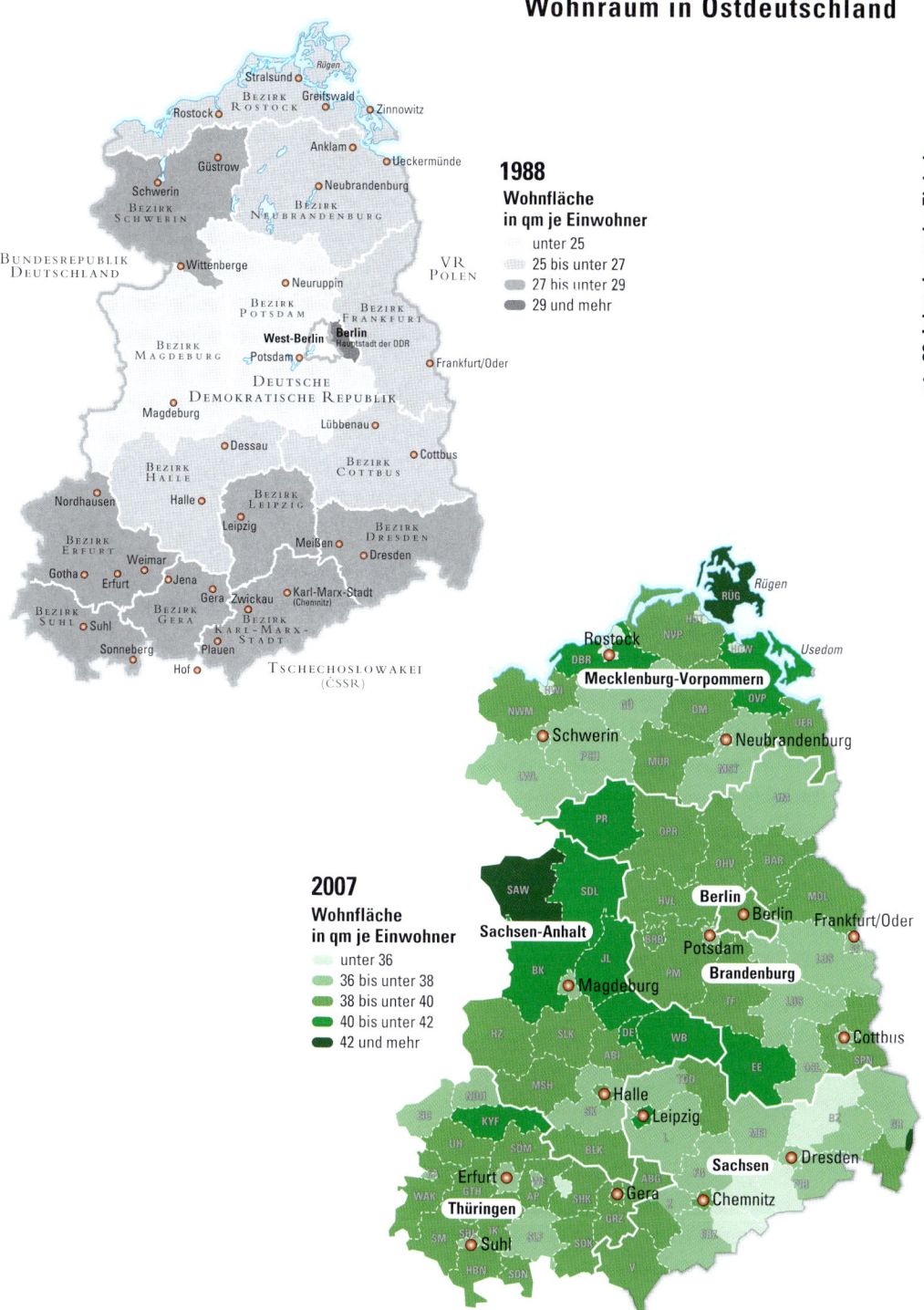

Quelle: Destatis, Zahlen für 2007; Zahlen für 1988: Deutsche Bank, 1990

Mehr Haus, weniger Krankenhaus

Betrachtet man die nackten Daten, so scheint es, als habe die deutsche Einheit die Ostdeutschen deutlich gesünder gemacht. Schließlich hat sich die Zahl der Krankenhausbetten in den neuen Bundesländern in den vergangenen zwei Jahrzehnten um fast die Hälfte reduziert. Kurz vor der Wende gab es 160 000 Betten in der DDR, ziemlich genau 10 je 1000 Einwohner. Inzwischen ist die Bettenzahl auf etwa 100 000 zurückgegangen – und da sind die Krankenhäuser im Westteil Berlins schon mitgezählt, die 1988 selbstverständlich noch nicht in der Statistik enthalten waren. Jetzt brauchen 1000 Ostdeutsche also nur noch etwas mehr als sechs Betten. Eine kollektive Wunderheilung?

Natürlich nicht. Im Krankenhausbereich hat sich vielmehr das DDR-System innerhalb des vergleichsweise kurzen Zeitraums von kaum zwei Jahrzehnten komplett an das westdeutsche System angeglichen. Zum einen in der Quantität: 6,3 Betten pro 1000 Einwohner ist der Schnitt in Ostdeutschland, fast identisch mit dem bundesweiten Wert von 6,2. Und zum anderen in der Qualität: Mit enormen Investitionen wurden die (übrig bleibenden) Krankenhäuser aus DDR-Zeiten baulich und technisch modernisiert, einige besonders veraltete Häuser geschlossen.

An der Qualität der Ausbildung des medizinischen Personals, vom Chirurg bis zur Krankenschwester, musste hingegen wenig geändert werden. Hier brauchten die Bildungs- und Ausbildungseinrichtungen der DDR sich hinter denen aus dem Westen der Republik nicht zu verstecken.

Unterdurchschnittlich versorgte Hauptstadt

Wie überall in Deutschland ist auch in den neuen Ländern die Krankenhausdichte in den Städten höher als auf dem Land. Nur ein einziger Landkreis, Sömmerda in Thüringen, hat kein Krankenhaus in seinen Grenzen, die Stadtkreise hingegen liegen sämtlich über dem landesweiten Durchschnitt. Besonders gut versorgt sind kleinere Universitätsstädte mit einer großen medizinischen Fakultät, etwa Greifswald im Osten (19,3 Betten je 1000 Einwohner) oder Heidelberg im Westen (21,7).

Es gibt in Ostdeutschland nur eine Ausnahme von der überdurchschnittlichen Krankenhausversorgung in den Städten: Berlin. Der Stadtstaat verfügt zwar mit knapp 20 000 Krankenhausbetten über mehr Platz in Krankenhäusern als vier der fünf neuen Länder, aber pro 1000 Einwohner bedeutet das nur 5,8 Betten. Zum Vergleich: Die beiden anderen Stadtstaaten liegen in dieser Statistik bei 6,8 (Hamburg) beziehungsweise 8,5 (Bremen). Da nimmt es kaum wunder, dass die relativ wenigen Berliner Krankenhausbetten besonders gut ausgelastet sind: 80,7 Prozent Bettenauslastung bedeuten den Spitzenwert unter den deutschen Ländern. Die üppiger ausgestatteten Hanse-Stadtstaaten stehen in der Auslastung um vier bis sechs Prozent schlechter da.

Bundesweites Krankenhaussterben

Für die kommenden Jahre ist allerdings mit einem weiteren erheblichen Rückgang der Krankenhausdichte zu rechnen. Das liegt an der Umstellung des Abrechnungssystems der Krankenhäuser auf Fallpauschalen – für eine Blinddarmentfernung etwa kann in diesem System immer der gleiche Betrag abgerechnet werden, egal, wie lange der Patient im Krankenhaus verbleibt. Dadurch entsteht für das Krankenhaus ein starker ökonomischer Anreiz, Patienten nach der Operation so schnell wie möglich wieder nach Hause zu schicken.

Dann braucht man zwar nicht weniger Chirurgen, aber weniger Krankenhausbetten und -pfleger. Im vergangenen Jahrzehnt ist die durchschnittliche Verweildauer der Patienten in den Krankenhäusern um gut 20 Prozent gesunken – von mehr als 10 auf nur noch 8,5 Tage pro Aufenthalt. Ein Ende dieses Trends ist nicht absehbar. Um die bestehenden Krankenhäuser auszulasten, müssten also entweder viel mehr Deutsche krankenhausreif werden – was wir uns nicht wünschen sollten. Oder es müsste unseren Kliniken gelingen, in größerem Maße Patienten aus dem Ausland zu behandeln – was vereinzelt auch gelingt, aber quantitativ noch keine große Rolle spielt. Deshalb werden über kurz oder lang Dutzende von Krankenhäusern ihre Pforten schließen müssen. Allerdings sind hiervon Ost- und Westdeutschland gleichermaßen betroffen.

Krankenhausversorgung in Ostdeutschland

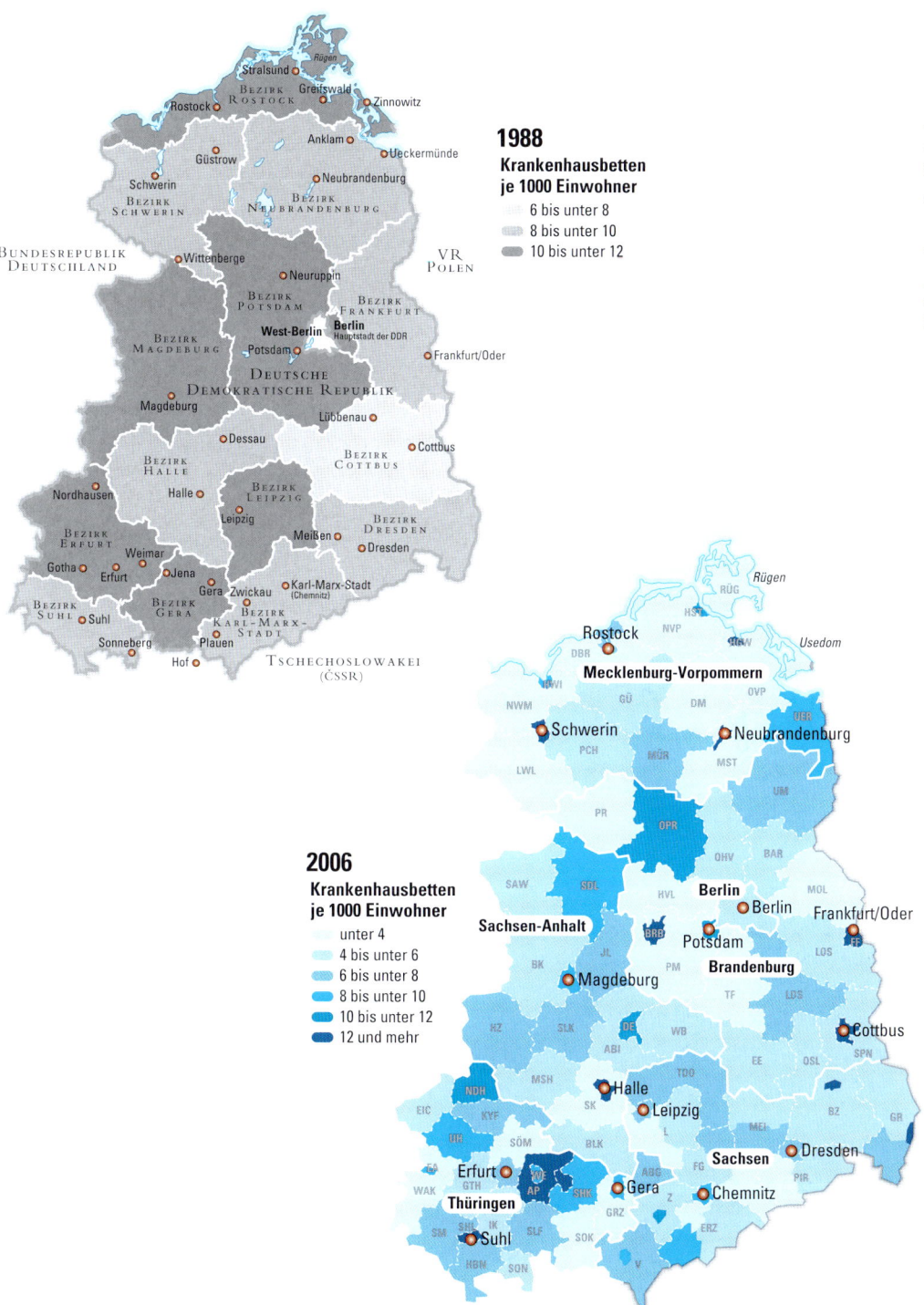

Quelle: Zahlen für 2006: Destatis; Zahlen für 1988: Deutsche Bank, 1990

8. Teil
Deutschland und die Welt

«Global Player» war lange Zeit eine Art Ehrentitel für weltweit tätige Unternehmen; manchmal auch für ebensolche Menschen. Inzwischen ist der Begriff aus der Mode geraten: Die Globalisierung ist nun mal kein Spiel. Es sei denn, es geht um Fußball – da sind die großen Profiligen, auch die deutsche, voll von Spielern aus allen Winkeln der Erde.

«Global Worker» und «Global Trader» gibt es wohl nirgends so viele wie in Deutschland. Deutsche Unternehmen investieren in nahezu allen Ländern der Welt, und umgekehrt investieren Unternehmer aus (fast) der ganzen Welt hierzulande. In unserer näheren Umgebung, in Europa, haben Handel und Austausch aller Art zunächst der einen Hälfte und seit dem Fall des Eisernen Vorhangs auch dem Rest des Kontinents Frieden und Wohlstand beschert. In der übrigen Welt ist das Resultat längst nicht so eindeutig. Da gibt es fulminante Wachstumserfolge, wie in China, und katastrophales Versagen, insbesondere in einigen Staaten Afrikas.

Immerhin: Seit kurzem existiert eine Art «Global Government» – die G 20, die Vereinigung der 20 wichtigsten Staaten der Welt. Im Herbst 2008 erwies sich diese Gruppe als stark und handlungsfähig genug, um den drohenden Zusammenbruch der Finanzmärkte mit einer globalen Gegenstrategie zu verhindern, die folgende Weltwirtschaftskrise wurde mit ebenso global koordinierten Konjunkturprogrammen zumindest abgemildert. Aus der Not geboren und in der Krise gereift, könnte diese G 20 einen großen Schritt bedeuten auf dem Weg zur einen, friedlichen Welt.

Ans Meer oder in die Berge? Sowohl als auch!

Es gibt nicht viele Statistiken, in denen die Ostfriesen Spitzenreiter sind – außer bei der Menge der über sie erzählten Witze natürlich. Und eben der Zahl der beherbergten Touristen. Mit knapp 300 Übernachtungen pro Einwohner und Jahr liegt die Urlaubsregion Ostfriesische Inseln mit Abstand an der Spitze aller deutschen Reisegebiete. Rein rechnerisch übernachtet also bei jedem Inselbewohner von Juist, Borkum oder Norderney fast jede Nacht ein Tourist. Obwohl sich viele Besucher doch eher für Hotels oder Pensionen entscheiden.

Auf den folgenden Plätzen in der Rangliste der so genannten Tourismusintensität folgen in buntem Wechsel weitere Regionen, die zur klassischen deutschen Urlaubsfrage passen: «Ans Meer oder in die Berge?» Das bayerische Voralpenland, die mecklenburgischen Ostseeinseln, Mittelgebirge wie Bayerischer Wald, Schwarzwald, Werra-Meißner-Land und Sächsische Schweiz sowie die übrigen Tourismusgebiete an Nord- und Ostsee.

Das ebenso klassische Heimatlied «Warum ist es am Rhein so schön?» findet hingegen keinen entsprechenden Niederschlag in der Tourismusstatistik. Als einziger Fluss mit besonderer touristischer Attraktivität ist auf der Karte die Mosel zu erkennen. Das Rheintal hingegen zählt zwar eine große Zahl von Tagestouristen, aber die tauchen definitionsgemäß nicht in Übernachtungsstatistiken auf. Zudem sind die Regionen links und rechts des Rheins besonders dicht besiedelt: Bei gleicher Zahl von Übernachtungen wäre also die Tourismusintensität deutlich niedriger als etwa an der Mosel.

Spitzenreiter Niederlande

Die Zahl der Übernachtungen ausländischer Touristen in Deutschland hat in den vergangenen Jahren deutlich zugelegt. Von knapp 35 Millionen Übernachtungen Anfang der 90er Jahre stieg die Zahl bis 2008 auf mehr als 56 Millionen. Allerdings ist der Ausländeranteil am gesamten Deutschland-Tourismus weiterhin sehr niedrig: Nur jede siebte touristische Übernachtung in Deutschland entfällt auf Ausländer.

Bei diesen wiederum liegen die Niederländer klar an der Spitze. In neun Bundesländern stellen sie das größte Touristenkontingent, in den anderen liegen sie auf Platz zwei oder drei. Sogar in den von Holland aus gesehen doch eher abgelegenen neuen Bundesländern entfallen fast 20 Prozent aller ausländischen Übernachtungen auf die Niederlande.

Die zweitstärkste Reisenation in Deutschland sind, wenn auch mit weitem Abstand, die Vereinigten Staaten. In Hessen liegen sie sogar auf Platz eins. Eine große Rolle spielt dabei der Frankfurter Flughafen: Viele aus den USA eingereiste Gäste dürften nach dem Hin- beziehungsweise vor dem Rückflug in Flughafennähe übernachten. Auch das Bordpersonal amerikanischer Fluggesellschaften trägt zur hohen Zahl der Übernachtungen bei.

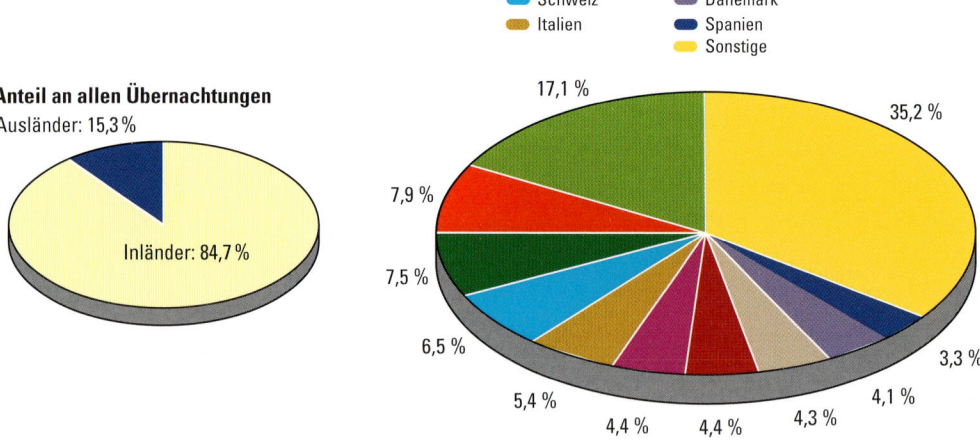

Die zehn wichtigsten Herkunftsländer ausländischer Touristen
(Anteil an allen Übernachtungen von Ausländern)

- Niederlande
- USA
- Großbritannien
- Schweiz
- Italien
- Österreich
- Belgien
- Frankreich
- Dänemark
- Spanien
- Sonstige

Anteil an allen Übernachtungen
Ausländer: 15,3 %
Inländer: 84,7 %

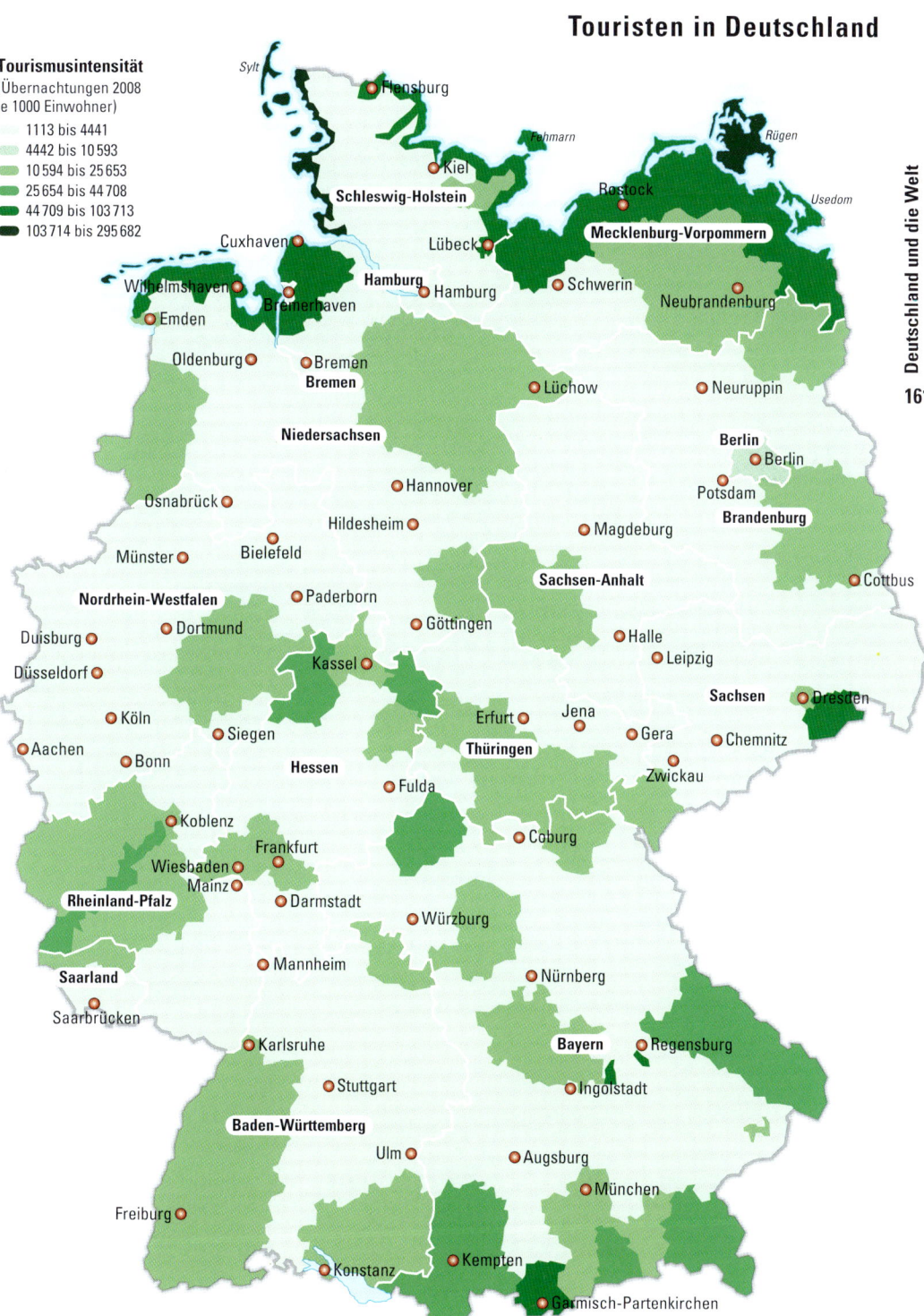

Ob HSV oder Hertha – Hauptsache Brasilien

Das Maß aller Dinge im Fußball heißt Brasilien. Keine Nationalmannschaft war so oft Weltmeister, keine Nation bringt so kontinuierlich und in so großer Zahl Spitzenfußballer hervor, kein anderes Land hat es geschafft, zum Inbegriff der Spielkultur zu werden: Spielen wie die Engländer, das ist schnell und hart; spielen wie die Italiener, das ist defensiv und effizient; aber spielen wie die Brasilianer – das ist elegant und attraktiv.

Da ist es kaum verwunderlich, dass die Brasilianer das mit Abstand größte Ausländerkontingent in den drei deutschen Profiligen stellen. 30 von ihnen standen zu Beginn der Saison 2009/10 in den Kadern der 18 Erstligavereine, lediglich vier Klubs traten völlig brasilienfrei an: der VfL Bochum sowie die drei Aufsteiger SC Freiburg, Mainz 05 und 1. FC Nürnberg. In den unteren Ligen nimmt die Brasilianer-Dichte hingegen stark ab: Zehn gingen in der Zweiten Liga an den Start, ganze zwei in der Dritten Liga, bei Rot-Weiß Erfurt und 1. FC Heidenheim.

Ost-Dominanz in der 3. Liga

Mit den sinkenden Etats sinkt nicht nur der Brasilianer-Anteil, sondern auch der Ausländeranteil generell: 48 Prozent der Spieler in der Ersten Liga haben keinen deutschen Pass, gegenüber nur 30 Prozent in der Zweiten und 15 Prozent in der Dritten Liga. Hingegen steigt in der Relation der Anteil der Spieler aus geografisch näher liegenden und finanziell erschwinglicheren Regionen: 49 Prozent der Ausländer in der Dritten Liga kommen aus den Staaten Ost- und Südosteuropas einschließlich der Türkei – in der Zweiten Liga entfallen auf sie nur 39, in der Ersten Liga 29 Prozent des Ausländerkontingents.

Auffällig in dieser Weltkarte der Auslandsfußballer ist allerdings nicht nur, wer stark vertreten ist, sondern auch, wer fehlt: Der aktuelle Europameister Spanien, wie Brasilien ein Garant für Spielwitz und Eleganz, ist gerade einmal mit vier Spielern im deutschen Profifußball präsent, in der Ersten Liga sogar überhaupt nicht. Das Mutterland des Fußballs, England, glänzt durch völlige Abwesenheit – das

Ausländer im Profi-Fußball

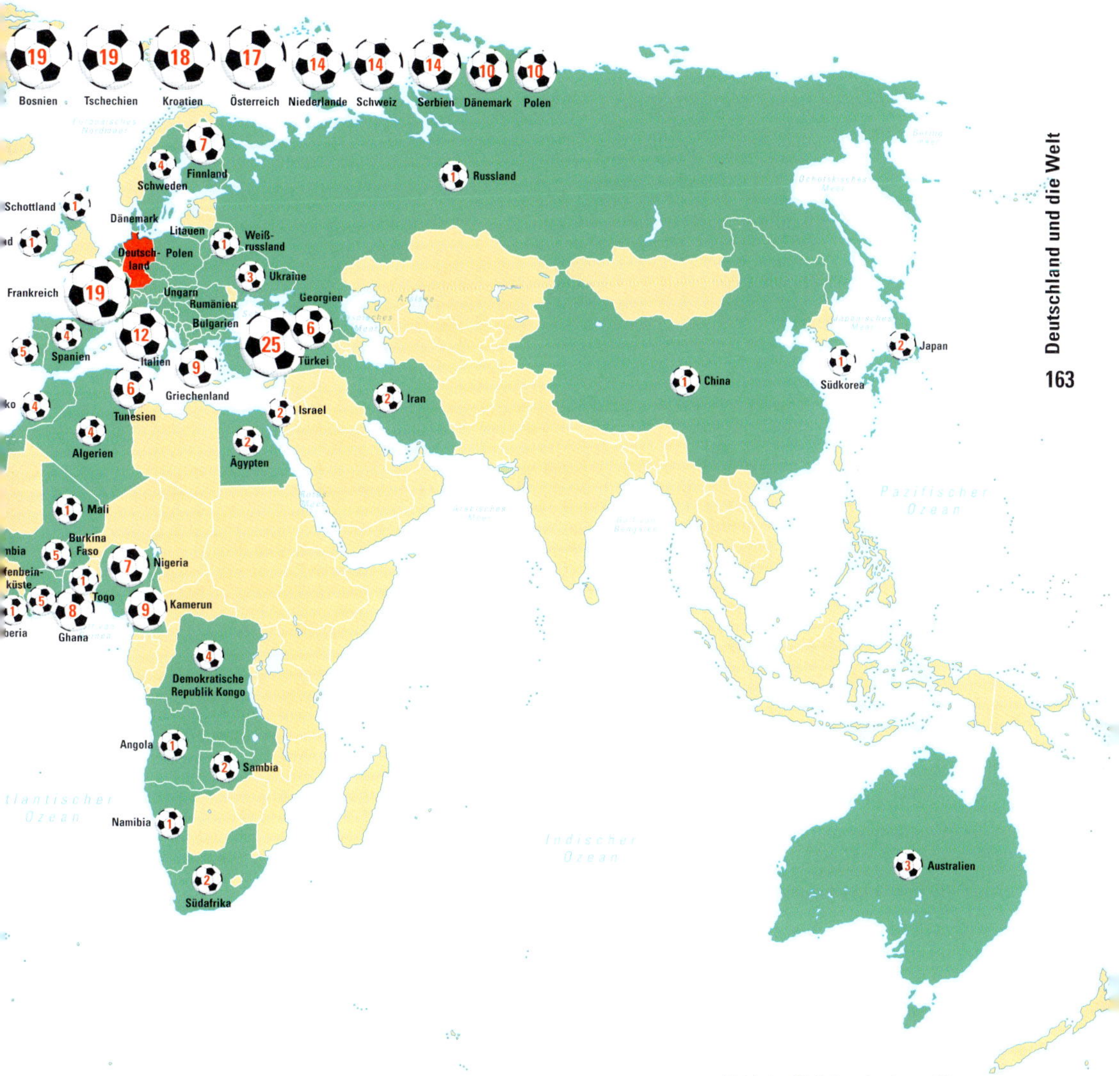

schaffen sonst in Europa nur Island, Norwegen, Lettland, Estland und Moldawien.

Der Grund dafür ist allerdings bei den beiden Giganten ein anderer als bei den Zwergen: Spanien und England haben derzeit die stärksten und zahlungskräftigsten Ligen der Welt. Diese saugen nicht nur die besten Spieler aller Kontinente auf, sondern bieten auch attraktive Konditionen für die heimische Spielerelite sowie die besten Nachwuchskräfte. Der Anreiz, im Ausland sein Glück zu versuchen, ist so denkbar gering.

Zahl der Spieler der jeweiligen Nationalität in den Kadern der drei deutschen Profiligen zu Beginn der Saison 2009/10

- 1 bis 5
- 6 bis 10
- 11 bis 15
- 16 und mehr

Kicker Sonderheft Saison 2009/10

Eurotopia

Etwas ungewohnt, die roten Linien, die in dieser Karte die Grenzen darstellen. Deutschland, Frankreich, Polen, Großbritannien sehen ganz schön zerstückelt aus, Österreich ist nicht nur geteilt, sondern hat auch noch Slowenien eingemeindet, dafür entsprechen viele Staaten, unter anderem ganz Skandinavien, dem Bild, das wir aus anderen Europakarten kennen. Was hat sich der Grenzzieher dabei gedacht – und wer macht so was überhaupt?

Diese Aufteilung stammt von Freddy Heineken (1923–2002), dem langjährigen Chef der gleichnamigen Brauerei. Er hat sie in einer Broschüre namens «Eurotopia» im Jahr 1992 veröffentlicht. Aber gegen den Begriff «Grenzzieher» hätte Heineken sicherlich schärfsten Protest eingelegt: Ihm ging es nicht darum, Grenzen zu ziehen, sondern Grenzen zu überwinden. Die Nationalstaaten hätten so viel Leid über den Kontinent gebracht mit ihrem ständigen Streben nach Macht, Reichtum und Größe, dass nur ihre Auflösung ein friedliches, glückliches Europa schaffen könne.

Heinekens Lösung: Er teilte das Gebiet der Europäischen Union in 75 Regionen von ungefähr gleich großer Einwohnerzahl auf – möglichst zwischen fünf und zehn Millionen. Diese Europäische Union dachte er sich übrigens 1992 schon in etwa so ost-erweitert, wie sie es inzwischen geworden ist. Nur die drei baltischen Staaten Estland, Lettland und Litauen hatte Heineken vor 18 Jahren noch nicht auf seiner Rechnung; da sie heute zur EU gehören, wurden sie für diese Karte ergänzt: als eine gemeinsame Region mit etwa sieben Millionen Einwohnern.

Die 10-Millionen-Schallmauer

10 Millionen Einwohner, das war für Heineken die Obergrenze für ein überschaubares, regierbares, friedliches Gemeinwesen. Die Obergrenze von 10 Millionen Einwohnern war niedrig genug, um keine Großmachtphantasien zu entwickeln, und die Untergrenze von 5 Millionen war hoch genug, um noch effizient organisiert werden zu können.

Deutschland, mit rund 80 Millionen Einwohnern der mit Abstand bevölkerungsreichste Staat der EU, wurde denn auch in die meisten Regionen aufgeteilt, nämlich elf. Von Norden nach Süden heißen sie (in Klammern die Einwohnerzahlen, die Heineken seinem Teilungsplan zugrunde legte):

- Schleswig-Holstein (6 100 000, inklusive Hamburg und Mecklenburg-Vorpommern)
- Hannover (7 900 000 inklusive Bremen)
- Brandenburg (6 000 000 inklusive Berlin)
- Sachsen (7 900 000 inklusive Sachsen-Anhalt)
- Westfalen (7 900 000)
- Nordrheinland (9 200 000)
- Thüringen (8 300 000 inklusive Teile Hessens)
- Rhein-Moselland (5 100 000)
- Baden-Württemberg (9 600 000)
- Franken (5 100 000)
- Bayern (6 000 000)

Nur vier der 75 Eurotopia-Regionen überschreiten knapp die 10-Millionen-Schallmauer: die Staaten Portugal, Ungarn und Griechenland, die Heineken nicht teilen wollte, und die Region Île de France, also der Großraum Paris – die einzige europäische Metropole, die für sich genommen schon auf mehr als zehn Millionen Einwohner kommt.

Kleinstaaten verschwinden

Mit Staaten, die zu klein für die 5-Millionen-Untergrenze sind, macht das Eurotopia-Konzept kurzen Prozess: Luxemburg wird zusammen mit dem wallonischen Teil Belgiens und Teilen Nordfrankreichs in eine Region gepackt, Slowenien wird mit dem Süden Österreichs zu Noricum umbenannt – so hieß die Region zuletzt, als sie noch Provinz des Römischen Reiches war. Ob zu jenem Noricum auch Liechtenstein geschlagen wird, oder ob dieses Land an die Schweiz angeschlossen wird, lässt sich anhand der etwas groben Skizzierung der Grenzverläufe bei Heineken nicht einmal feststellen.

Mehr als ein Denkmodell ist dieses Eurotopia-Konzept bisher nicht geworden. Zwar haben im Verlauf der europäischen Einigung die Nationalstaaten immer mehr Kompetenzen an Europa abgegeben, aber ob dieser Weg zu einem vollständigen Abschied von Staaten wie Frankreich, Italien oder Deutschland führt, ist noch nicht absehbar.

Ein Europa der Regionen

— Grenzziehung in Freddy Heinekens Broschüre «Eurotopia» von 1992

Quelle: strangemaps.wordpress.com

Gesundes Mittelmaß

Ein merkwürdiges Bild, das uns die Daten der EU-Statistiker da bieten. Eigentlich sind wir es gewohnt, eine besonders üppige medizinische Versorgung als Zeichen für den Wohlstand einer Gesellschaft anzusehen: Je mehr Geld, desto mehr Ärzte, wäre die logische Konsequenz. Doch die Karte zeichnet ein völlig anderes Bild. Einer der ärmsten Staaten Europas, nämlich Bulgarien, verfügt über eine der höchsten Ärztedichten des Kontinents, und auch die nicht gerade reichen Südstaaten Italien und Spanien sind in der europäischen Spitzengruppe, wenn es um die Zahl der dort praktizierenden Ärzte in Relation zur Einwohnerzahl geht. Schlusslicht des Kontinents ist hingegen Großbritannien, und auch andere wohlhabende Staaten wie Deutschland, Österreich oder Luxemburg liegen allenfalls im Mittelfeld. Müssen wir unser gewohntes Denken revidieren?

Nicht direkt. Denn die Beziehung zwischen Wohlstand und medizinischer Versorgung besteht durchaus. Die Gesundheit ist eines der ganz wenigen Güter, für das überproportional mehr Geld ausgegeben wird, wenn die ökonomische Leistungsfähigkeit einer Gesellschaft steigt: Bei einem Wachstum des Bruttoinlandsprodukts (BIP) pro Kopf um 10 Prozent wachsen die Ausgaben im Gesundheitssektor pro Kopf um etwa 14 Prozent, hat der Gesundheitsökonom Uwe Reinhardt von der Universität Princeton ermittelt. Wer keine materiellen Sorgen mehr hat, sorgt sich umso mehr um seine Gesundheit.

Zentral geplanter Arzteinsatz

Also scheint die Karte der Ärzteversorgung in einer Region etwas anderes darzustellen als die Quantität, geschweige denn die Qualität der medizinischen Versorgung. Der letzte Platz für Großbritannien führt auf eine andere Fährte: Die Briten leisten sich seit 1948 ein für die Bürger scheinbar kostenloses – also ein staatsfinanziertes Gesundheitssystem. Sowohl der Besuch beim Hausarzt als auch der Aufenthalt im Krankenhaus sind für alle in Großbritannien lebenden Menschen kostenlos, eine staatlich regulierte Krankenversicherung, wie sie in den meisten Industrieländern üblich ist, gibt es in Großbritannien nicht. Der «National Health Service» betreibt Krankenhäuser und Arztpraxen, Reha-Zentren und Tageskliniken, alle zentral geplant und alle mit angestellten Ärzten.

Dieses System führt allerdings unter anderem zu extrem langen Wartezeiten bei einzelnen Operationen; außerdem gibt es Einschränkungen bei den kostenlos verfügbaren Leistungen: Der Antrag auf ein neues Hüftgelenk wird beispielsweise nur genehmigt, wenn der Patient nicht mehr als 20 Prozent Übergewicht aufweist. Vor allem aber führt das britische System zu einer geringen Zahl von Ärzten, da deren Kapazitäten aufgrund der staatlichen Planung sehr gut ausgelastet sind.

Privates Parallelsystem

Genau umgekehrt liegt der Fall etwa in Spanien. Dort sind die öffentlichen Gesundheitssysteme von vergleichsweise schlechter Qualität, sodass es geradezu überlebenswichtig ist, zusätzlich eine private Krankenversicherung abzuschließen – um das parallele Privatsystem nutzen zu können. Wer nicht ganze Tage in einem staatlichen Gesundheitszentrum im Wartezimmer sitzen will, geht zu einem privaten Arzt. Dort sind die Wartezimmer leer (wenn es überhaupt welche gibt), die Kapazitäten der meisten Mediziner sind bei weitem nicht ausgelastet. Dieses System garantiert nicht unbedingt eine bessere Versorgung, aber in jedem Fall eine höhere Ärztedichte.

Das deutsche Gesundheitssystem liegt in der Mitte zwischen diesen Extremen. Es gibt ein breites und qualitativ hochwertiges Netz von Kassenärzten und -krankenhäusern. Privat- oder Zusatzversicherungen beschleunigen wohl die Terminvergabe, erhöhen jedoch eher den Komfort (und den Rang des behandelnden Arztes) im Krankenhaus als die medizinische Leistung. Der Aufbau eines kompletten Zweitnetzes privater Gesundheitsdienstleistungen ist deshalb weder politisch erwünscht noch medizinisch geboten. Die Mittelfeldposition, die Deutschland in Europa in Bezug auf die Ärztedichte einnimmt, steht deshalb für alles andere als für Mittelmaß.

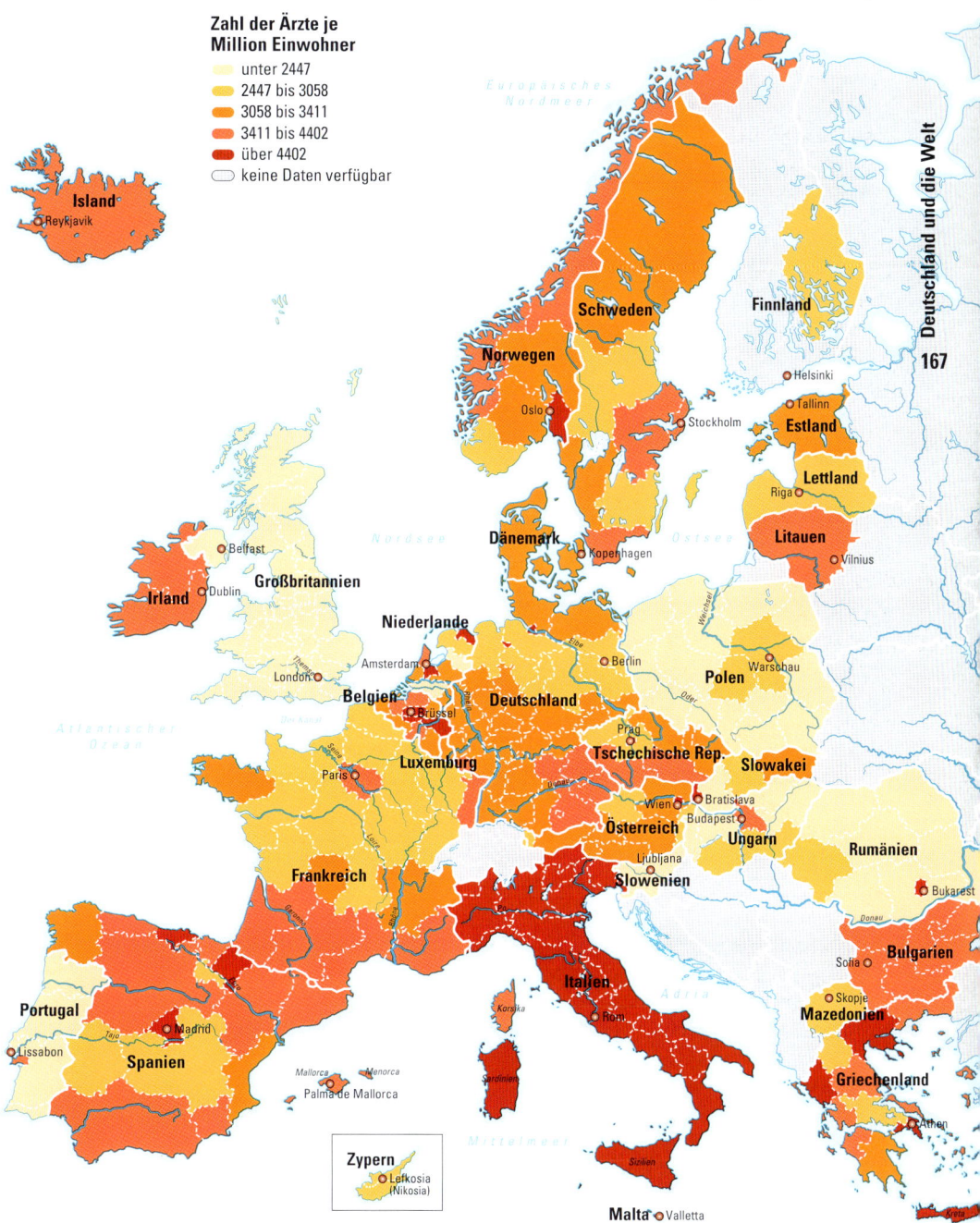

Rund-um-die-Welt-Handel

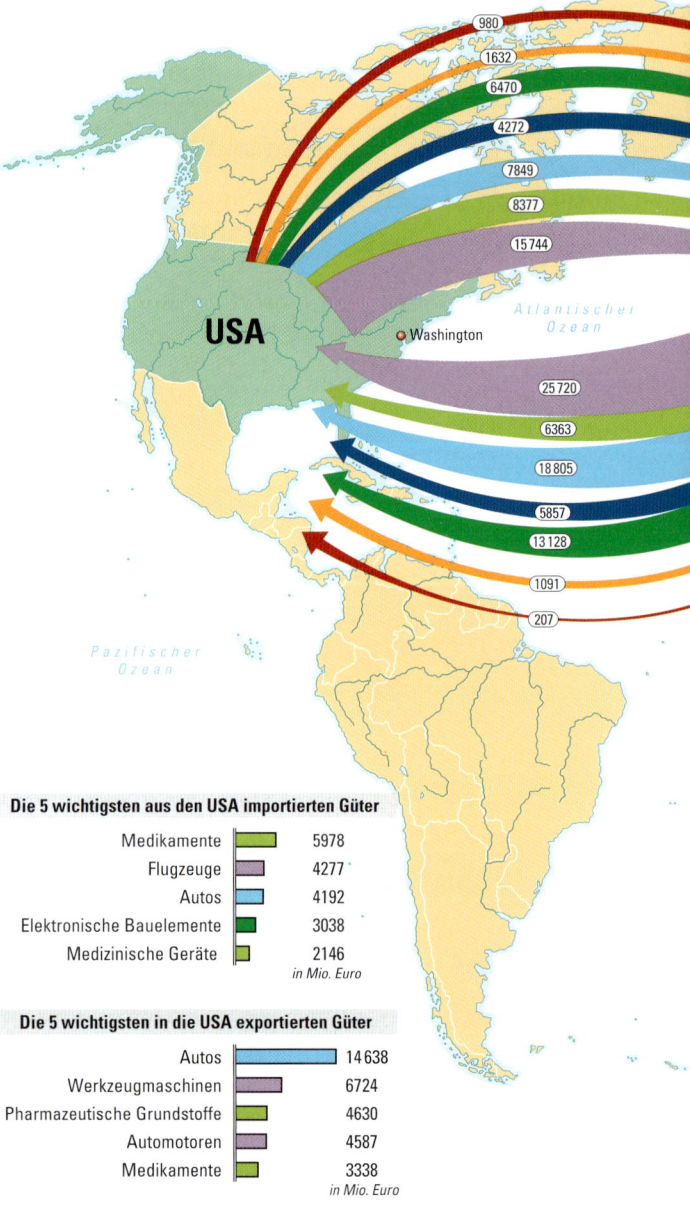

Rechts sieht man den neuen Exportweltmeister: Seit 2009 ist China der Staat mit den meisten Ausfuhren der Welt – vor Deutschland, das diesen inoffiziellen Titel in den Jahren zuvor erhalten hatte. Und links den derzeitigen Importweltmeister: Kein Land kauft so viele Waren im Ausland ein wie die USA. Und Deutschland liegt genau dazwischen.

Zwar ist Deutschland traditionell wesentlich erfolgreicher im Export als im Import; aber wenn man nur den Handel mit diesen beiden Giganten der Weltwirtschaft betrachtet, ergibt sich eine praktisch ausgeglichene Handelsbilanz: 25,3 Milliarden Euro betrug im Jahr 2008 der Importüberschuss im Handel mit China – und 25,8 Milliarden Euro der Exportüberschuss im Handel mit den USA.

Maschinen für China

Obwohl diese beiden Handelspartner unterschiedlicher kaum sein könnten, ist die Exportstruktur, also die Art der aus Deutschland dorthin gelieferten Waren, ähnlich: Sowohl in den USA als auch in China gehören Werkzeugmaschinen, Autos und Automotoren zu den Warengruppen, die sich die Importeure am meisten kosten lassen. In China allerdings liegt der Schwerpunkt der Einfuhren aus Deutschland noch stärker auf Investitionsgütern, also in erster Linie Maschinen, Industrieanlagen und Flugzeuge: Sie machten im Jahr 2008 fast 60 Prozent aller deutschen China-Exporte aus.

In den USA hingegen liegt dieser Anteil lediglich bei 36,1 Prozent. Auf Platz zwei der Importe stehen mit 26,4 Prozent die langlebigen Konsumgüter – der größte Teil entfällt auf Autos.

Auch in die Gegenrichtung werden Autos verkauft: Für mehr als vier Milliarden Euro wurden im gleichen Jahr Autos aus den USA nach Deutschland geliefert. Dennoch lag allein im Auto-Geschäft der deutsche Exportüberschuss 2008 bei mehr als zehn Milliarden Euro.

Die 5 wichtigsten aus den USA importierten Güter

Medikamente	5978
Flugzeuge	4277
Autos	4192
Elektronische Bauelemente	3038
Medizinische Geräte	2146

in Mio. Euro

Die 5 wichtigsten in die USA exportierten Güter

Autos	14 638
Werkzeugmaschinen	6724
Pharmazeutische Grundstoffe	4630
Automotoren	4587
Medikamente	3338

in Mio. Euro

Außenhandel mit China und den USA

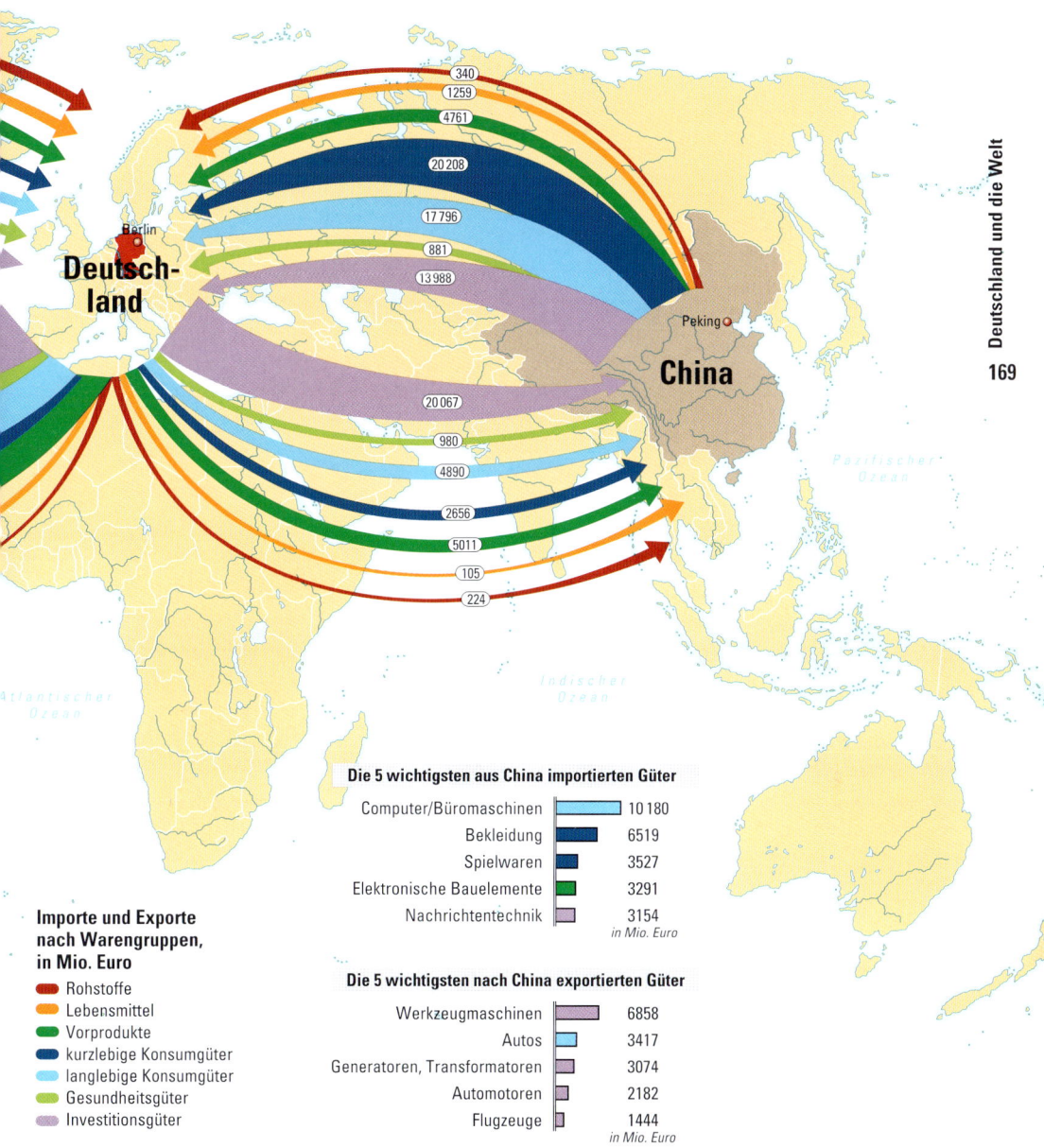

Die 5 wichtigsten aus China importierten Güter

Computer/Büromaschinen	10 180
Bekleidung	6519
Spielwaren	3527
Elektronische Bauelemente	3291
Nachrichtentechnik	3154

in Mio. Euro

Die 5 wichtigsten nach China exportierten Güter

Werkzeugmaschinen	6858
Autos	3417
Generatoren, Transformatoren	3074
Automotoren	2182
Flugzeuge	1444

in Mio. Euro

Importe und Exporte nach Warengruppen, in Mio. Euro
- Rohstoffe
- Lebensmittel
- Vorprodukte
- kurzlebige Konsumgüter
- langlebige Konsumgüter
- Gesundheitsgüter
- Investitionsgüter

Die wichtigsten Exportprodukte der USA sind weder Investitions- noch Konsumgüter, sondern Gesundheitsprodukte: Medikamente und medizinische Geräte. Aus China hingegen erreichen uns in besonders großen Mengen Spielzeug und Textilien – beide Warengruppen zusammen erreichen einen Exportwert von gut zehn Milliarden Euro. Doch das bedeutendste Ausfuhrgut Chinas gehört zur Technologiebranche: Für mehr als zehn Milliarden Euro kaufen wir dort – Computer.

Quelle: Destatis, Daten für 2008

Milliarden für die Weltmarktführerschaft

«Deutschland ist Weltmeister im Export von Arbeitsplätzen», polterte vor fünfzehn Jahren der Industriepräsident Hans-Olaf Henkel. Sein Argument lautete damals, deutsche Unternehmen würden in großem Umfang in den Aufbau von Kapazitäten im Ausland investieren, wodurch Arbeitsplätze aus dem (viel zu teuren) Deutschland in Billiglohnländer verlagert würden.

Der Blick auf die Karte der deutschen Direktinvestitionen im Ausland scheint dieses Argument zu bestätigen: Fast in allen Ländern der Welt haben deutsche Unternehmen im Vierjahreszeitraum von 2005 bis 2008 mehr Geld in Investitionen gesteckt, als sie aus diesen Ländern abgezogen haben. Insgesamt summierte sich der Saldo dieser Direktinvestitionen in jenen vier Jahren auf ziemlich genau 400 Milliarden Euro. Also wurden für etwa diesen Betrag Arbeitsplätze im Ausland statt in Deutschland geschaffen, oder?

Dem Markt auf den Fersen

So dramatisch, wie es der hohe Betrag suggeriert, war es allerdings nicht. Denn genau in jenem Zeitraum, den die Karte hier abbildet, wurden in Deutschland nicht nur keine Arbeitsplätze vernichtet, sondern mehr als eine Million neue Arbeitsplätze geschaffen.

Außerdem kann auch der negative Effekt auf die deutsche Wirtschaft, vor dem Hans-Olaf Henkel damals gewarnt hatte, gar nicht so katastrophal gewesen sein: Denn jenes Deutschland, das sich vor fünfzehn Jahren so geschwächt haben soll, wurde in den folgenden Jahren wieder Weltmeister im Export von Gütern und Dienstleistungen – und eben nicht von Arbeitsplätzen. Vermutlich haben gerade die Investitionen deutscher Unternehmen im Ausland mit dazu beigetragen, die Wettbewerbsfähigkeit dieser Unternehmen zu stärken und damit letztlich auch Arbeitsplätze in Deutschland zu sichern.

Gerade aus der starken Position deutscher Unternehmen auf den Auslandsmärkten entsteht in vielen

Deutsche Direktinvestitionen im Ausland 2005–2008

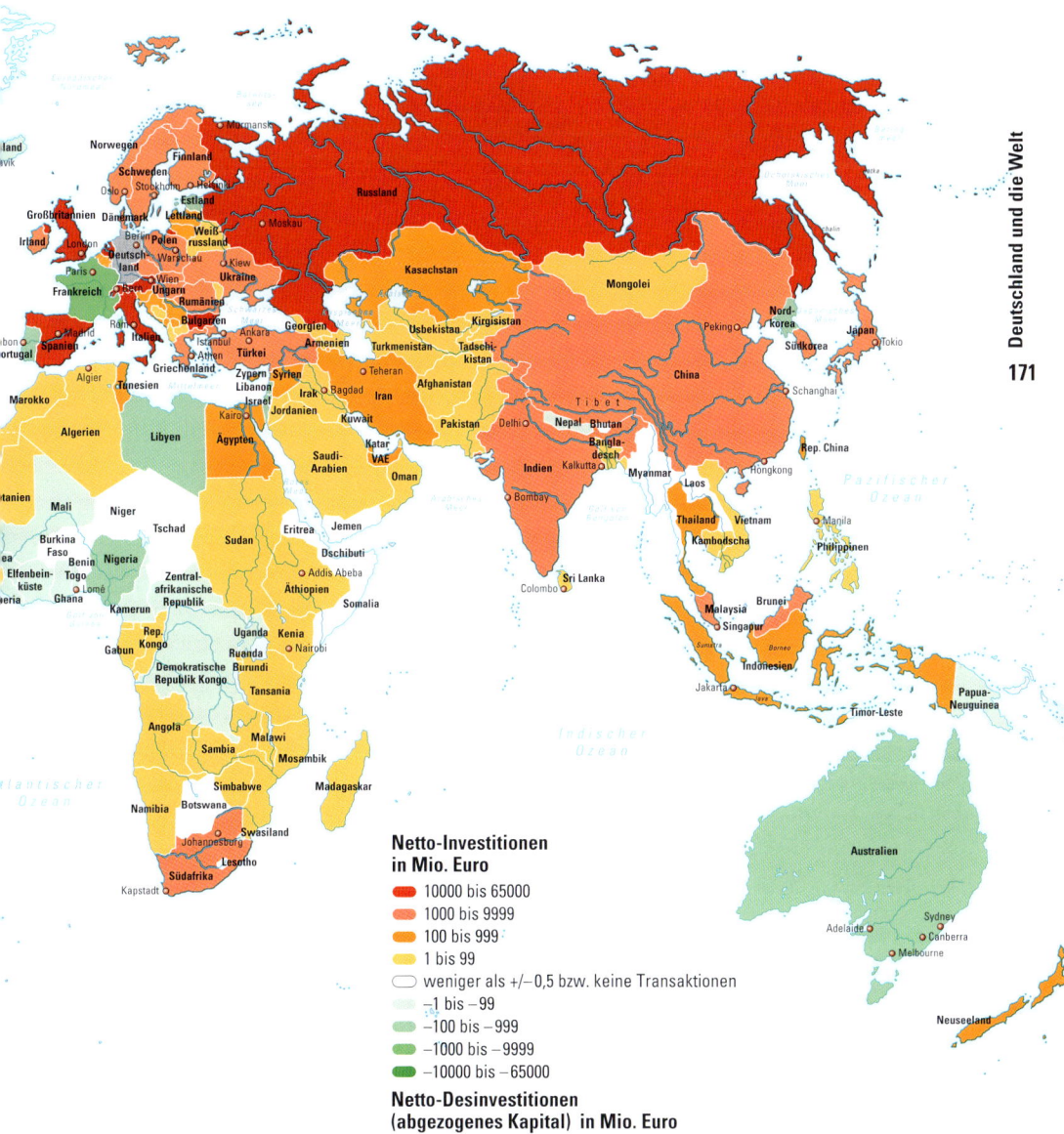

Fällen der Bedarf, dort auch zu investieren. Denn in vielen Branchen ist es betriebswirtschaftlich sinnvoll, Produktionskapazitäten dort aufzubauen, wo die Produkte abgesetzt werden. So haben beispielsweise alle großen Autohersteller Werke in den wichtigen Absatzmärkten USA und China errichtet.

Auch wenn keine Fabriken im Ausland gebaut werden, führen steigende Umsätze im Ausland zu einem erhöhten Investitionsbedarf – und sei es nur für den Aufbau von Wartungs-, Service- und Vertriebsstätten. Wenn mehr Geld aus dem Ausland zurückgeholt wird, ist das eher ein (schlechtes) Zeichen für schrumpfende Geschäfte.

Quelle: Deutsche Bundesbank, Daten der Jahre 2005 bis 2008 kumuliert

Investitionen aus nicht ganz aller Welt

Deutschland, so war es auf der vorigen Karte zu sehen, investiert in aller Welt: Kaum ein weißer Fleck blieb übrig. Aber nicht die ganze Welt investiert in Deutschland. Das zeigt diese Karte: Große Teile Afrikas tauchen in der Direktinvestitions-Statistik der Bundesbank überhaupt nicht auf; im gesamten Vierjahreszeitraum von 2005 bis 2008 investierten alle Unternehmen des Schwarzen Kontinents zusammen weniger als eine Milliarde Euro in Deutschland und damit weniger als ein Prozent der gesamten aus dem Ausland zu uns geflossenen Investitionsgelder.

Eine ganze Reihe anderer Länder investiert zumindest per saldo nicht: Alle in der Karte grün eingezeichneten Staaten haben zwischen 2005 und 2008 mehr Geld aus Deutschland abgezogen als sie neu dort hineingesteckt haben – darunter mit Frankreich, Finnland, Kanada und Südkorea auch traditionell gute Handels- und Geschäftspartner.

Versteckte Finanzinvestoren

Einerseits ist das logisch: Nur wer in der Vergangenheit bereits in Deutschland investiert hat, kann von dort auch wieder Kapital abziehen. Andererseits ist es bedenklich: Ein Rückgang der insgesamt investierten Summe deutet auf einen Rückgang der geschäftlichen Verflechtung zwischen den jeweiligen Volkswirtschaften hin. So waren es im Fall Finnlands die Schließung des Nokia-Werks in Bochum und im Fall Südkoreas die eines Samsung-Werks in Berlin, die als Desinvestitionen zu Buche schlugen.

Insgesamt gesehen bietet die Weltkarte der Investitionen allerdings keinen Grund zur Sorge: Die Zahl der Länder, die mehr Geld in Deutschland hineinstecken als von dort abziehen, ist deutlich größer als die Zahl der Länder mit umgekehrtem Vorzeichen. Das Gleiche gilt für die Beträge: Per saldo, also nach Abzug des Kapitalexports, investierte das Ausland in diesem Vierjahreszeitraum fast 150 Milliarden Euro in Deutschland.

Einer der größten Einzelinvestoren ist übrigens in der Karte nicht zu sehen – weil er schlicht zu klein ist. Es handelt sich um die Cayman Islands, ein Palmen- und

Ausländische Direktinvestitionen in Deutschland 2005–2008

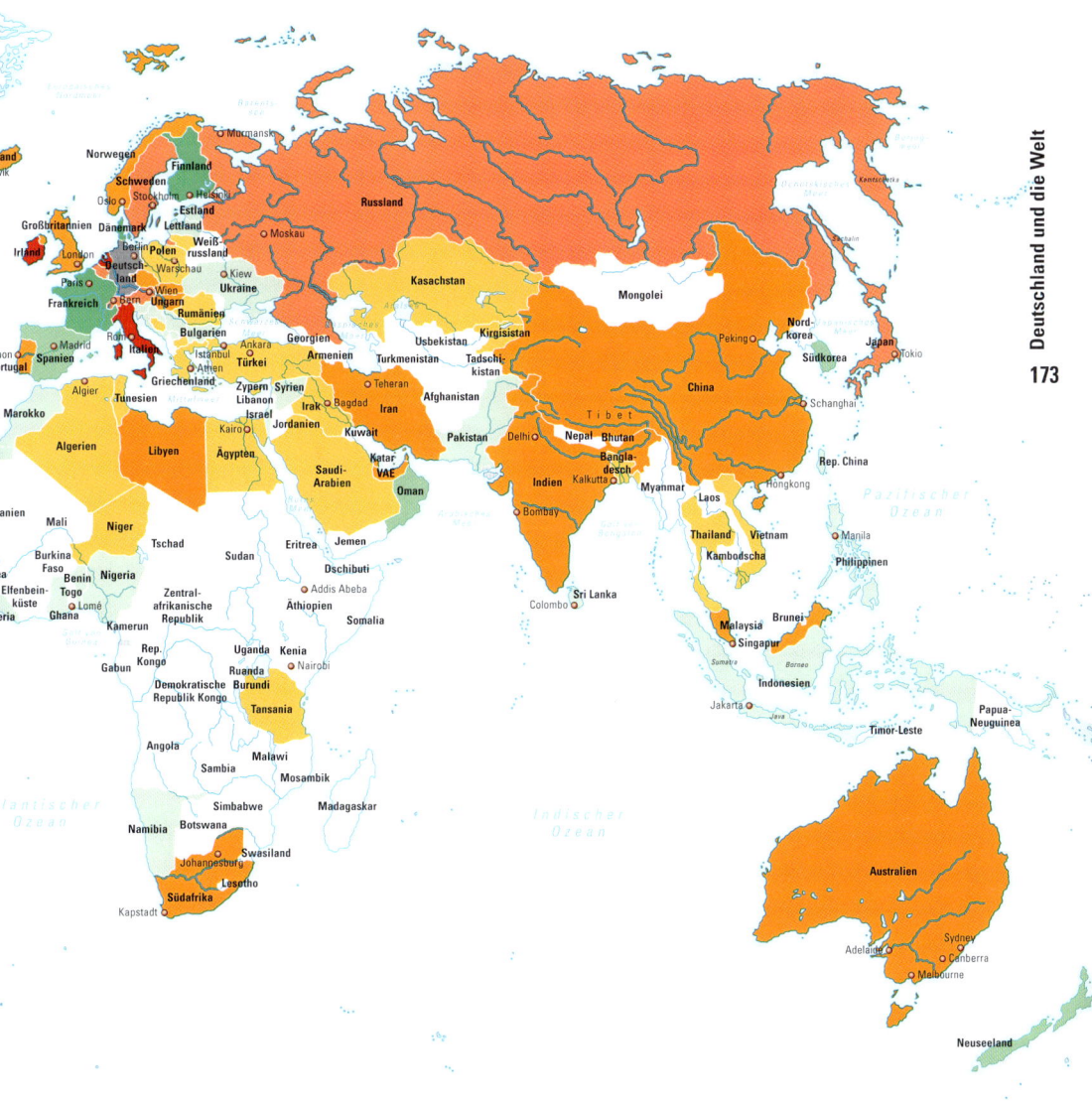

Steuerparadies in der Karibik. Dort haben insbesondere viele Finanzinvestoren ihren Sitz, also Hedgefonds oder die in Deutschland als «Heuschrecken» bekannt gewordenen Private-Equity-Unternehmen. Selbst wenn deren Hauptquartier eher in London oder New York aufgeschlagen ist, werden Unternehmenskäufe offiziell von einer Firma auf den Cayman Islands durchgeführt, die dann auch in der Statistik entsprechend als Käufer registriert wird – Direktinvestitionen in Höhe von mehr als 15 Milliarden Euro kamen auf diese Weise zwischen 2005 und 2008 von jenem kleinen Fleck südlich von Kuba.

Kapitalimport (Investition) in Mio. Euro
- 10000 bis 65000
- 1000 bis 9999
- 100 bis 999
- 1 bis 99
- weniger als +/− 0,5 bzw. keine Transaktionen
- −1 bis −99
- −100 bis −999
- −1000 bis −9999
- −10000 bis −65000

Kapitalexport (Desinvestition) in Mio. Euro

Quelle: Deutsche Bundesbank, Daten der Jahre 2005 bis 2008 kumuliert

Bildung macht glücklich – meistens

Andrea wurde in ihrer Kindheit und Jugend seelisch und körperlich misshandelt. Später wurde sie in der Schule gemobbt, mit 17 bekam sie ein Kind, schlug sich alleinerziehend in verschiedenen Berufen durch und lebt heute von Sozialhilfe. Trotzdem sagt Andrea: «Ich bin ein glücklicher Mensch.» Denn sie hat ein gutes Verhältnis zu ihrer Tochter, Sinn für Humor und viele Freunde, die sie unterstützen.

Shannon geht bergsteigen, fährt Rollerblades und Ski. Sie hat einen festen Job als Lehrerin, einen Freund, eine stabile Familie. Trotzdem sagt Shannon: «Ich bin ein unglücklicher Mensch.» Denn sie fühlt sich allein und wird von Zweifeln geplagt. Oft ist sie niedergeschlagen und blickt düster in die Zukunft.

Andrea und Shannon, die die amerikanische Glücksforscherin Sonja Lyubomirsky in ihrem Buch «Glücklich sein» beschreibt, illustrieren eindrücklich, was die empirische Psychologie mit einer Reihe von Studien mittlerweile zutage gefördert hat: Wie glücklich und zufrieden sich ein Mensch fühlt, hängt von seinem subjektiven Glücksempfinden ab. Es sind nicht die Umstände, weder Geld und Haus noch Partner und Traumjob, die dauerhaft darüber entscheiden, ob wir uns zufrieden oder unzufrieden fühlen. Die äußeren Umstände bestimmen gerade mal zehn Prozent unseres Zufriedenheitslevels. Weitere fünfzig Prozent sind erblich – wir kommen mit einem Glücksfixpunkt zur Welt, einer Art Nullpunkt, zu dem wir nach großen Enttäuschungen oder Triumphen immer wieder zurückkehren. Glücksforscherin Lyubomirsky:

«Die restlichen 40 Prozent sind das Potenzial, das jeder von uns hat, um dauerhaft ein glücklicheres Leben zu führen.» Glück ist eine Frage des Standpunktes und des richtigen Umgangs mit dem eigenen Leben.

Glücksinsel im Himalaya

Besonders zufrieden, so zeigt eine Studie von Adrian White von der Universität Leicester, sind die Dänen und Schweizer mit 273 von 300 möglichen Punkten, auch die Isländer, die Skandinavier und die Kanadier fühlen sich gut, und – schon überraschender – die Menschen im kleinen buddhistischen Königreich Bhutan mitten im Himalaya (253 Punkte).

Wenig zu lachen haben dagegen die Menschen im hunger- und bürgerkriegsgebeutelten Sudan, im Kongo oder in der Ukraine (120 Punkte), wo die Krankenversorgung desaströs ist und das HI-Virus so verbreitet wie sonst nirgends in Europa. Dass die Bürger des zentralafrikanischen Staates Burundi so unglücklich sind wie niemand sonst auf der Welt, überrascht wenig: Nirgendwo ist der Anteil der Bevölkerung, der unter Hunger leidet, größer.

Die Weltkarte der Zufriedenheit bestätigt, was die empirische Psy-

Subjektive Zufriedenheit

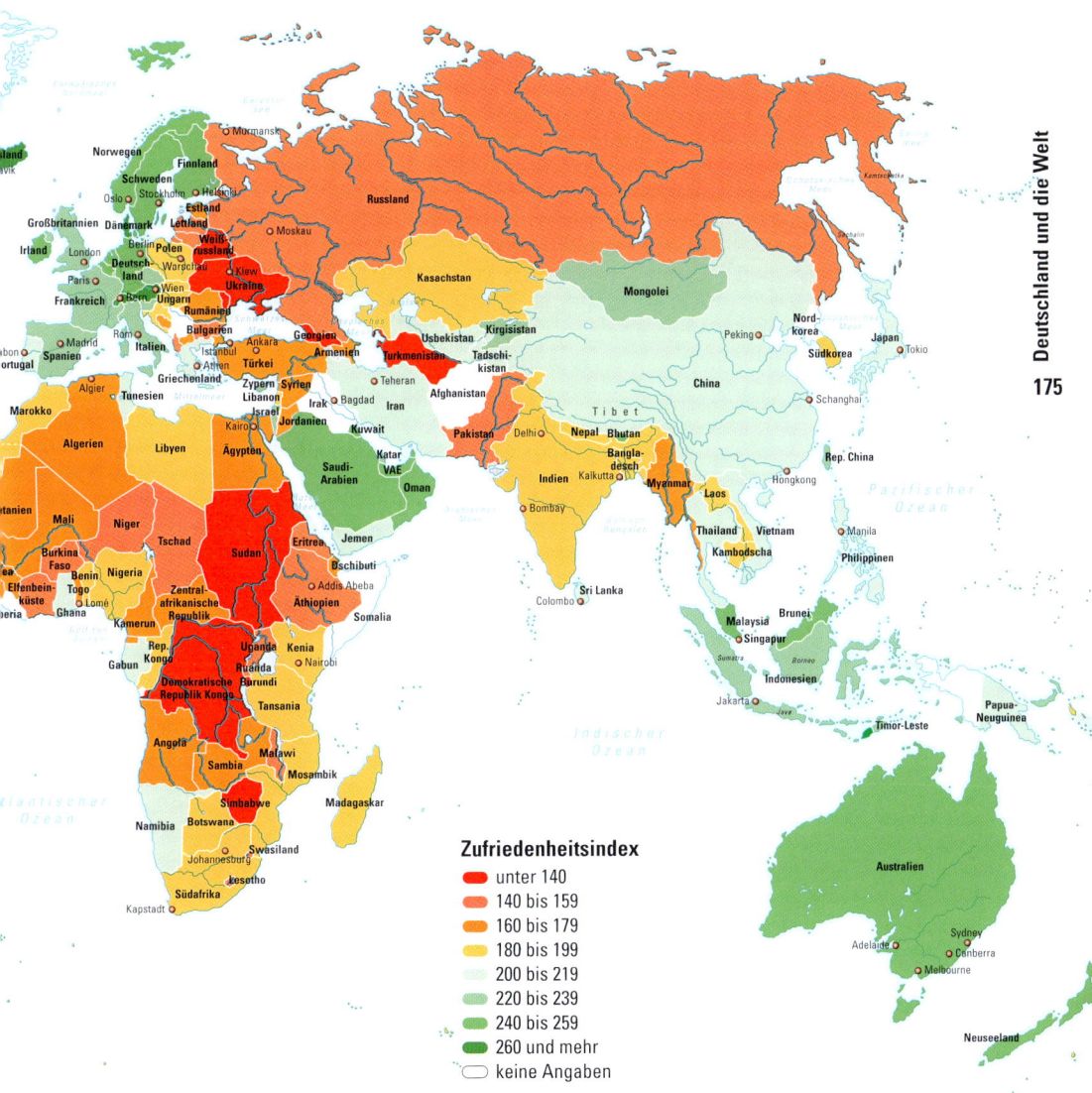

Zufriedenheitsindex
- unter 140
- 140 bis 159
- 160 bis 179
- 180 bis 199
- 200 bis 219
- 220 bis 239
- 240 bis 259
- 260 und mehr
- keine Angaben

chologie auf ihrer Pirsch nach dem Glück herausgefunden hat: Überall dort, wo die Menschen Grundbedürfnisse stillen können, sind sie zufriedener. Zu den Grundbedürfnissen gehören Gesundheit, ein Dach über dem Kopf, Bildung, ein hinreichendes Auskommen. Als die Forscher der Universität Leicester die Zahlen zur Zufriedenheit mit internationalen Daten zu Bildungszugang, Gesundheit und Wohlstand abglichen, zeigte sich eine klare Korrelation: Besonders hoch ist die subjektive Zufriedenheit dort, wo die Menschen gesund, der Wohlstand groß und der Zugang zu Bildung gut ist.

Und Deutschland? Da können wir richtig zufrieden sein: Denn mit 240 Punkten fühlen wir uns glücklicher als die Bewohner der anderen großen EU-Staaten Frankreich, England, Spanien oder Italien. Oder wir können richtig unzufrieden sein: Denn von unseren neun Nachbarstaaten haben sechs ein höheres Zufriedenheitsgefühl als wir.

Quelle: Adrian White, Universität Leicester

Viele Tellerwäscher, wenige Millionäre

Amerika und Europa gehören beide zum abendländischen Kulturkreis. Aber die ökonomischen Kulturen und die sozialen Einstellungen könnten unterschiedlicher kaum sein – sonst wären die in dieser Karte sichtbaren Unterschiede gar nicht möglich.

Dargestellt wird hier ein volkswirtschaftlicher Indikator namens Gini-Koeffizient. Er ist ein Maß für die Gleichheit beziehungsweise Ungleichheit der Einkommensverteilung in einem Land. Würde das gesamte Einkommen von einem einzigen Menschen erzielt werden, und alle übrigen Menschen arbeiteten ohne Lohn, läge der Gini-Koeffizient bei 100 – und würden alle Erwerbstätigen das Gleiche verdienen, wäre er genau null. Tatsächlich liegt er immer irgendwo zwischen diesen Extremen; aber je näher an 100, desto ungleicher ist das Einkommen verteilt.

Kontinent der Ungleichheit

Und auf keinem Kontinent ist die Ungleichheit größer als in Südamerika: Kein einziges Land kommt in den grünen Bereich mit Gini-Koeffizienten von unter 40 – und der bestplatzierte Staat des Kontinents, Guyana, ist ausgerechnet der einzige mit Englisch als Amtssprache. Das Erbe der spanischen und portugiesischen Kolonialzeit, mit einer kleinen Schicht von Großgrundbesitzern und einer breiten Masse von land- und rechtlosen Armen, ist noch immer nicht überwunden.

Unter den großen Industriestaaten des Abendlandes gibt es dagegen nur einen einzigen, der nicht im grünen Bereich angesiedelt ist: der größte von allen, die USA. Dort ist zwar der «American Dream» des Aufstiegs vom Tellerwäscher zum Millionär noch immer lebendig – aber eben um den Preis der Existenz von vielen Tellerwäschern. Der Abstand zwischen Reich und Arm ist in den USA in den vergangenen zwei Jahrzehnten sogar noch deutlich gewachsen; möglicherweise wird die Amtszeit von Barack Obama hier zu einer Trendwende führen.

Von den fünf Staaten mit den geringsten Gini-Koeffizienten

Einkommensverteilung

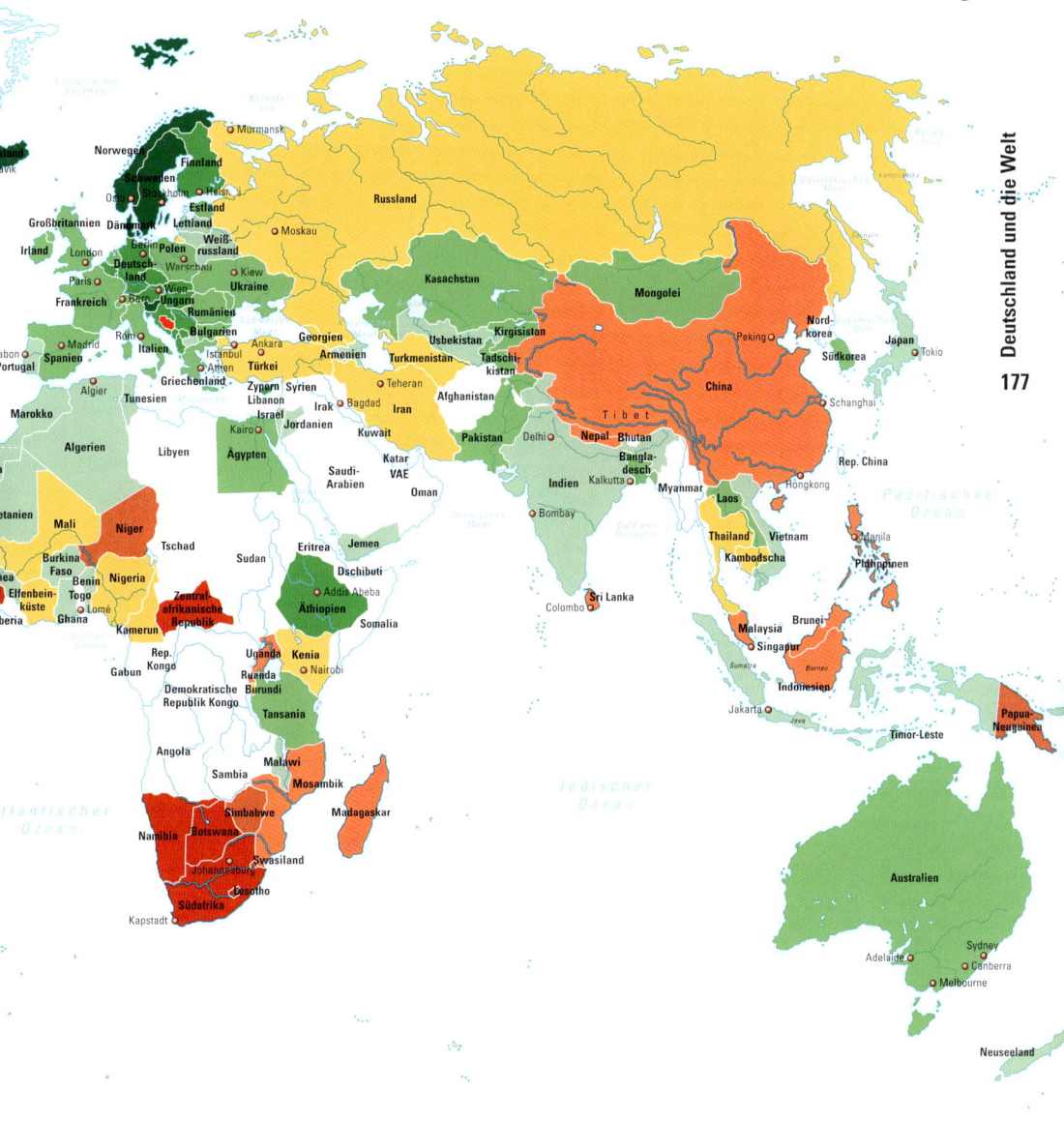

liegen vier in Skandinavien. Dort ist Armut faktisch verboten, und Reichtum eigentlich auch – legendär ist jener Steuerbescheid, den die schwedische Schriftstellerin Astrid Lindgren einmal erhielt und der ihre Einkommensteuer auf 101 Prozent ihres Einkommens festlegte. Überraschend ist hingegen der Fünfte in der Spitzengruppe: Slowenien. Das ökonomische Musterland des ehemaligen Ostblocks ist in puncto Einkommensgleichheit nicht nur auf den Spuren der westlichen Vorbilder, sondern hat sie bereits überholt.

Gini-Koeffizient
- bis 25,0
- 25,1 bis 30,0
- 30,1 bis 35,0
- 35,1 bis 40,0
- 40,1 bis 45,0
- 45,1 bis 50,0
- 50,1 bis 55,0
- 55,1 bis 60,0
- größer als 60,0
- keine Angaben

Quelle: CIA World Factbook, jeweils neueste verfügbare Daten

Der viel zu große kleine Unterschied

Acht Ziele haben die Vereinten Nationen sich und der Welt für das Jahr 2015 gesetzt. Das dritte dieser 2001 formulierten «Millenniumsziele» lautet: «Gleichstellung der Geschlechter». Der Erfolg soll daran gemessen werden, ob Mädchen im gleichen Maß wie Jungen Zugang zu Primar- und Sekundarschulbildung bekommen. Das kann tatsächlich auch relativ kurzfristig erreicht werden – bei den Löhnen hingegen, so zeigt diese Karte, kann von einer Gleichstellung der Geschlechter noch lange keine Rede sein. Nirgendwo auf der Welt.

Für diese Statistik hat die UN-Organisation UNDP eine relativ einfache Rechenmethode gewählt: Aus der Gesamtzahl aller weiblichen Arbeitskräfte und deren gesamten Erwerbseinkommen wurde für jedes Land ein Durchschnittseinkommen errechnet. Bei den Männern wurde genauso verfahren, die Relation zwischen diesen beiden Größen ist hier dargestellt.

Karrieren verboten

Das Ergebnis: Nur in fünf Staaten erzielen Frauen mehr als drei Viertel des Durchschnittseinkommens der Männer, aus Europa schaffen dies Schweden und Norwegen. Deutschland liegt mit 61 Prozent auf Platz 55, auf gleicher Höhe mit Portugal, den Philippinen und Äthiopien. Und in einem Dutzend Staaten, alle mehrheitlich von Muslimen bewohnt, erreicht das Durchschnittseinkommen der Frauen nicht mehr als 30 Prozent des Männereinkommens.

Für diese Differenz gibt es einen guten und eine ganze Reihe schlechter Gründe. Der gute Grund: In vielen Staaten arbeiten mehr Frauen als Männer in Teilzeit, kürzere Arbeitszeiten bedeuten entsprechend weniger Lohn.

Doch der Löwenanteil der Differenz entfällt auf die schlechten Gründe: Frauen werden bei gleicher Arbeit schlechter bezahlt als Männer und erreichen seltener Führungspositionen, sie haben oft nicht dieselben Zugangsmöglich-

Lohnhöhe weiblicher Arbeitskräfte in Prozent des Lohns männlicher Arbeitskräfte
- \> 80 %
- 70 bis unter 80 %
- 60 bis unter 70 %
- 50 bis unter 60 %
- 40 bis unter 50 %
- 30 bis unter 40 %
- < 30 %
- keine Angaben

Geschlechterdifferenz bei Löhnen

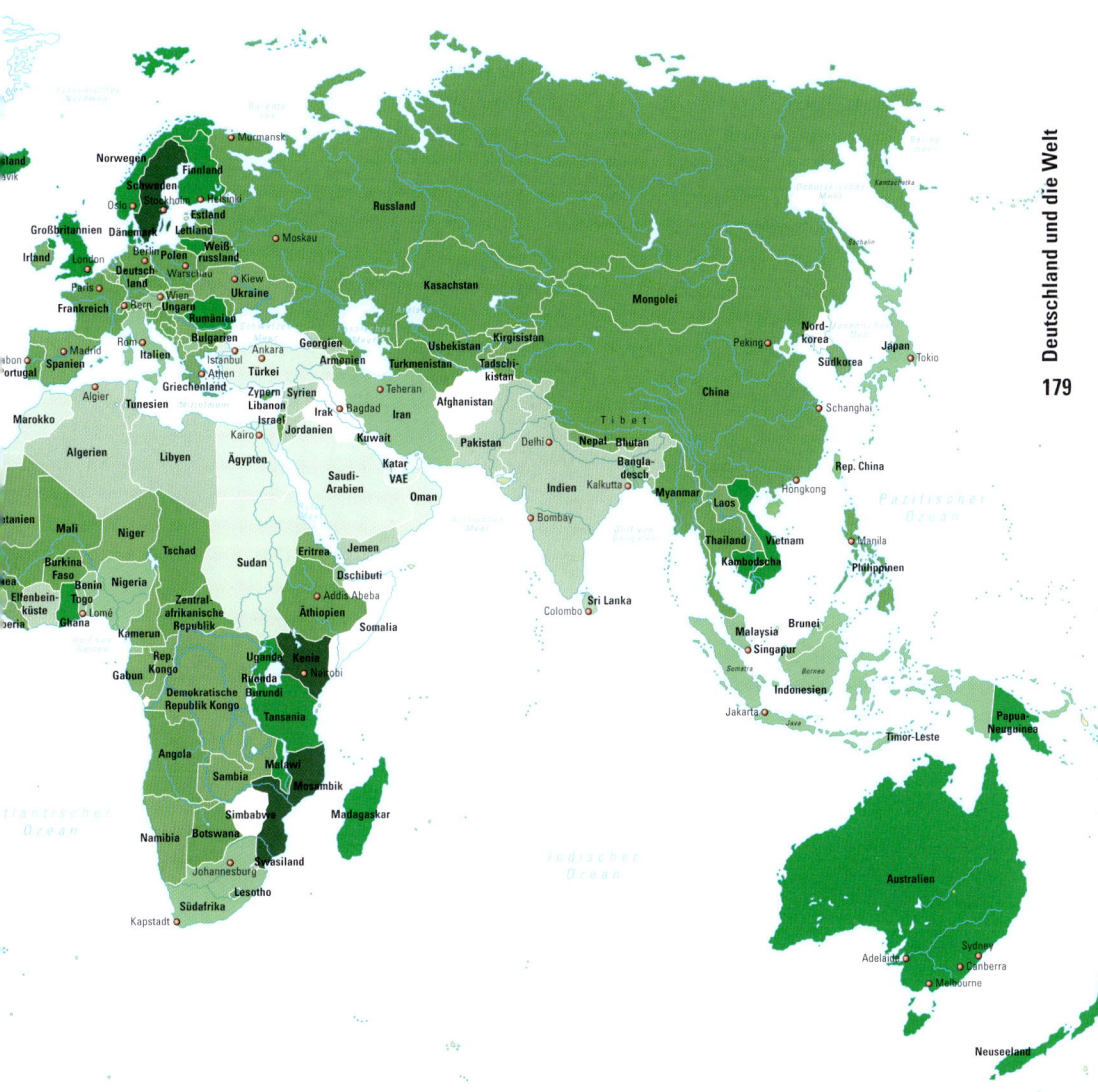

keiten zu weiterführenden Schulen und Universitäten. Insbesondere in islamisch geprägten Staaten sind ihnen einige Karrieren und Ausbildungsgänge schlicht verboten. Ob gute oder schlechte Gründe, sie tragen gemeinsam zu dieser großen Differenz zwischen Frauen- und Männerlöhnen bei.

Dass in Skandinavien dieser Abstand relativ gering ist, liegt zum einen daran, dass sich der Grundsatz «gleicher Lohn für gleiche Arbeit» dort praktisch flächendeckend durchgesetzt hat, zum anderen daran, dass es erklärtes politisches Ziel ist, den Frauenanteil in Führungspositionen zu erhöhen. Norwegen ging vor kurzem sogar so weit, eine Frauenquote von 40 Prozent in Aufsichtsräten von Unternehmen vorzuschreiben – in Deutschland traditionell ein Tummelplatz alter Herren. Immerhin: Gerade ist erstmals, bei der Henkel KGaA, eine Frau zur Aufsichtsratsvorsitzenden eines Dax-Konzerns gewählt worden. Auf die erste Vorstandsvorsitzende in einem dieser Großkonzerne müssen wir allerdings noch weiter warten.

Quelle: UNDP, Daten für 2007

Politische Katastrophengebiete

«Um Staatschef in Afrika zu sein, muss man ein Held sein», sagt Mo Ibrahim, der erfolgreichste Unternehmer, den dieser Kontinent je hervorbrachte – halb Afrika hat er mit Mobilfunknetzen versorgt. Ein Held? Das ist nicht gerade das übliche Bild, das wir von einem afrikanischen Staatschef haben. Robert Mugabe, der Diktator von Simbabwe, ist garantiert kein Held.

Das ärgert Mo Ibrahim: «Jedes Kind in Europa kennt Robert Mugabe – den kann man leicht verurteilen. Aber wer in Europa kennt die stillen Helden, die es unter Afrikas Politikern gibt?» Er nennt Joaquin Chissano, den ehemaligen Staatschef von Mosambik – der eben keine Skandale verursacht, sondern sein Land so gut es ging vorangebracht habe.

Afrikas Verlierertreppchen

Diese Karte sieht nicht wirklich danach aus, als gäbe es unter Afrikas Staatschefs stille Helden. Sie bildet den «Failed State Index» ab, eine Maßeinheit für Staatsversagen, deren Wert von der Organisation «Fund for Peace» ermittelt wird. Zwölf Kriterien werden bewertet, von der Verfolgung ethnischer Minderheiten über die Willkür der Sicherheitsorgane und ökonomisches Chaos bis hin zur Missachtung der Menschenrechte und der Unfähigkeit der Bürokratie. Das Ergebnis: Sieben der zehn katastrophalsten Regierungen der Welt haben ihren Sitz in Afrika, das Verlierertreppchen ist mit Somalia, Simbabwe und Sudan rein afrikanisch besetzt.

Immerhin: Mosambik, das von Mo Ibrahim genannte Beispiel, liegt mit Platz 72 schon fast im Mittelfeld, sogar einen Platz vor Russland. Und das bei der ungünstigsten Ausgangsposition; Staatschef in Afrika, das sei, so Ibrahim, «der härteste Managementjob, den es auf der Welt gibt. Und wenn es jemanden gibt, der sich dieser Probleme annimmt, der versucht, die richtigen Entscheidungen zu treffen, für die Wirtschaft, für die Kinder, für die Umwelt, der sich nicht bereichert und der sich verabschiedet, wenn die Zeit dafür

Regierungsqualität

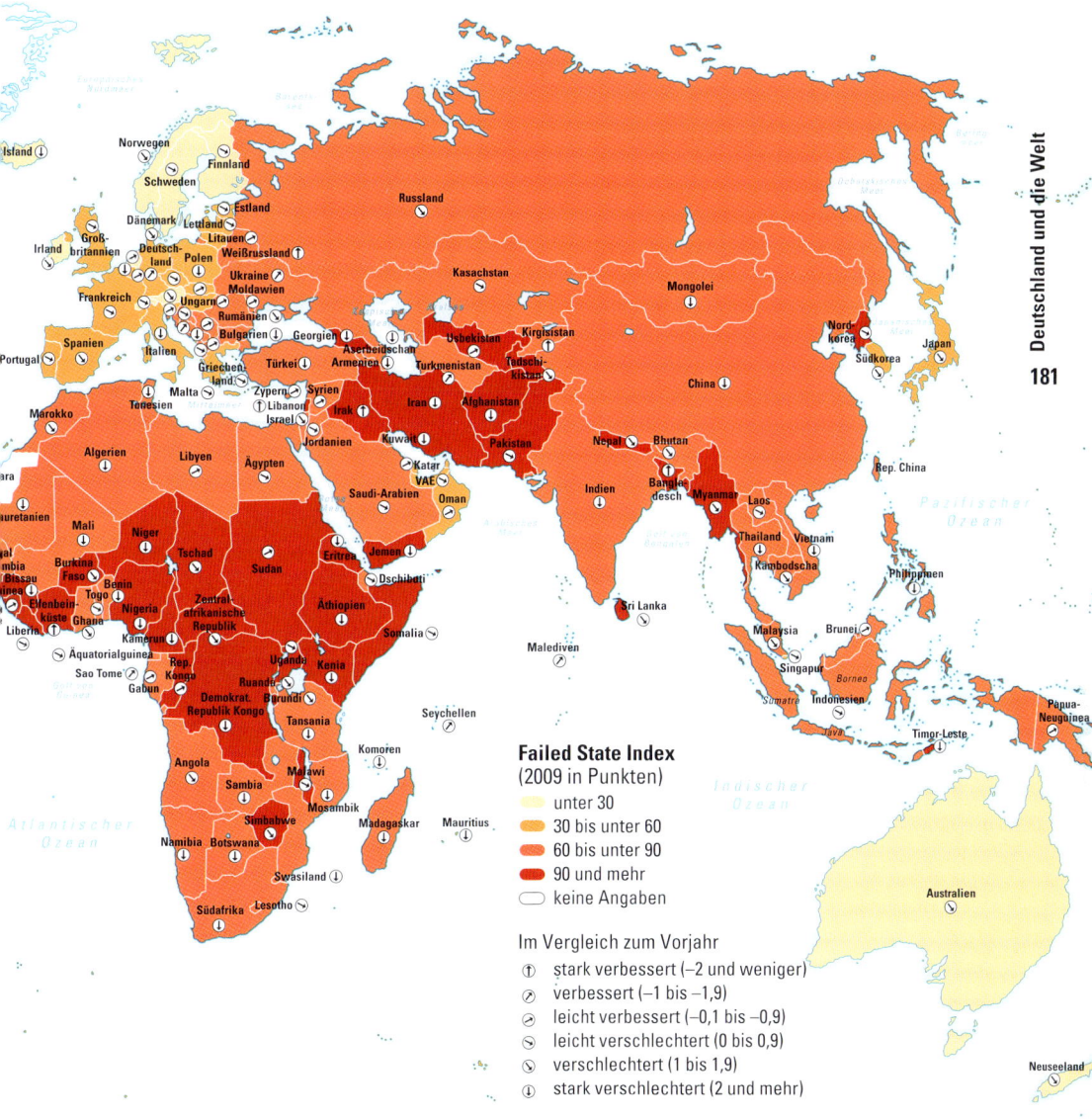

gekommen ist – ist der nicht ein Held?»

Für solche Helden hat der Mobilfunk-Unternehmer den höchstdotierten Preis der Welt gestiftet: Fünf Millionen Dollar ist er schwer, und er kann nur an ehemalige afrikanische Staatschefs vergeben werden, die für ihr Land Herausragendes geleistet – und friedlich und verfassungsgemäß ihren Posten wieder abgegeben haben.

Zweimal hat er diesen «Mo-Ibrahim-Preis» bisher verliehen: 2007 an den schon erwähnten Joaquin Chissano aus Mosambik, und 2008 an Festus Mogae, den ehemaligen Präsidenten von Botswana. Doch danach gab es eine Heldenpause: 2009 wurde der Preis wegen fehlender geeigneter Kandidaten nicht vergeben.

Quelle: The Fund for Peace

Ein Fußabdruck für die Umwelt

Wie misst man ökologisches Verhalten? Wie lässt sich vergleichen, welches von zwei Produkten umweltschonender hergestellt wurde – oder welches über seinen gesamten Lebenszyklus hinweg ökologischer ist, was ein großer Unterschied sein kann. Wie wägt man Artenerhalt gegen Energieverbrauch ab, wie Schadstoffausstoß gegen Wiederverwertbarkeit? Und gibt es eine Maßeinheit, mit der ganze Staaten verglichen werden können – um zu erkennen, wer mit der Erde so umgeht, als hätte er noch eine zweite im Kofferraum, und wer sich verhält, als hätte er sie von seinen Kindern nur geborgt?

In der Fülle der vorgeschlagenen Bewertungsansätze liegt derzeit der «Fußabdruck» am besten im Rennen. Er macht plakativ deutlich, dass jedes Produkt, jeder Mensch und jeder Staat Spuren in der Umwelt hinterlässt, und er lässt sich für die verschiedensten Aspekte berechnen. So gibt der «Carbon Footprint» beispielsweise an, wie viel CO_2 die Herstellung und Nutzung eines Produkts erzeugen.

Globale Hektar als weltweites Maß

Einen wesentlich umfassenderen Ansatz verfolgt das im Jahr 2003 gegründete «Global Footprint Network». Diese Organisation arbeitet mit dem Konzept des «ökologischen Fußabdrucks». Er soll die Gesamtheit der menschlichen Ansprüche an das Ökosystem in einer einzigen Zahl zusammenfassen: der Land- oder Wasserfläche, die benötigt würde, um diese Ansprüche zu erfüllen, gemessen in (standardisierten) globalen Hektar. Entwickelt wurde dieses Konzept Anfang der 90er Jahre von Mathis Wackernagel und William Rees an der University of British Columbia. Sowohl Staaten (wie die Schweiz und Japan) als auch internationale Organisationen (wie der WWF) verwenden inzwischen den ökologischen Fußabdruck als Maß für Umweltverträglichkeit.

Die Berechnung eines solchen Fußabdrucks ist eine hochkomplizierte Angelegenheit mit einer ganzen Reihe von Unsicherheitsfaktoren. Um zu den Flächenwerten zu kommen, muss nämlich jedes produzierte Gut bis zu den Ursprungsprodukten zurückverfolgt werden. Ein Pfannkuchen beispielsweise würde dafür erst in die Zutaten Mehl, Milch und Zucker zerlegt und dann würde berechnet, wie viel Fläche für die hierfür benötigten Ausgangsstoffe Weizen und Zuckerrüben

gebraucht werden – und natürlich für die Futtermittel, die die Kuh braucht, um Milch zu geben. Dazu kommen die Flächen für Haus- oder Straßenbau sowie für Abfallbeseitigung.

Die beiden hier abgebildeten Karten zeigen den aktuellen ökologischen Fußabdruck, gemessen in globalen Hektar je Einwohner für fast alle Staaten der Erde, im Vergleich mit den nachträglich errechneten Ergebnissen für das Jahr 1961. Das Resultat ist eine geradezu frappierende Konstanz. Einige Länder haben deutlich sichtbar zugelegt, etwa die USA, China und viele arabische Staaten, andere hingegen haben ihren Fußabdruck sogar verkleinert, etwa Argentinien oder Namibia. Insgesamt ist der ökologische Fußabdruck pro Weltbürger in diesen 44 Jahren, die ja von starkem Wachstum und steigendem Wohlstand in weiten Teilen der Erde geprägt waren, nur um 19 Prozent gewachsen – ein deutliches Zeichen für die in diesem Zeitraum erheblich gestiegene Effizienz und Produktivität in Landwirtschaft und Industrie.

Den größten ökologischen Fußabdruck je Einwohner haben die Vereinigten Arabischen Emirate mit 9,46 und die USA mit 9,42 globalen Hektar, Deutschland liegt mit 4,23 Hektar pro Kopf auf einem guten Mittelplatz in Europa. Die kleinsten Fußabdrücke mit jeweils etwa einem halben Hektar pro Person haben arme Staaten wie Malawi, Haiti oder Afghanistan – was auch zeigt, dass ein kleiner ökologischer Fußabdruck kein Wert an sich sein kann.

Chinas Fuß ist größer als der der USA

In absoluten Zahlen gemessen hat allerdings China im Jahr 2005 den langjährigen Spitzenreiter USA überholt: 2,62 Milliarden globale Hektar groß ist der ökologische Fußabdruck des Reichs der Mitte, 50 Millionen Hektar mehr als der der USA. Diese beiden Staaten allein beanspruchen in dieser Rechnung mehr ökologische Ressourcen als Afrika, Südamerika und die Europäische Union zusammengenommen!

Und: Die USA und China von 2005 beanspruchen fast so viele Ressourcen wie in der Rechnung von 1961 die gesamte Weltbevölkerung! Denn auch wenn der Fußabdruck pro Kopf seither nur um 19 Prozent zugenommen hat – der gesamte Anspruch an die Biokapazität der Erde hat um 150 Prozent zugelegt. Was das bedeutet, zeigt **die folgende** Karte.

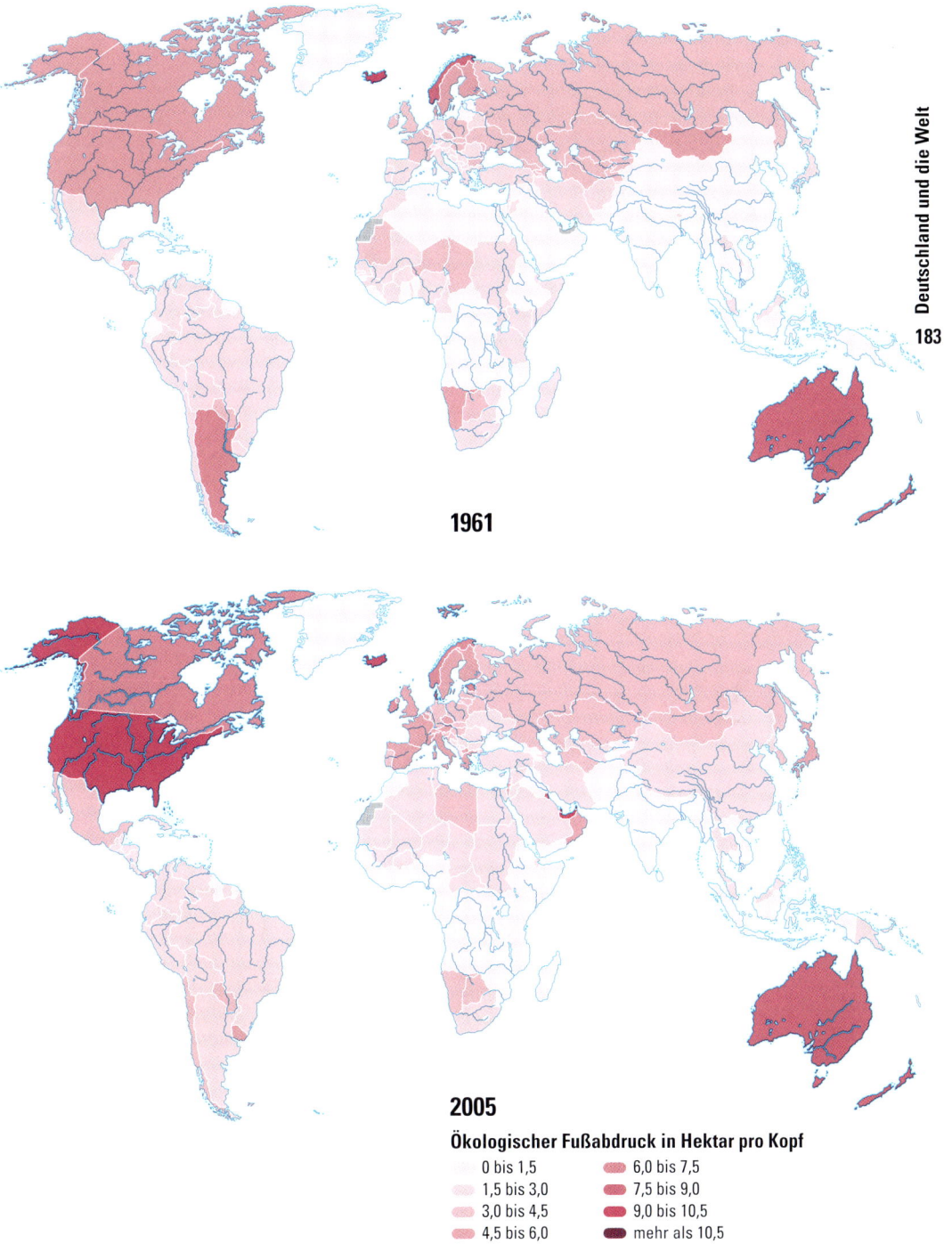

Mehr als die Erde hergibt

Irgendwann um die Jahrtausendwende hatten wir es geschafft: Erstmals in der Weltgeschichte verbrauchte die Menschheit mehr Ressourcen, als die Erde hergab. Der «ökologische Fußabdruck» der Menschheit, gemessen im standardisierten Flächenmaß «globaler Hektar», war größer als die Biokapazität des Planeten in der gleichen Messgröße. Aktuell beanspruchen wir bereits so viel Fläche, dass wir noch einmal zusätzlich die Kontinente Afrika und Südamerika benötigen würden, um diesem Bedarf gerecht zu werden.

Wie kann das passieren? Ist die absolute Grenze nicht bereits erreicht, wenn wir alles Land (und Meer) bewirtschaften? Und gibt es nicht immer noch gigantische Urwälder und Wüsten, die (noch) gar nicht bewirtschaftet sind? Ja und nein. Das «Global Footprint Network», von dem die Daten für die Karten auf der rechten Seite stammen, hat eine Flächenkategorie in seiner Rechnung, die zwar in großem Maß beansprucht wird, aber in weit geringerem Umfang vorhanden ist: Wälder, die das vom Menschen produzierte CO_2 absorbieren. Etwa die Hälfte unseres ökologischen Fußabdrucks entfällt auf CO_2-Absorption – und ist damit etwa doppelt so groß wie die weltweit tatsächlich vorhandenen Waldflächen. Das nicht absorbierte CO_2 reichert sich in der Atmosphäre an und trägt zur Klimaerwärmung bei.

Der «Rote Gürtel» der Nordhalbkugel

Insgesamt berechnet das «Global Footprint Network» für jedes Land Anspruch und Wirklichkeit für sechs Flächenarten: Ackerland, Weiden, Nutzwälder, Fischfanggreviere, bebaute Flächen und CO_2-Ausgleichsflächen. 1961 zeigte sich im Vergleich von Fußabdruck und Biokapazität noch eine weitgehend grüne Erde: Alle Länder Amerikas und die meisten Länder der anderen Kontinente waren noch in der Lage, die eigenen Flächenansprüche mit den eigenen Kapazitäten zu befriedigen. Mit einer Ausnahme: Europa. Fast der gesamte Alte Kontinent lebte bereits in den 60er Jahren auf zu großem Fuß.

Inzwischen hat sich dieses Bild drastisch gewandelt. Jetzt gibt es nur noch einen Kontinent, der fast durchgängig in Grün erscheint: Lateinamerika, relativ dünn besiedelt und mit großen, weitgehend unberührten Naturräumen an Amazonas und Orinoco, in den Anden und den argentinischen Pampas. Ein regelrechter «Roter Gürtel» zieht sich hingegen auf allen Erdteilen durch die gemäßigte Klimazone der nördlichen Halbkugel. Besonders groß ist das Missverhältnis zwischen Fußabdruck und Biokapazität in den arabischen Ölstaaten, den europäischen Mittelmeerländern, Großbritannien und Japan.

Der Grund für die starke Zunahme der ökologischen Belastung ist dabei nicht so sehr der höhere Flächenanspruch pro Kopf der Bevölkerung: Er hat sich global gesehen im Zeitraum zwischen 1961 und 2005 nur um 19 Prozent erhöht. Deutlich stärker ins Gewicht fällt die Bevölkerungszunahme: In diesen 44 Jahren hat sich die Weltbevölkerung mehr als verdoppelt – da sich die globale Biokapazität kaum verändert hat, halbierte sich die pro Person zur Verfügung stehende Fläche.

600 Prozent Fußabdruckvergrößerung

Immerhin: Drei Länder gibt es, in denen sich zwischen 1961 und 2005 die Biokapazität pro Person gesteigert hat: Kuba, Ungarn und – Deutschland. Um zwei Prozent ist bei uns die pro Person verfügbare Fläche gestiegen, was vor allem auf die im globalen Maßstab sehr geringe Wachstumsrate der Bevölkerung in diesem Zeitraum (13 Prozent) zurückzuführen ist.

Allerdings führt die gestiegene Pro-Kopf-Biokapazität noch nicht zu einem verbesserten Verhältnis zwischen Anspruch und ökologischer Wirklichkeit: Im gleichen 44-Jahres-Zeitraum ist nämlich der ökologische Fußabdruck Deutschlands um 65 Prozent größer geworden. Im internationalen Vergleich ist das zwar eine relativ geringe Steigerung: China bringt es auf mehr als 300 Prozent, Mexiko auf mehr als 400, Südkorea gar auf mehr als 600 Prozent Fußabdruckvergrößerung. Aber damit ist Deutschland auch nur ein Einäugiger unter lauter Blinden.

Doch es gibt ebenfalls genau drei Länder auf der Welt, in denen sich das Verhältnis zwischen beanspruchter Fläche und Biokapazität tatsächlich verbessert hat: Bulgarien, Ungarn und Uruguay. In Uruguay kamen dabei die fast stagnierende Bevölkerungszahl und die ebenfalls stagnierende Wirtschaft zusammen. In den beiden osteuropäischen Staaten spielte das Ende des Kommunismus eine große Rolle: Viele besonders umweltbelastende Fabriken wurden seither geschlossen, dementsprechend ging der Anspruch der Menschen an die Natur zurück.

Ökologischer Fußabdruck und Biokapazität

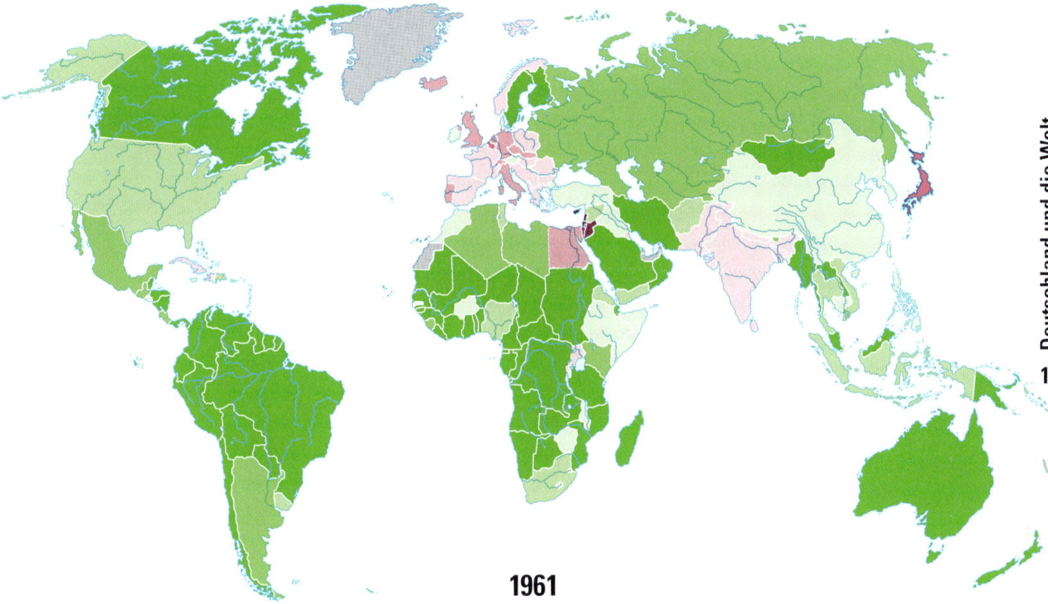

1961

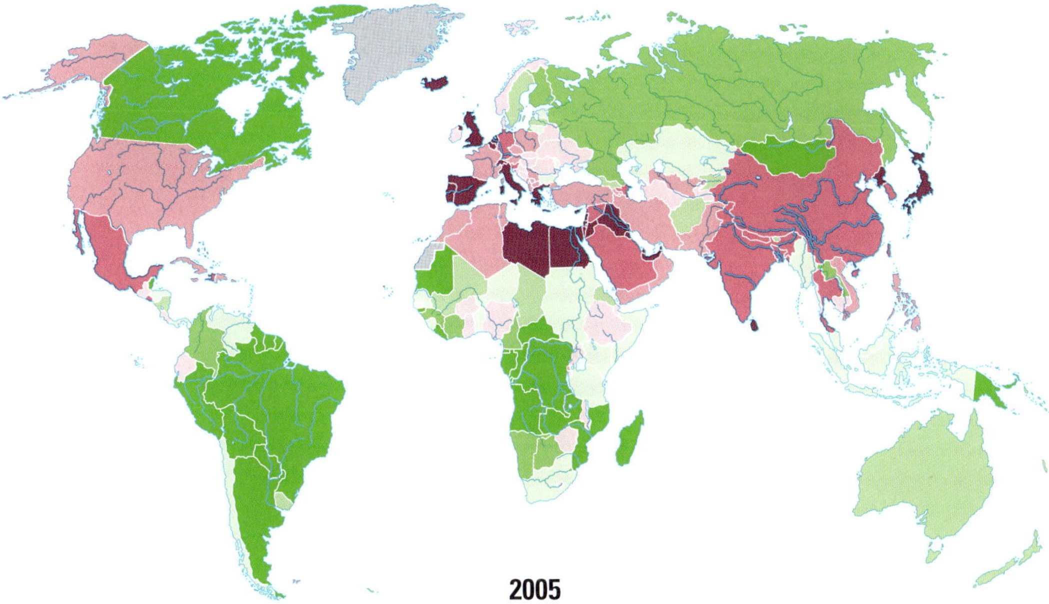

2005

Biokapazität größer als Fußabdruck
- um bis zu 50 %
- um 50 bis 100 %
- um 100 bis 150 %
- mehr als 150 %

Fußabdruck größer als Biokapazität
- um bis zu 50 %
- um 50 bis 100 %
- um 100 bis 150 %
- mehr als 150 %

Quelle: Global Footprint Network

Asiatische Energiefresser

Ganz arm und ganz reich liegen einträchtig an der Spitze der Weltrangliste der Energieeffizienz. Die höchste Wirtschaftsleistung mit jeweils einem erzeugten Kilogramm CO_2 (gemessen am Bruttoinlandsprodukt nach Kaufkraftparitäten) schaffen vier der ärmsten Staaten der Welt: Tschad, Kambodscha, Afghanistan und Mali. Doch auf den folgenden Plätzen stehen vier der reichsten Länder: die Schweiz, Island, Norwegen und Schweden.

Die Erklärung für dieses gute Abschneiden ist bei beiden Ländergruppen dieselbe: Sie haben wenig Energie-intensive Industrie. Die armen Staaten, weil sie fast ausschließlich Landwirtschaft betreiben, die reichen wegen des hohen Anteils von Dienstleistungen am Bruttoinlandsprodukt (BIP).

Trotz starker Bemühungen um Energieeffizienz hat Deutschland mit 3,86 Dollar BIP je Kilogramm CO_2 knapp einen Platz in der Spitzengruppe verfehlt. Das liegt vor allem an der für ein entwickeltes Land sehr hohen deutschen Industriedichte.

Die Vereinigten Staaten liegen mit 2,26 Dollar BIP je kg CO_2 abgeschlagen auf Platz 102 der Weltrangliste. In der CO_2-Produktion pro Kopf werden sie sogar nur von einigen kleinen Ölstaaten übertroffen. Den Abstieg in die Gruppe der größten Verschwender verhinderte der (bislang) hohe Wertschöpfungsanteil von Banken und anderen Dienstleistern in den USA.

Zur Schlusslichtgruppe der Energie-ineffizientesten Staaten der Welt gehören vor allem Länder aus zwei Kategorien: Schwellenländer und ehemals kommunistische Staaten. Unter den fünf Letzten der Weltrangliste befinden sich gleich drei ehemalige Sowjetrepubliken: Usbekistan, Kasachstan und die Ukraine.

Besorgniserregend ist vor allem die geringe Energieeffizienz der großen asiatischen Aufholländer China und Indien sowie Russlands, die allesamt weniger als einen Dollar BIP je kg CO_2 erwirtschaften. Einer der wichtigsten Faktoren für dieses schlechte Ergebnis ist der ökologisch meist katastrophale Zustand der dortigen Produktionsanlagen. Wesentlich besser schneidet das vierte der großen

Globale Energieeffizienz

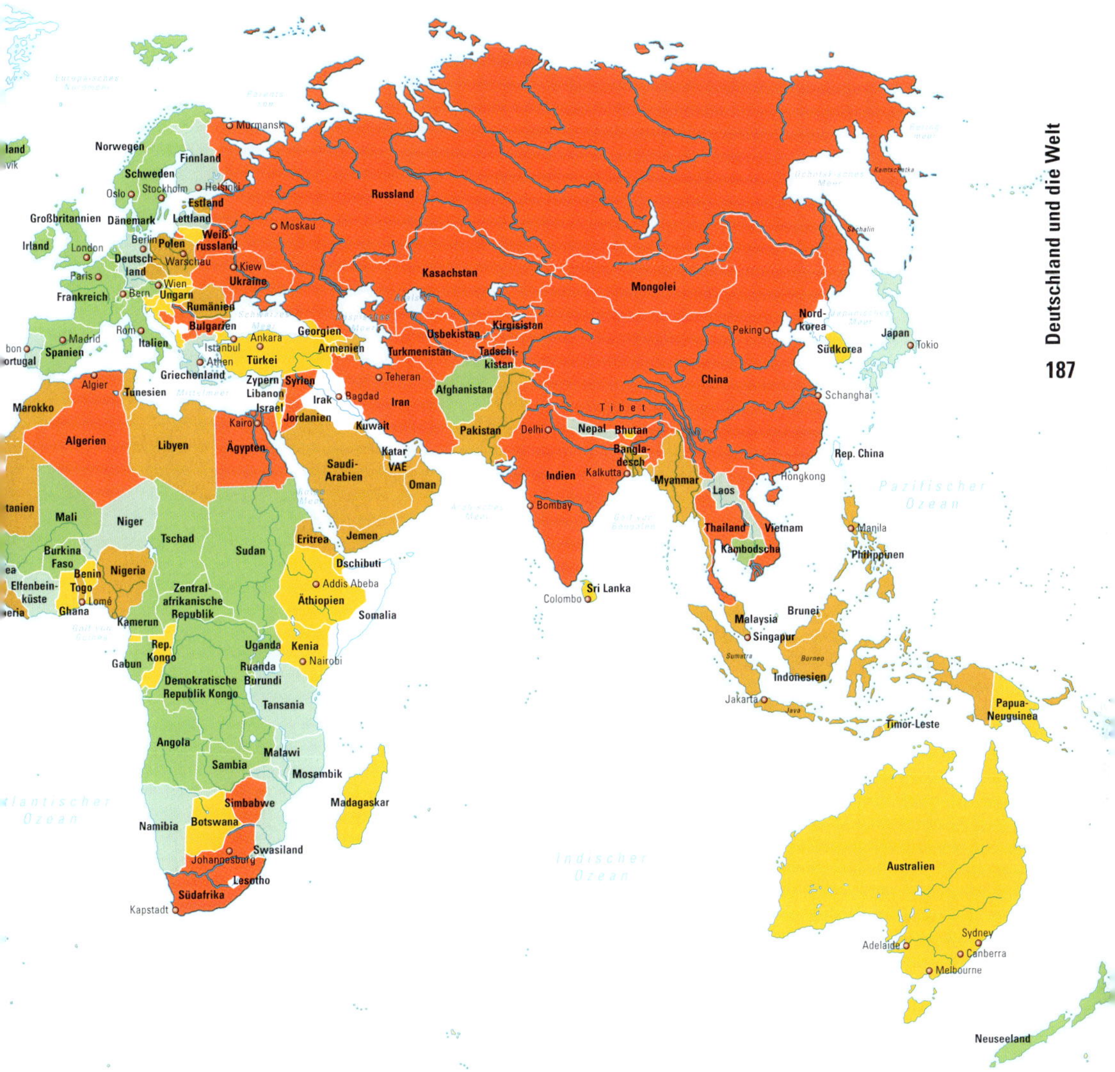

Schwellenländer ab: Brasilien. Der Wachstumsmotor Südamerikas liegt in etwa auf einer Höhe mit Deutschland. Dieses gute Ergebnis weist auf einen häufig unterschätzten Energieeffizienzfaktor hin: das Klima. Wer, wie die Brasilianer, keinen Winter hat, braucht auch keine Energie zum Heizen.

Produktionswert (BIP) in Dollar je emittiertes kg CO_2

- unter 1
- 1 bis 2
- 2 bis 3
- 3 bis 4
- über 4
- keine Angaben

Quelle: UN-Millennium-Indikatoren, IWF, Daten für 2007

Verzeichnis der Abkürzungen

Stadt- und Landkreise in der Bundesrepublik Deutschland

A	Augsburg, krsfr. Stadt	BOT	Bottrop, krsfr. Stadt	E	Essen, krsfr. Stadt
A	Augsburg, Landkreis	BRA	Wesermarsch, Landkreis	EA	Eisenach, krsfr. Stadt
AA	Ostalbkreis	BRB	Brandenburg a. d. Havel, krsfr. Stadt	EBE	Ebersberg, Landkreis
AB	Aschaffenburg, krsfr. Stadt			ED	Erding, Landkreis
AB	Aschaffenburg, Landkreis	BS	Braunschweig, krsfr. Stadt	EE	Elbe-Elster, Landkreis
ABG	Altenburger Land, Kreis	BT	Bayreuth, krsfr. Stadt	EF	Erfurt, krsfr. Stadt
ABI	Anhalt-Bitterfeld, Landkreis	BT	Bayreuth, Landkreis	EI	Eichstätt, Landkreis
		BZ	Bautzen, Landkreis	EIC	Eichsfeld, Kreis
AC	Aachen, Kreis	C	Chemnitz, krsfr. Stadt	EL	Emsland, Landkreis
AC	Aachen, krsfr. Stadt	CB	Cottbus, krsfr. Stadt	EM	Emmendingen, Landkreis
AIC	Aichach-Friedberg, Landkreis	CE	Celle, Landkreis	EMD	Emden, krsfr. Stadt
		CHA	Cham, Landkreis	EMS	Rhein-Lahn-Kreis
AK	Altenkirchen (Westerwald), Landkreis	CLP	Cloppenburg, Landkreis	EN	Ennepe-Ruhr-Kreis
		CO	Coburg, krsfr. Stadt	ER	Erlangen, krsfr. Stadt
AM	Amberg, krsfr. Stadt	CO	Coburg, Landkreis	ERB	Odenwaldkreis
AN	Ansbach, krsfr. Stadt	COC	Cochem-Zell, Landkreis	ERH	Erlangen-Höchstadt, Landkreis
AN	Ansbach, Landkreis	COE	Coesfeld, Kreis		
ANA	Annaberg, Landkreis	CUX	Cuxhaven, Landkreis	ERZ	Mittlerer Erzgebirgskreis
AÖ	Altötting, Landkreis	CW	Calw, Landkreis	ES	Esslingen, Landkreis
AP	Weimarer-Land, Kreis	D	Düsseldorf, krsfr. Stadt	ESW	Werra-Meißner-Kreis
AS	Amberg-Sulzbach, Landkreis	DA	Darmstadt, krsfr. Stadt	EU	Euskirchen, Kreis
		DA	Darmstadt-Dieburg, Landkreis	F	Frankfurt am Main, krsfr. Stadt
ASZ	Aue-Schwarzenberg, Landkreis	DAH	Dachau, Landkreis	FB	Wetteraukreis
AUR	Aurich, Landkreis	DAN	Lüchow-Dannenberg, Landkreis	FD	Fulda, Landkreis
AW	Ahrweiler, Landkreis			FDS	Freudenstadt, Landkreis
AZ	Alzey-Worms, Landkreis	DAU	Daun, Landkreis	FF	Frankfurt (Oder), krsfr. Stadt
B	Berlin, Land	DBR	Bad Doberan, Kreis		
BA	Bamberg, krsfr. Stadt	DD	Dresden, krsfr. Stadt	FFB	Fürstenfeldbruck, Landkreis
BA	Bamberg, Landkreis	DE	Dessau-Roßlau, krsfr. Stadt		
BAD	Baden-Baden, Stadtkreis			FG	Freiberg, Landkreis
BAR	Barnim, Landkreis	DEG	Deggendorf, Landkreis	FL	Flensburg, krsfr. Stadt
BB	Böblingen, Landkreis	DEL	Delmenhorst, krsfr. Stadt	FN	Bodenseekreis
BC	Biberach, Landkreis	DGF	Dingolfing-Landau, Landkreis	FO	Forchheim, Landkreis
BGL	Berchtesgadener Land, Landkreis			FR	Breisgau-Hochschwarzwald, Landkreis
		DH	Diepholz, Landkreis		
BI	Bielefeld, krsfr. Stadt	DL	Döbeln, Landkreis	FR	Freiburg im Breisgau, Stadtkreis
BIR	Birkenfeld, Landkreis	DLG	Dillingen a.d. Donau, Landkreis		
BIT	Bitburg-Prüm, Landkreis			FRG	Freyung-Grafenau, Landkreis
BK	Börde, Landkreis	DN	Düren, Kreis		
BL	Zollernalbkreis	DO	Dortmund, krsfr. Stadt	FRI	Friesland, Landkreis
BLK	Burgenlandkreis	DON	Donau-Ries, Landkreis	FS	Freising, Landkreis
BM	Erftkreis	DU	Duisburg, krsfr. Stadt	FT	Frankenthal (Pfalz), krsfr. Stadt
BN	Bonn, krsfr. Stadt	DÜW	Bad Dürkheim, Landkreis		
BO	Bochum, krsfr. Stadt	DW	Weißeritzkreis	FÜ	Fürth, krsfr. Stadt
BOR	Borken, Kreis	DZ	Delitzsch, Landkreis	FÜ	Fürth, Landkreis

G	Gera, krsfr. Stadt	HOL	Holzminden, Landkreis	LA	Landshut, Landkreis
GAP	Garmisch-Partenkirchen, Landkreis	HOM	Saarpfalz-Kreis	LAU	Nürnberger Land, Landkreis
		HP	Bergstraße, Landkreis		
GC	Chemnitzer Land, Landkreis	HR	Schwalm-Eder-Kreis	LB	Ludwigsburg, Landkreis
		HRO	Rostock, krsfr. Stadt	LD	Landau in der Pfalz, krsfr. Stadt
GE	Gelsenkirchen, krsfr. Stadt	HS	Heinsberg, Kreis		
GER	Germersheim, Landkreis	HSK	Hochsauerlandkreis	LDK	Lahn-Dill-Kreis
GF	Gifhorn, Landkreis	HU	Main-Kinzig-Kreis	LDS	Dahme-Spreewald, Landkreis
GG	Groß-Gerau, Landkreis	HVL	Havelland, Landkreis		
GI	Gießen, Landkreis	HWI	Wismar, krsfr. Stadt	LER	Leer, Landkreis
GM	Oberbergischer Kreis	HX	Höxter, Kreis	LEV	Leverkusen, krsfr. Stadt
GÖ	Göttingen, Landkreis	HY	Hoyerswerda, krsfr. Stadt	LG	Lüneburg, Landkreis
GP	Göppingen, Landkreis	HZ	Harz, Landkreis	LI	Lindau (Bodensee), Landkreis
GR	Görlitz, krsfr. Stadt	IK	Ilm-Kreis		
GRZ	Greiz, Kreis	IN	Ingolstadt, krsfr. Stadt	LIF	Lichtenfels, Landkreis
GS	Goslar, Landkreis	IZ	Steinburg, Landkreis	LIP	Lippe, Kreis
GT	Gütersloh, Kreis	J	Jena, krsfr. Stadt	LL	Landsberg am Lech, Landkreis
GTH	Gotha, Kreis	JL	Jerichower Land, Landkreis		
GÜ	Güstrow, Kreis	K	Köln, krsfr. Stadt	LM	Limburg-Weilburg, Landkreis
GZ	Günzburg, Landkreis	KA	Karlsruhe, Landkreis		
H	Hannover, Region	KA	Karlsruhe, Stadtkreis	LÖ	Lörrach, Landkreis
HA	Hagen, krsfr. Stadt	KB	Waldeck-Frankenberg, Landkreis	LÖB	Löbau-Zittau, Landkreis
HAL	Halle (Saale), krsfr. Stadt			LOS	Oder-Spree, Landkreis
HAM	Hamm, krsfr. Stadt	KC	Kronach, Landkreis	LU	Ludwigshafen am Rhein, krsfr. Stadt
HAS	Haßberge, Landkreis	KE	Kempten (Allgäu), krsfr. Stadt		
HAST	Stralsund, krsfr. Stadt			LWL	Ludwigslust, Kreis
HB	Bremen, krsfr. Stadt	KEH	Kelheim, Landkreis	M	München, krsfr. Stadt
HB	Bremerhaven, krsfr. Stadt	KF	Kaufbeuren, krsfr. Stadt	M	München, Landkreis
HBN	Hildburghausen, Kreis	KG	Bad Kissingen, Landkreis	MA	Mannheim, Stadtkreis
HD	Heidelberg, Stadtkreis	KH	Bad Kreuznach, Landkreis	MB	Miesbach, Landkreis
HD	Rhein-Neckar-Kreis	KI	Kiel, Landeshauptstadt, krsfr. Stadt	MD	Magdeburg, krsfr. Stadt
HDH	Heidenheim, Landkreis			ME	Mettmann, Kreis
HE	Helmstedt, Landkreis	KIB	Donnersbergkreis	MEI	Meißen, Landkreis
HEF	Hersfeld-Rotenburg, Landkreis	KL	Kaiserslautern, krsfr. Stadt	MG	Mönchengladbach, krsfr. Stadt
		KL	Kaiserslautern, Landkreis		
HEI	Dithmarschen, Landkreis	KLE	Kleve, Kreis	MH	Mülheim an der Ruhr, krsfr. Stadt
HER	Herne, krsfr. Stadt	KM	Kamenz, Landkreis		
HF	Herford, Kreis	KN	Konstanz, Landkreis	MI	Minden-Lübbecke, Kreis
HG	Hochtaunuskreis	KO	Koblenz, krsfr. Stadt	MIL	Miltenberg, Landkreis
HGW	Greifswald, krsfr. Stadt	KR	Krefeld, krsfr. Stadt	MK	Märkischer Kreis
HH	Hamburg, Land	KS	Kassel, krsfr. Stadt	MM	Memmingen, krsfr. Stadt
HI	Hildesheim, Landkreis	KS	Kassel, Landkreis	MN	Unterallgäu, Landkreis
HL	Lübeck, Hansestadt, krsfr. Stadt	KT	Kitzingen, Landkreis	MOL	Märkisch-Oderland, Landkreis
		KU	Kulmbach, Landkreis		
HM	Hameln-Pyrmont, Landkreis	KÜN	Hohenlohekreis	MOS	Neckar-Odenwald-Kreis
		KUS	Kusel, Landkreis	MR	Marburg-Biedenkopf, Landkreis
HN	Heilbronn, Landkreis	KYF	Kyffhäuserkreis		
HN	Heilbronn, Stadtkreis	L	Leipzig, krsfr. Stadt	MS	Münster, krsfr. Stadt
HO	Hof, krsfr. Stadt	L	Leipziger Land, Landkreis	MSH	Mansfeld-Südharz, Landkreis
HO	Hof, Landkreis	LA	Landshut, krsfr. Stadt		

MSP	Main-Spessart, Landkreis	OF	Offenbach, Landkreis	RO	Rosenheim, krsfr. Stadt
MST	Mecklenburg-Strelitz, Kreis	OG	Ortenaukreis	RO	Rosenheim, Landkreis
MTK	Main-Taunus-Kreis	OH	Ostholstein, Landkreis	ROW	Rotenburg (Wümme), Landkreis
MTL	Muldentalkreis	OHA	Osterode am Harz, Landkreis	RP	Rhein-Pfalz-Kreis
MÜ	Mühldorf a. Inn, Landkreis	OHV	Oberhavel, Landkreis	RS	Remscheid, krsfr. Stadt
MÜR	Müritz, Kreis	OHZ	Osterholz, Landkreis	RT	Reutlingen, Landkreis
MW	Mittweida, Landkreis	OL	Oldenburg (Oldenburg), krsfr. Stadt	RÜD	Rheingau-Taunus-Kreis
MYK	Mayen-Koblenz, Landkreis			RÜG	Rügen, Kreis
MZ	Mainz, krsfr. Stadt	OL	Oldenburg, Landkreis	RV	Ravensburg, Landkreis
MZ	Mainz-Bingen, Landkreis	OM	Demmin, Kreis	RW	Rottweil, Landkreis
MZG	Merzig-Wadern, Landkreis	OPR	Ostprignitz-Ruppin, Landkreis	RZ	Herzogtum Lauenburg, Landkreis
N	Nürnberg, krsfr. Stadt	OS	Osnabrück, krsfr. Stadt	S	Stuttgart, Stadtkreis
NA	Niederschlesischer Ober-lausitzkreis	OS	Osnabrück, Landkreis	SAD	Schwandorf, Landkreis
NB	Neubrandenburg, krsfr. Stadt	OSL	Oberspreewald-Lausitz, Landkreis	SAW	Altmarkkreis Salzwedel
				SB	Saarbrücken, Stadtverband
ND	Neuburg-Schrobenhausen, Landkreis	OVP	Ostvorpommern, Kreis	SC	Schwabach, krsfr. Stadt
		P	Potsdam, krsfr. Stadt	SDL	Stendal, Landkreis
NDH	Nordhausen, Kreis	PA	Passau, krsfr. Stadt	SE	Segeberg, Landkreis
NE	Rhein-Kreis Neuss	PA	Passau, Landkreis	SFA	Soltau-Fallingbostel, Landkreis
NEA	Neustadt a. d. Aisch-Bad Windsheim, Landkreis	PAF	Pfaffenhofen a. d. Ilm, Landkreis	SG	Solingen, krsfr. Stadt
NES	Rhön-Grabfeld, Landkreis	PAN	Rottal-Inn, Landkreis	SHA	Schwäbisch Hall, Landkreis
NEW	Neustadt a. d. Waldnaab, Landkreis	PCH	Parchim, Kreis	SHG	Schaumburg, Landkreis
		PD	Paderborn, Kreis	SHK	Saale-Holzland-Kreis
NF	Nordfriesland, Landkreis	PE	Peine, Landkreis	SHL	Suhl, krsfr. Stadt
NI	Nienburg (Weser), Landkreis	PF	Enzkreis	SI	Siegen-Wittgenstein, Kreis
		PF	Pforzheim, Stadtkreis	SIG	Sigmaringen, Landkreis
NK	Neunkirchen, Landkreis	PI	Pinneberg, Landkreis	SIM	Rhein-Hunsrück-Kreis
NM	Neumarkt i. d. OPf., Landkreis	PIR	Sächsische Schweiz, Landkreis	SK	Saalekreis
				SL	Schleswig-Flensburg, Landkreis
NMS	Neumünster, krsfr. Stadt	PL	Plauen, krsfr. Stadt		
NOH	Grafschaft Bentheim, Landkreis	PLÖ	Plön, Landkreis	SLF	Saalfeld-Rudolstadt, Kreis
		PM	Potsdam-Mittelmark, Landkreis	SLK	Salzlandkreis
NOM	Northeim, Landkreis			SLS	Saarlouis, Landkreis
NR	Neuwied, Landkreis	PR	Prignitz, Landkreis	SM	Schmalkalden-Meiningen, Kreis
NU	Neu-Ulm, Landkreis	PS	Pirmasens, krsfr. Stadt		
NVP	Nordvorpommern, Kreis	PS	Südwestpfalz, Landkreis	SN	Schwerin, krsfr. Stadt
NW	Neustadt a. d. Weinstraße, krsfr. Stadt	R	Regensburg, krsfr. Stadt	SO	Soest, Kreis
		R	Regensburg, Landkreis	SOK	Saale-Orla-Kreis
NWM	Nordwestmecklenburg, Kreis	RA	Rastatt, Landkreis	SÖM	Sömmerda, Kreis
		RD	Rendsburg-Eckernförde, Landkreis	SON	Sonneberg, Kreis
OA	Oberallgäu, Landkreis			SP	Speyer, krsfr. Stadt
OAL	Ostallgäu, Landkreis	RE	Recklinghausen, Kreis	SPN	Spree-Neiße, Landkreis
OB	Oberhausen, krsfr. Stadt	REG	Regen, Landkreis	SR	Straubing, krsfr. Stadt
OD	Stormarn, Landkreis	RG	Riesa-Großenhain, Landkreis	SR	Straubing-Bogen, Landkreis
OE	Olpe, Kreis			ST	Steinfurt, Kreis
OF	Offenbach am Main, krsfr. Stadt	RGL	Rheinisch-Bergischer Kreis	STA	Starnberg, Landkreis
		RH	Roth, Landkreis	STD	Stade, Landkreis

STL	Stollberg, Landkreis	UL	Alb-Donau-Kreis	WILL	Bernkastel-Wittlich, Landkreis
SU	Rhein-Sieg-Kreis	UM	Uckermark, Landkreis		
SÜW	Südliche Weinstraße, Landkreis	UN	Unna, Kreis	WL	Harburg, Landkreis
		V	Vogtlandkreis	WM	Weilheim-Schongau, Landkreis
SW	Schweinfurt, krsfr. Stadt	VB	Vogelsbergkreis		
SW	Schweinfurt, Landkreis	VEC	Vechta, Landkreis	WN	Rems-Murr-Kreis
SZ	Salzgitter, krsfr. Stadt	VER	Verden, Landkreis	WND	St. Wendel, Landkreis
TBB	Main-Tauber-Kreis	VIE	Viersen, Kreis	WO	Worms, krsfr. Stadt
TF	Teltow-Fläming, Landkreis	VS	Schwarzwald-Baar-Kreis	WOB	Wolfsburg, krsfr. Stadt
TIR	Tirschenreuth, Landkreis	W	Wuppertal, krsfr. Stadt	WST	Ammerland, Landkreis
TO	Torgau-Oschatz, Landkreis	WAF	Warendorf, Kreis	WT	Waldshut, Landkreis
TÖL	Bad Tölz-Wolfratshausen, Landkreis	WAK	Wartburgkreis	WTM	Wittmund, Landkreis
		WB	Wittenberg, Landkreis	WÜ	Würzburg, krsfr. Stadt
TR	Trier, krsfr. Stadt	WE	Weimar, krsfr. Stadt	WÜ	Würzburg, Landkreis
TR	Trier-Saarburg, Landkreis	WEN	Weiden i. d. OPf., krsfr. Stadt	WUG	Weißenburg-Gunzenhausen, Landkreis
TS	Traunstein, Landkreis				
TÜ	Tübingen, Landkreis	WES	Wesel, Kreis	WUN	Wunsiedel i. Fichtelgebirge, Landkreis
TUT	Tuttlingen, Landkreis	WF	Wolfenbüttel, Landkreis		
U	Ulm, Stadtkreis	WHV	Wilhelmshaven, krsfr. Stadt	WW	Westerwaldkreis
UE	Uelzen, Landkreis			Z	Zwickau, krsfr. Stadt
UER	Uecker-Randow, Kreis	WI	Wiesbaden, Landeshauptstadt, krsfr. Stadt	Z	Zwickauer Land, Landkreis
UH	Unstrut-Hainich-Kreis			ZW	Zweibrücken, krsfr. Stadt

Europäische Staaten

A	Österreich	FIN	Finnland	MK	Mazedonien
AL	Albanien	FL	Liechtenstein	MNE	Montenegro
B	Belgien	GB	Großbritannien	N	Norwegen
BG	Bulgarien	GR	Griechenland	NL	Niederlande
BIH	Bosnien-Herzegowina	H	Ungarn	P	Portugal
BY	Weißrussland	HR	Kroatien	PL	Polen
CH	Schweiz	I	Italien	RO	Rumänien
CY	Zypern	IR	Irland	S	Schweden
CZ	Tschechische Republik	IS	Island	SK	Slowakei
D	Deutschland	L	Luxemburg	SLO	Slowenien
DK	Dänemark	LT	Litauen	SRB	Serbien
E	Spanien	LV	Lettland	TR	Türkei
EST	Estland	M	Malta	UA	Ukraine
F	Frankreich	MD	Moldawien		